S. 39 Bertelsmann
& Mohn

S. 40 Ullstein

S. 46 Religion hat B/Mo
groß gemacht!

S. 52 Burda / 53 Ullstein

Gian Trepp
Bertelsmann

Gian Trepp

Bertelsmann

Eine deutsche Geschichte

Unionsverlag

Im Internet
Aktuelle Informationen,
Dokumente, Materialien
www.unionsverlag.com

Rieterstrasse 18, CH-8027 Zürich
Telefon 0041-44-283 20 00, Fax 0041-44-283 20 01
mail@unionsverlag.ch

Umschlaggestaltung: Theres Rütschi, Zürich
Druck und Bindung: Freiburger Graphische Betriebe
ISBN 978-3-293-00373-6

Inhalt

Vorwort

Dieses Buch ist eine Lebensgeschichte und Unternehmensgeschichte in einem, denn das Leben von Reinhard Mohn und die Geschichte der Firma Bertelsmann sind untrennbar verbunden. Am Anfang steht die Frage: Wie hat es Reinhard Mohn geschafft, den vom Vater geerbten mittelständischen Familienbetrieb des grafischen Gewerbes zu einem der größten Medienunternehmen der Welt zu machen?

Die Antwort fußt auf einigen Jahren der Beobachtung des Unternehmens, Gesprächen mit Experten und Gewährsleuten sowie der Auswertung schriftlicher Quellen aus Bibliotheken und Archiven.

Bertelsmann hat der Entstehung dieses Buches Steine in den Weg gelegt. »Wir haben kein Interesse an einem kritischen Buch«, sagte mir der damalige Unternehmenssprecher Manfred Harnischfeger. Reinhard Mohn persönlich hätte ich natürlich gerne befragt, doch dazu fehlte ihm die Zeit, wie mir eine seiner Schreibkräfte ausrichtete.

Die verwendeten Zitate sind den im Quellenverzeichnis genannten Titeln nicht direkt zugeordnet, jedoch nichtsdestoweniger authentisch. Erfunden ist nichts, höchstens falsch interpretiert.

Einleitung

Bertelsmann ist anders. Im Zentrum des deutschen Mediengiganten mit über 19 Milliarden Euro Umsatz und fast 100 000 Beschäftigten steht nicht die Gewinnmaximierung im Sinne des neoliberalen Shareholder-Value, sondern die Kontinuität der Unternehmenskultur, wie Reinhard Mohn das Ordnungssystem nennt, das er in über sechs Jahrzehnten entwickelte. Nach Ansicht Mohns gründet der Aufstieg Bertelsmanns zum heutigen globalen Medienunternehmen vor allem auf den geistigen Werten dieser Unternehmenskultur, die er selbst einmal als Mischung von Kooperationsbereitschaft, Humanität, Einsatzbereitschaft und Selbstverwirklichung beschrieb: Neokorporatismus, nicht Neoliberalismus.

Henri Nestlé erfand das Milchpulver, Werner von Siemens den elektrischen Dynamo und Robert Bosch den Magnetzünder für Motoren, Bill Gates ein Computerprogramm, und ein Apotheker in Atlanta mixte eine erfolgreiche Kokain-Kolanuss-Brause. Am Anfang großer Unternehmungen stand oftmals eine mehr oder weniger schlaue Erfindung, die sich als kommerzielles Produkt vermarkten ließ, manchmal auch ein neues Produktionsverfahren, wie die Anilinchemie der BASF oder das Fließband von Henry Ford oder auch neue Distributionsverfahren wie das Warenhaus und der Billigpreisladen.

Reinhard Mohn hingegen ortet das Energiezentrum seines Unternehmens weder im erfolgreichen Produkt noch im effizienten Herstellungsprozess, sondern in der leistungsbasierten betrieblichen Partnerschaft von Arbeit, Führung und Kapital. Seine Unternehmenskultur propagiert Reinhard Mohn seit Jahrzehnten in Vorträgen, Aufsätzen, Broschüren sowie in drei

Büchern, und zwar nicht nur als Steuerungsinstrument für das einzelne Unternehmen, sondern als Basis des gesamten Wirtschaftslebens. Sein Erfolgsgeheimnis hat er von der Mikroökonomie auf die Makroökonomie übertragen und plädiert darüber hinaus für eine Unternehmenskultur in Familienleben und Staat: »Die Unternehmenskultur könnte geeignet sein, einen Hinweis zu geben auf die dringliche Aufgabe unserer Zeit, die Welt führbar zu machen.«

Der Erfolg Reinhard Mohns in über sechs Jahrzehnten Wirtschaftspraxis ist ein Faktum. Darauf ist er stolz: »Das Konzept der betrieblichen Partnerschaft hat sich bis zum heutigen Tage jeder anderen Führungskonzeption als überlegen erwiesen. Ich möchte diese Führungsform im gemeinsamen Dialog weiterentwickeln und denke nicht daran, mich von Menschen belehren zu lassen, deren berufliche Ergebnisse schlechter sind.« Wer mitreden darf, bestimme ich, sagt Mohn. So muss man sich nicht wundern, dass eine breite Öffentlichkeit den gewünschten Dialog über seine Unternehmenskultur bislang verweigert hat. Das Unternehmen Bertelsmann und die Bertelsmann Stiftung kennen viele, doch was dahintersteht, wissen die wenigsten.

Der Kriegsheimkehrer

1. Ruinen im Kopf

Es war am 26. Januar 1946, auf der Fahrt ins heimatliche Gütersloh: »Ist gut, dass du wiederkommst, Reinhard«, sagte Henke, der altgediente Fahrer seines Vater, der den Heimkehrer Reinhard Mohn im Entlassungslager für Kriegsgefangene abgeholt hatte. »Du wirst hier gebraucht. Dein Vater ist nicht sehr gesund, alles ist zerstört. Du solltest hier mitmachen.« – »Da habe ich gesagt: Also gut, dann machen wir das! Das war keine systematische berufliche Entscheidung, sondern es ging einfach darum, das Nächstliegende anzupacken, ein Dach über dem Kopf und etwas zu essen zu haben.« Mit diesen Worten schilderte Reinhard Mohn Jahrzehnte später seinen Einstieg in den väterlichen Betrieb.

Der C. Bertelsmann Verlag kämpfte in jenen kalten Januartagen des Jahres 1946 um seine Existenz. Die beim Angriff der Royal Air Force auf Gütersloh vom März 1945 ausgebombte Druckerei an der Eickhoffstraße war zwar notdürftig repariert und druckte mit Papierreserven aus der Nazizeit Schulbücher für die britischen Besatzer. Doch da es weder Ersatzteile noch genügend Strom gab, konnten die Maschinen jederzeit aussetzen. Hinzu kam, dass Bertelsmann nur Fremdaufträge drucken durfte: Die zur Publikation von Büchern nötige Lizenz hatte die britische Verlagskontrolle noch nicht erteilt.

Das Allerschlimmste für den nach gut sechsjähriger Abwesenheit nach Gütersloh zurückgekehrten Reinhard Mohn waren jedoch nicht die sichtbaren Zerstörungen des väterlichen Betriebs und der Heimatstadt, es sah in weiten Teilen Deutschlands ja nicht anders aus. Das Allerschlimmste waren die geistigen Ruinen des Dritten Reiches im eigenen Kopf. »Dass uns innerlich eine Welt zerbrochen war, das war unser Problem«, wie er später selbst einmal schrieb. Mit Jahrgang 1921 hatte Reinhard Mohn jede Stufe des nationalsozialistischen Erziehungssystems als Musterschüler durchlaufen: zuerst Gefolgschaftsführer in der Hitler-Jugend (HJ), dann Truppführer beim Reichsarbeitsdienst und schließlich Offizier der Elitedivision »Hermann Göring«. Im Frankreichfeldzug 1940 und an der Afrikafront 1943 kämpfte Leutnant Mohn für die rassistische Volksgemeinschaftsideologie des Dritten Reiches. Dann geriet er in alliierte Kriegsgefangenschaft, und statt des erträumten Endsiegs kam die bedingungslose Kapitulation. Aus den geistigen Ruinen dieser Niederlage ist der heutige globale Medienkonzern Bertelsmann gewachsen. In Mohns eigenen Worten klingt das so: »Der stark bestimmende Gemeinschaftsbegriff der Dreißigerjahre, das menschliche Erleben in Krieg und Gefangenschaft und die Gleichstellung aller Bürger beim Wiederaufbau prägten bei mir gesellschaftspolitische Zielvorstellungen, die sicher nicht als charakteristisch für das Bild eines Unternehmers angesehen werden können.« In den Trümmern seines bisherigen Lebens fand der fünfundzwanzigjährige Mohn 1946 die Bausteine für den Wiederaufbau der Familienfirma mit einer neuen Unternehmenskultur.

Geboren wurde Reinhard Mohn am 29. Juni 1921 in der ostwestfälischen Kleinstadt Gütersloh. Sein Vater Heinrich Mohn führte den alteingesessenen C. Bertelsmann Verlag mit Druckerei, eines der größten evangelisch-theologischen Verlagshäuser Deutschlands, dessen Leitung er kurz vor Reinhards Geburt von seinem eigenen Vater Johannes Mohn übernommen hatte. Reinhard Mohns Mutter, die Pastorentochter Agnes Seippel, war Hausfrau und kümmerte sich um ihre fünf Kinder: Neben Reinhard waren da noch Mamas Liebling, der 1913 geborene Hans Heinrich, dann die 1915 geborene Ursula, der 1916 geborene Sigbert und die 1918 geborene Annegret; Nachzügler Gerd folgte 1926. Seine Kindheit erlebte Reinhard als wohlbehüteter Sohn dieser evangelischen Großfamilie des oberen Mittelstandes tief in der deutschen Provinz – während es in jenen Zwanzigerjahren draußen in der Welt krachte und das Geschäft des Vaters 1923 um ein Haar pleiteging – doch davon mehr später.

Dem Schriftsteller Walter Kempowski erzählte Reinhard Mohn 1985 in einer für ihn seltenen Anwandlung von persönlicher Erinnerung: »Für meine Entwicklung war sicher von Einfluss, dass ich innerhalb der Familie Nr. 5 gewesen bin. Das hat insofern eine Rolle gespielt, als meine Geschwister in der Schule Maßstäbe setzten, was für mich eher negative Folgen hatte, weil ich keineswegs so begabt war sie. Diese Rangfolge war auch etwas in der Zuwendung spürbar, die meine Mutter aus zeitlichen Gründen für mich erübrigen konnte. So konnte ich schon in sehr frühen Jahren etwas, das in dieser Familie immer wieder zu beobachten ist, nämlich, dass man seinen Weg eigenständig bestimmen muss.« Das Haus seiner Großeltern, Johannes und Friederike Mohn-Bertelsmann, lag nicht weit vom Elternhaus, und bis zu seinem Tod im Jahre 1930 konnte sich Großvater Johannes an seinen Enkelkindern erfreuen. »Wenn wir aus dem Kindergottesdienst kamen am Sonntagmorgen, besuchten wir die Großeltern«, erinnerte sich Jahrzehnte später Reinhard Mohn. Großmutter Friederike, die letzte Bertelsmann, prägte sich dem Enkel als christliches Gewissen des Betriebes ein: »Die Großmutter stellte eigenhändig die Maschinen ab, wenn sonntags gearbeitet wurde. Sie wusste, wo der Schalter saß. – Es ist der Tag des Herrn, und jetzt wird nicht gearbeitet.«

Den Machtantritt Hitlers im Januar 1933 hat der knapp Zwölfjährige begrüßt, wie er Kempowski ebenfalls erzählte: »Damals ging es den Deutschen schlecht. Und in dieser Situation waren wir Kinder überzeugt, dass es richtig wäre, sich in der neuen Bewegung zu engagieren.« Sein acht Jahre älterer Bruder Hans Heinrich trat kurz nach dem Abitur per 1. Mai 1933 der NSDAP bei. Statt, wie vom Vater geplant, als erster Akademiker der Familie Theologie zu studieren, begann Hans Heinrich im Herbst 1933 ein Rechtsstudium in Freiburg. Logiert war er dort in einer Wohngemeinschaft nationalsozialistischer Studenten, der Völkischen Kameradschaft »Schlageter«. Hauswirtschafterin dieser völkischen Kameradschaft war seine achtzehnjährige Schwester Ursula Mohn. Ursel musste für die Nazistudenten kochen, waschen und putzen und durfte manchmal auch mit ins Kolleg. Weshalb Hans Heinrich sein Jurastudium bereits am Ende des ersten Semesters im Februar 1934 hinschmiss, ist bis heute eine offene Frage. An der Opposition gegen seine Partei kann es nicht gelegen haben, er blieb Parteigenosse und bewarb sich als Berufsoffiziersanwärter bei der Reichswehr. Ursel blieb nach dem Studienabbruch ihres Bruders noch einige Zeit als Haushälterin bei der völkischen Kameradschaft und begann dann in Norddeutschland eine Ausbildung zur Lehrerin; 1937 oder 1938 trat sie ebenfalls in die NSDAP ein und wurde vollamtliche Spielscharführerin beim Bund Deutscher Mädel (BDM). Der Vater fügte sich ins Unausweichliche und nahm den Bund Deutscher Mädel in die Liste der Naziorganisationen auf, denen er regelmäßig Geld spendete. Als Ursel auch noch aus der Kirche austrat, sagte Heinrich Mohn: »Ich werde für dich beten.« Ganz anders die Reaktion seiner

Ehefrau Agnes, der resoluten Tochter des Gütersloher Pastors Seippel. »Ich wollte, du wärest nie geboren«, soll sie ihrer Tochter voller Wut und Enttäuschung entgegengeschleudert haben. Allein – die so Geschmähte hatte bloß in die Tat umgesetzt, was damals Bücher und Groschenhefte aus dem Verlag ihres Vaters den Mädels reichsweit in Millionenauflage Tag für Tag einhämmerten.

Während die zwei ältesten Geschwister Reinhard Mohns sich für den Nationalsozialismus begeisterten, sah dies bei Nummer drei – Sigbert – und Nummer vier – Annegret – anders aus. Sigbert war bei der Machtübernahme Hitlers siebzehn Jahre alt, Annegret fünfzehn. Die brave Annegret war noch zu jung, und Minimalist Sigbert tat nur, was er musste. In die Hitler-Jugend und später auch zur Wehrmacht ging Sigbert erst, als die Mitgliedschaft mit dem Hitler-Jugend-Gesetz vom 1. Dezember 1936 für alle obligatorisch wurde. Der fünf Jahre jüngere Reinhard hingegen meldete sich im September 1933 freiwillig als Pimpf beim Jungvolk, wie die Abteilung der Hitler-Jugend für die Zehn- bis Vierzehnjährigen hieß. Reinhards früher Gang zur Hitler-Jugend dürfte vom Beispiel seiner zwei nationalsozialistisch gesinnten älteren Geschwister sowie auch der Ablehnung der religiösen Praktiken im Elternhaus geprägt gewesen sein. Im Hause Heinrich Mohns begann der Tag mit einer gemeinsamen Morgenandacht für die ganzen Familie, am Mittagstisch folgte das Tischgebet mit Dank und Lobpreisung des Herrn für das täglich Brot. Der sonntägliche Kirchenbesuch war eiserne Pflicht. Unter diesem Zwang hat Reinhard Mohn gelitten. In den spärlichen öffentlichen Bemerkungen zu seiner Jugend finden sich folgende Worte: »Bei gemeinsamen Ferienfahrten in den Schwarzwald übernachtete man dann in Heidelberg, und ich erinnere mich, dass mein Vater selbst im Speisesaal streng darauf achtete, dass immer ein Tischgebet gesprochen wurde. Diese Zeremonie vor allen Leuten war mir als Kind peinlich. In unserer Pension durfte dann jeder für sich das Gebet sprechen, stumm. Das war für mich eine Erleichterung.«

Ab September 1933 war Reinhard Mohn in der Hitler-Jugend organisiert. Bei ihm wie bei unzähligen anderen seiner Generation ist die Rechnung der Nazipädagogen aufgegangen. In sechs Jahren formten sie ihn zum vorbildlichen nationalsozialistischen Volksgenossen, auch wenn er der NSDAP nie beitrat. Die Grundsätze, in deren Sinn und Geist er gedrillt worden war, erläutert eine vertrauliche Verordnung der Reichsjugendführung vom 15. März 1934 über den Dienst in der Hitler-Jugend: »Die Schulung erfasst im Gegensatz zu den Erziehungsmethoden der vergangenen Epoche des Liberalismus den ganzen Menschen, körperlich wie geistig-seelisch. Die gesamte Schulung erfolgt im nationalsozialistischen Geist, und die Hitler-Jugend ist berufen, mit der Durchführung des neuen Erziehungsgrundsatzes der Einheit von Körper, Geist und Seele den neuen nationalsozialistischen Menschen von der Jugend her von Grund auf zu formen. Diese Erziehung zum Nationalsozialisten ist in erster Linie eine Angelegenheit des Charakters und damit der Willensbildung. Sie muss dort einsetzen, wo der Mensch noch beeinflussbar ist, also in seiner frühesten Jugend. Diese charakteristische Schulung des jungen Deutschen findet in der HJ ihren äußeren Ausdruck in der Haltung des Hitlerjungen, in seiner freiwilligen Unterordnung, seinem Gehorsam gegenüber seinen Führern, in seinem Pflichtbewusstsein, seiner Kameradschaftlichkeit, seiner Liebe zu seinem Führer, seinen Volksgenossen und seinem Vaterland, in dem jederzeit freiwilligen Einsatz des eigenen Lebens für die Idee des Nationalsozialismus. Diese charakterliche Schulung des Hitlerjungen erfolgt in jedem

Dienst, der gemacht wird. Sie findet außerdem statt in der Vermittlung eines bestimmten nationalsozialistischen Wissensgutes, das die Haltung und Willensbildung des Hitlerjungen maßgebend beeinflusst und bestimmt. Neben dieser geistigen Schulung steht die körperliche Ausbildung. Der Gesundheitszustand der deutschen Jugend ist nach den ärztlichen Berichten erschreckend schlecht. Die Ursache liegt auf der Hand. Aber nicht aus gesundheitlichen Gründen allein hat sich die HJ die körperliche Ertüchtigung der deutschen Jugend zur Aufgabe gemacht. Da jeder Hitlerjunge freiwillig bereit ist, mit seinem Leben für seinen Führer und für den Nationalsozialismus einzustehen, ist er auch verpflichtet, die hierfür erforderlichen körperlichen Voraussetzungen zu schaffen. Der Einsatzwille nützt nichts, wenn nicht auch die körperliche Leistungsfähigkeit vorhanden ist, ihn in die Tat umzusetzen. Die Erziehung zu höherer körperlicher Leistungsfähigkeit hat weder mit militärischen Dingen noch mit Soldatenspielerei etwas zu tun. Es ist eine der von der HJ übernommenen großen Aufgaben, dafür zu sorgen, dass jeder Hitlerjunge einen gesunden, sportlich gestählten und leistungsfähigen Körper erhält. Das ist aber nur der Fall, wenn jeder Hitlerjunge laufen, springen, werfen, sich wehren (boxen und ringen), retten (schwimmen) lernt, wenn er marschieren, Luft- oder Kleinkaliberschießen kann und im Gelände seinen Mann stellt. Eine solche umfassende körperliche Ertüchtigung ist Arbeit an sich selbst, aber auch Dienst am Volk.«

So weit die Verordnung der Reichsjugendführung über den Dienst in der Hitler-Jugend.

Kurz bevor Reinhard zum Jungvolk kam, war er ins Evangelisch-Stiftische Gymnasium eingetreten, eine religiöse Privatschule, die sein Vorfahr Carl Bertelsmann mitbegründet hatte. Dort war er ein schlechter Schüler. Seine Zeugnisnoten waren so schwach, dass ihn die Mutter eines Tages fragte, ob er das Gymnasium nicht verlassen und einen praktischen Beruf erlernen wolle. Da fuhr ihm die Angst in die Knochen: »Das erschreckte mich sehr, und obwohl ich es vielleicht ganz gerne getan hätte, wollte ich doch lieber die Schule weitermachen.« Reinhard war Legastheniker, er litt unter der Lese- und Rechtschreibstörung, die Betroffene trotz normaler oder sogar überdurchschnittlicher Intelligenz das Lesen und Schreiben zur Hölle macht und in der Schule scheitern lässt. Heutzutage wird Legasthenie therapiert, doch damals blieb dem Schüler nichts anderes übrig, als auf die Zähne zu beißen und sich mit der Hypothek Legasthenie durchs Gymnasium zu quälen.

Mit vierzehn Jahren wechselte der Jungvolk-Fähnleinführer in die Hitler-Jugend, wie vom Reglement vorgesehen. Der Übertritt verschärfte den Konflikt mit dem Elternhaus. Der Zwang zur gemeinsamen Morgenandacht und zum sonntäglichen Kirchenbesuch wurde zur unerträglichen Heuchelei. Am Samstagnachmittag bei der Übung mit den Kameraden ein dreifach Sieg Heil auf den Führer und am Sonntagmorgen ab zur Predigt in die Kirche: So konnte es nicht mehr weitergehen. Nach der Konfirmation 1937 erlöste dann der Vater – auf Fürsprache der Mutter – den Sechzehnjährigen schließlich vom Martyrium der täglichen Morgenandacht im Kreise der Familie.

Vom verhassten Zwang zur Heuchelei befreit, konnte sich Reinhard in der Hitler-Jugend, wo er es mittlerweile zum Kameradschaftsführer gebracht hatte, umso besser entfalten. Er begann, sich für die Fliegerei zu interessieren, und trat in die Flieger-HJ und beim nationalsozialistischen Fliegerkorps ein, während die erfolgreichen Bertelsmann-Fliegerbücher gleichzeitig die Kasse seines Vaters klingeln ließen, wovon später noch die Rede sein wird. Vater Heinrich Mohn hat die Karriere seines

Sohnes in der Hitler-Jugend gefördert. Die zwei Fliegerformationen unterstützte er mit regelmäßigen Geldspenden. Mehr noch, er erlaubte seinem Sohn, im Keller seines Hauses einen Raum, genannt das braune Zimmer, als Treff der Gütersloher Hitler-Jugend einzurichten. Während Reinhards Schulnoten miserabel blieben, stieg er in der Hitler-Jugend zum Gefolgschaftsführer auf, dem Offiziersgrad in der paramilitärischen Organisation. Die Hitler-Jugend war Reinhard Mohns erste Führungsschule. Ende 1938, im Gesuch um die Zulassung zum Abitur am mittlerweile gleichgeschalteten Evangelisch-Stiftischen Gymnasium, hat er dies betont: »Die (Führungs-)Aufgabe schien mir besonders schwer, da alle die Jungen, die ich führen sollte, älter als ich waren. Außerdem fehlte mir genügend Selbstvertrauen. Ich habe in den vier Jahren, in denen ich diese Einheit der Hitler-Jugend geführt habe, diese Scheu zu überwinden gelernt und bin stolz darauf, dass ich meinen Kameraden Führer und Vorbild sein durfte.«

Zu Ostern 1939 bekam Reinhard Mohn das mit Ach und Krach geschaffte Abiturzeugnis. Endlich befreit von der ungeliebten Schule, kam er zum Reichsarbeitsdienst. Diesen uniformierten und kasernierten sechsmonatigen »Ehrendienst am deutschen Volke«, den die männliche Jugend leisten musste, hatten die Nazis aus einem doppelten Grund ins Leben gerufen: zum einen als Maßnahme gegen die Arbeitslosigkeit durch den Bau von Autobahnen und militärischen Einrichtungen und zum anderen mit dem Ziel, alle Standesunterschiede in der deutschen Jugend einzuebnen im Sinne der nationalsozialistischen Volksgemeinschaft durch die körperliche Arbeit. Als Truppführer hat er seine sechs Monate »Ehrendienst« im August 1939 in einer Führungsfunktion beendet. Dann überfiel Hitler Polen, und statt wie geplant das Studium zum Ingenieur zu beginnen, meldete sich der Achtzehnjährige zur Ausbildung bei der Luftwaffe. Wer sich freiwillig meldete, konnte die Waffengattung wählen und war als Offiziersbewerber privilegiert.

Hans Heinrich und Sigbert, seine zwei älteren Brüder, trugen zu jenem Zeitpunkt bereits die Uniform. Hans Heinrich war 1937 zum Leutnant befördert worden und diente als Berufsoffizier, Sigbert, der im Sommer 1939 die obligatorische zweijährige Militärdienstzeit beendet hatte, wurde bei Kriegsbeginn gleich einbehalten. Hans Heinrich fiel, nur wenige Tage nach Kriegsbeginn, am 10. September 1939 in Polen. »Er sah sein höchstes Glück in der Hingabe seines Lebens für Führer und Vaterland«, hieß es in der Todesanzeige der Familie. Nach dem Tode seines Bruders kam der Kriegsfreiwillige Reinhard Mohn als Rekrut zum Flug-Ausbildungskommando nach Quedlinburg und im Januar 1940 als Soldat zuerst in eine Fliegerhorstkompanie und kurz danach zur Fliegerabwehr. Seine Feuertaufe erlebte er im Mai 1940 in einer leichten Flakbatterie des Flak-Regiments »Hermann Göring« an der Westfront. Das Göring-Regiment galt als Eliteeinheit der Luftwaffe-Bodentruppe.

Das Wehrstammbuch Reinhard Mohns nennt bis Januar 1942 folgende Kampfeinsätze an der Westfront: »9.5.40 Einsatz im Operationsgebiet, 10.5 bis 4.6.40 1. Durchbruch zum Ärmelkanal, 2. Schlacht in Flandern und Artois, 5.6. bis 25.6. Schlacht um Frankreich, 26.6.40 bis 26.1.42 Verteidigung der Bodenorganisation, Marinestützpunkte und militärischen Anlagen im besetzen Gebiet gegen englische Angriffe.«

Nach dem Zusammenbruch Frankreichs war das Flak-Regiment »Hermann Göring« im Juli 1940 zur Sicherung des Luftraums der Festung Europa an die bretonische Kanalküste verlegt worden. Und während Görings Piloten die Luftschlacht um England verloren, stieg der mittlerweile neunzehn Jahre alte

Soldat Reinhard Mohn am 1. September 1940 zum Gefreiten und am 1. November 1940 zum Unteroffizier auf. Im Januar 1941 kam er auf die Kriegsoffiziersanwärterschule im holländischen Amersfoort bei Utrecht, wo er ein Jahr später am 1. Januar 1942 zum Leutnant befördert wurde. Pilot, wie einst als Hitlerjunge erträumt, war er nicht geworden, obwohl die Amersfoorter Luftwaffenärzte seine Flugtauglichkeit bestätigt hatten. Nach der Beförderung wurde Lt. Mohn nach Berlin-Reinickendorf kommandiert, wo das Göring-Regiment den Luftraum über der Reichshauptstadt verteidigte. Zum Einsatzgebiet gehörte auch Görings Jagdschloss Carinhall in der Schorfheide, wo Görings Ehefrau, die »Hohe Dame« Emmy Göring, residierte. Einmal musste Lt. Mohn dort nach eigenem Erinnern eine lange Ansprache des Reichsmarschalls mit anhören: »Er sagte, dass wir nicht damit rechnen dürften, lebend davonzukommen! – Ich war damals sehr schockiert, weil der Kerl angestrichen war, das glaubt ja kein Mensch: schöne rote Backen und rotlila Lippen. Ich hatte noch nie einen geschminkten Mann gesehen. Als ich das hörte, habe ich mich bei meinem Regimentskommandeur gemeldet und darum gebeten, an die Front versetzt zu werden.« Doch so schnell kam er nicht an die Front. Während sein Bruder Sigbert als Hauptmann an der Ostfront kämpfte, kam er in die Etappe nach Frankreich, wo das Gros des Göring-Regimentes als Reserveeinheit stationiert war. Im Sommer und Herbst 1942 wurde das Göring-Regiment mit Fallschirmjägern, Panzertruppen und Spezialeinheiten ergänzt und gemäß den Richtlinien für Heeres-Panzerdivisionen auf Divisionsgröße aufgestockt. Die Göring-Division, eine voll mechanisierte, lufttransporttaugliche schnelle Eingreiftruppe, galt im Herbst 1942 als das Modernste, was das Dritte Reich militärisch zu bieten hatte. Nachdem im September 1942 Rommels letzte Offensive bei der ägyptischen Oase El Alamein stecken blieb und die Briten das Afrikakorps tausend Kilometer Richtung Tunesien zurücktrieben, verlegte das Oberkommando der Wehrmacht die Göring-Division als Reserve des deutschen Afrikakorps von Frankreich nach Italien. Die amerikanische Truppenlandung in Marokko und Algerien im November 1942 und der Verlust ganz Libyens im Januar 1943 führte zur Abberufung Rommels und zur Verlegung der Reservedivision nach Afrika. Lt. Mohns Einheit, die 14. Batterie der IV. Flakabteilung, wurde Mitte Februar 1943 in Neapel nach Tunis verschifft. Nach zweimonatigem Kampf gegen die angloamerikanischen Truppen geriet er schließlich am 5. Mai 1943 bei Mateur, nahe Tunis, leicht verwundet zuerst in britische und später in US-Kriegsgefangenschaft. Nur Tage später kapitulierte das gesamte deutsch-italienische Afrikakorps, und über 130 000 deutsche und italienische Soldaten marschierten in alliierte Kriegsgefangenschaft.

Dass der Sieg in Afrika verspielt war, hatte Lt. Mohn schon vor seiner Gefangennahme erkannt und seiner Mutter im April in einem Brief geschrieben. Als Hauptgrund nannte er die allzu große Übermacht des Feindes, als zweiten Grund die Schwäche der italienischen Verbündeten, die »regimenterweise überliefen«. Warum die Alliierten stärker waren, denen sich die Göring-Division entgegen dem Befehl des Reichsmarschalls zum Heldentod ergeben hatte, verstand er jedoch nicht – noch nicht.

Der Gang in die Kriegsgefangenschaft im Mai 1943 beendete die zehnjährige Ausbildungs- und Kampfzeit des nunmehr zweiundzwanzigjährigen Reinhard Mohn unter dem Banner des Nationalsozialismus. Mohn selbst weiß um den großen Einfluss des Nationalsozialismus auf seine Jugend. Im Gespräch mit Walter Kempowski anlässlich des 150-jährigen Jubiläums seiner

Unternehmung fand er dazu 1985 die folgenden Worte: »Dieser Zug zur Gemeinschaft und die Disziplinierung – heute sagen wir Gleichschaltung – bestimmten die Erziehung. Die Indoktrination wurde uns nicht bewusst. Zum Beispiel Sinn oder Unsinn von Begriffen wie ›Lebensraum‹, ›Volk ohne Raum‹, und ›Tausendjähriges Reich‹. Ich war praktisch nicht kritikfähig, denn ich bin in meiner Jugend nie aus Deutschland herausgekommen.« Einmal abgesehen von den Auslandreisen in Uniform nach Frankreich, Holland, Italien und Tunesien, wie begefügt werden muss.

Von den insgesamt etwa 11 Millionen deutschen Kriegsgefangenen kamen nur etwa 360 000 in ein Lager in die USA, und von diesen kamen zwischen 4000 und 5000 ins Offizierslager Concordia im Staate Kansas, darunter auch Reinhard Mohn. Das war ein Riesenglück, Lagerhaft in den USA war wohl das Beste, was einem deutschen Kriegsgefangenen passieren konnte, und überdies galt Concordia als Musterlager. Um einen Krieg zu überleben, braucht jeder Soldat Glück. Doch so viel Glück wie Mohn hatten damals die wenigsten, das zeigt allein schon der Vergleich mit dem Schicksal seiner drei Brüder: Hans Heinrich war gefallen, Gerd überlebte schwer verletzt, und Sigbert kehrte erst 1949 aus sowjetischer Gefangenschaft zurück. Im Vergleich zu Sibirien war Concordia ein Sanatorium. Dort waren die allgemeinen Lebensbedingungen noch besser als in anderen US-Lagern, wie Lagerinspektor Captain Alexander Lakes vom Pentagon in einem Inspektionsbericht festgehalten hatte. Concordia diente dem Pentagon als Experimentierfeld für die geplante ideologische Umerziehung nach dem Sieg in Deutschland. Es gab eine Lageruniversität mit Kursen von externen und internen Dozenten zu den verschiedensten Themen, eine Sprachschule zum Englischlernen und Möglichkeiten zum Sport. Da die Offiziere gemäß Genfer Konvention nicht arbeiten mussten, hatten sie viel Zeit zur Nutzung dieser Angebote. Doch nicht alle begeisterten sich dafür in gleichem Maße. Mohn meldete sich freiwillig zur Arbeit am Band einer Konservenfabrik, in der Tomaten abgefüllt wurden. Trotzdem erinnerte er sich später dankbar an das Bildungsangebot im Lager: »Die Amerikaner waren sehr liberal, sie boten Unterricht an, über amerikanische Geschichte und Demokratie, für mich war das ein wesentlicher Meinungsbildungsprozess.« Es wäre wohl übertrieben zu sagen, Reinhard Mohn hätte in Concordia bereits den Kompass gefunden, der den Weg aus der totalen Niederlage der rassistischen Volksgemeinschaftsideologie wies, an die er zehn Jahre lang geglaubt hatte. Doch die zweieinhalb Jahre im US-amerikanischen Musterlager verschafften ihm eine Auszeit und eröffneten ihm die Chance, die Welt der Sieger kennenzulernen. In Concordia begegnete Reinhard Mohn auch Rudolf Wendorff, der später sein Freund wurde und ins oberste Führungspersonal von Bertelsmann aufstieg. Im November 1945 wurde Concordia geschlossen, und die deutschen Kriegsgefangenen kamen in ein Sammellager nach Jersey City im Staate New Jersey. Anfang Januar 1946 ging es dann per Schiff zurück nach Deutschland, und am 26. Januar 1946 war Reinhard Mohn wieder in Gütersloh – gerade noch rechtzeitig, um sich von seiner Großmutter verabschieden zu können, die einige Wochen später verstarb. Die 1859 geborene Friederike Mohn-Bertelsmann war die Letzte der Bertelsmann. Ihr Großvater Carl Bertelsmann hatte die Firma gegründet, in der Reinhard Mohn seit Frühjahr 1946 mitarbeitet. Ohne die Geschichte dieser Firma, seines Erbes, zu kennen, ist der spätere Erfolg von Reinhard Mohn nicht zu verstehen.

2. Das Erbe der Väter

Als Carl Bertelsmann, der Gründer des C. Bertelsmann Verlags, im Jahre 1791 das Licht dieser Welt erblickte, war Gütersloh ein weltabgelegenes Dorf von vielleicht zweitausend Seelen, auf dessen ungepflasterten Wegen der stinkende Dung von Schweinen dampfte. Der Neugeborene war ein Untertan des Grafen von Bentheim-Tecklenburg, der in seinem Schloss im nahe gelegenen Rheda residierte. Das Dorf Gütersloh ließen die Bentheim-Tecklenburgs seit dem Mittelalter von einem Vogt regieren. Da sich die Vorfahren des Grafen den Lehren des Reformators Martin Luther angeschlossen hatten und dem evangelisch-reformierten Glauben über die Jahrhunderte treu geblieben waren, beteten auch die Gütersloher Untertanen evangelisch. Bereits mit zwei Jahren verlor Carl Bertelsmann seinen Vater, einen Handwerker, und die Mutter musste ihre sechs Kinder fortan alleine durchbringen. Von seiner Kindheit und Schulzeit ist nichts überliefert, doch es muss eine harte Zeit gewesen sein. Die Jahre des Übergangs vom 18. zum 19. Jahrhundert waren in Gütersloh wie in ganz Europa eine große Umbruchzeit. Unter dem Ansturm der Ideen und Soldaten aus dem Frankenlande krachte das rückständige deutsche Feudalsystem mit den vielen kleinen und mittleren Fürstentümern und den zunftbeherrschten freien Reichsstädten auch im Rheinland und in Westfalen zusammen. Der Untergang des Fürstentums Rheda und des angrenzenden friderizianischen Preußens im französischen Kanonendonner des Jahres 1806 war das erste Großereignis im Leben von Carl Bertelsmann. Nachdem sich die französischen Revolutionsheere gut zehn Jahre zuvor bereits das Rheinland untertan gemacht hatten, demütigte der korsische

Parvenü auch noch die Bentheim-Tecklenburgs und schlug ihre kleine Grafschaft dem neu gegründeten Kanton Wiedenbrück zu, benannt nach einem Marktflecken in der Nähe des Fürstensitzes der abgesetzten Herren. Der neue Kanton Wiedenbrück gehörte zunächst zum Königreich Westphalen, einem deutschen Vasallenstaat, den Napoleon mit seinem Bruder Jérôme als König installiert hatte. 1808 kam der Kanton Wiedenbrück dann zum neu gebildeten Großherzogtum Berg, einem weiteren deutschen Vasallenstaat im Rheinbund von Frankreichs Gnaden. Großherzog von Berg war der legendäre Gastwirtssohn Joachim Murat, der es in der Revolution vom einfachen Soldaten zum Marschall von Frankreich und König von Neapel gebracht hatte. Waren die Herren von Rheda die Revolutionsverlierer, so waren der Marktflecken Wiedenbrück und das Bauerndorf Gütersloh die Gewinner. Die radikale Verwaltungsreform der Franzosen brachte dem Dorf erstmals in seiner Geschichte eine eigene Verwaltung mit einem Maire (zu Deutsch: Bürgermeister) an der Spitze. Das feudale Agrar-, Bildungs-, Steuer- und Finanzwesen reformierten die Franzosen im Sinn und Geist der revolutionären Prinzipien von Freiheit, Gleichheit, Brüderlichkeit. Das neue Gesetzbuch, genannt Code Napoléon, goss die drei revolutionären Prinzipien erstmals in der europäischen Geschichte in Paragrafen zur Sicherung des allgemeinen Privateigentums gegen ständische Privilegien und obrigkeitliche Willkür des Adels um. »La propriété est le droit de jouir et disposer des choses de la manière la plus absolue …«, heißt es im berühmten Artikel 544. Den Geist von Freiheit und Gleichheit haben Napoleons Redakteure vorbildlich kodifiziert, der Geist der Brüderlichkeit hingegen, heute würde man sagen Solidarität, kam eher zu kurz.

1811 trat der zwanzigjährige Revolutionsgewinner Carl

Bertelsmann, nach einer Ausbildung zum Buchbinder, in die Dienste von Maire Lehmann, den die Franzosen zum ersten Bürgermeister Güterslohs eingesetzt hatten. Er war jetzt Mitarbeiter – oder Collaborateur, wie man damals modisch französisiert sagte – der Lokalverwaltung des welschen Vasallenstaates auf deutschem Boden. Doch bereits ein Jahr später quittierte der junge Collaborateur seinen Dienst beim Maire und machte sich bei Nacht und Nebel Richtung Osten davon. Unklar ist, ob er sich mit seiner Flucht bloß der Einberufung in die Grande Armee entziehen wollte, die Napoleon damals zum Angriff gegen Russland auch im Großherzogtum Berg zwangsrekrutierte, oder ob er den Dienst beim Franzosen nicht vielmehr aus deutschem Patriotismus quittierte, weil er gehört hatte, dass sich die von Napoleon zwangsverpflichteten preußischen Offiziere an der Ostfront mit ihren baltischen Vettern in russischen Diensten verbrüderten, statt sie zu bekämpfen, wie von Napoleon befohlen. Es wird wohl eine Mischrechnung von beidem gewesen sein, die ihn damals nach Osten lenkte, zum einen das persönliche Interesse, nicht wie sein Bruder als Kanonenfutter Napoleons zu enden, und zum anderen als Akt eines deutschen Patrioten gegen die welschen Besatzer und Despoten.

Als Carl Bertelsmann nach drei Wanderjahren schließlich 1815 wieder in sein Heimatdorf zurückkehrte, existierten das Großherzogtum Berg und der Kanton Wiedenbrück nicht mehr. Gütersloh war jetzt Teil des neuen Kreises Wiedenbrück, der zum Regierungsbezirk Minden der neu gebildeten preußischen Provinz Westfalen gehörte. Die Hohenzollern hatten das franzosenhörige Großherzogtum Berg aufgelöst, ohne jedoch die alten Feudalrechte der Bentheim-Tecklenburg zu restaurieren. Zum Trost durfte der alte Fürst im Schloss zu Rheda alles behalten, was er seit 1807den katholischen Kirchgemeinden und

Klöstern mit Billigung der Franzosen weggenommen hatte – und das war nicht wenig. Die großen Verwaltungsreformen der Franzosenzeit ließen die Hohenzollern auch in den neuen preußischen Westprovinzen weitgehend intakt, die Feudalfesseln der Bauern, Handwerker und auch der Juden blieben (fast) gelöst, die Gewerbefreiheit und die Selbstverwaltung der Städte blieben bestehen. Das Dorf Gütersloh durfte die von den Franzosen eingeführte Lokalverwaltung belassen.

Die ersten Jahre nach seiner Rückkehr waren für Carl Bertelsmann nicht einfach. Erst nachdem er 1819 die kleine Buchbinderwerkstatt seines verstorbenen Bruders übernehmen konnte, ging es aufwärts. Die von den Franzosen eingeführte Gewerbefreiheit ermöglichte ihm, seine Binderei mit einer Steindruckerei zu ergänzen. Er heiratete, wurde Kämmerer seines Dorfes und später königlich-preußischer Steuereintreiber des von der Provinzregierung in Minden mit dem Stadtrecht aufgewerteten Gütersloh. Seinen Aufstieg vom Feudaluntertan zum freien Bürger verdankte er neben seiner eigenen Arbeit auch den politischen und wirtschaftlichen Freiheiten, welche die Franzosen nach Westfalen gebracht hatten. Doch mit den Franzosen wollte der zum preußischen Steuereinzieher gewordene einstige Franzosenkollaborateur nun nichts mehr zu tun haben. Liberté, Égalité und Fraternité waren vergessen, Deutschland, Deutschland über alles hieß die neupreußische Parole.

Das Geschichtsverständnis des mittlerweile dreißigjährigen Carl Bertelsmann beschrieb ein Großmeister der deutschen Sprache, der sich in jenen Jahren gleich ihm vom Sympathisanten der Franzosen zum deutschen Patrioten gewandelt hatte, nämlich der junge Heinrich Heine in seinem Gedicht *Deutschland* von 1819:

Kam aus fernem Frankenlande
Einst die Hölle schlau, gewandt
Brachte Schmach und schnöde Schande
In dem frommen, deutschen Land.

Alles Schöne kommet wieder,
Alles Gute kehrt zurück,
Und der Deutsche, fromm und bieder,
Froh genießt sein deutsches Glück.

Persönlich gekannt haben sich Heine und Bertelsmann nicht, ihre äußeren Lebensumstände waren sehr unterschiedlich. Der junge Verseschmied war ein gescheiterter Banklehrling aus einer jüdischen Tuchhändlerfamilie in Düsseldorf, der junge Buchbinder und Steindrucker ein aus bescheidenen Verhältnissen stammender Protestant. Doch es gab auch Gemeinsames. 1811 war Bertelsmann voller Optimismus in die Dienste Maire Lehmanns getreten, während der junge Heine im Düsseldorfer Hofgarten Kaiser Napoleon zujubelte. Und beide jubelten nicht ohne guten Grund. Dem jungen Juden hatte der Franzosenkaiser wenn nicht die volle Emanzipation, so doch wenigstens die Befreiung vom Gettozwang gebracht. Und dem Untertanen der Bentheim-Tecklenburg brachten die Franzosen wenn nicht die volle Gleichstellung mit den einstigen Feudalherren, so doch die Gewerbefreiheit und einen Job beim Maire. Später wandten sich dann Heine, Bertelsmann und mit ihnen unzählige einst napoleonbegeisterte Deutsche enttäuscht vom korrupten und machtgierigen welschen Despoten ab, dessen Eroberungskriege Hunderttausende Tote gefordert hatten, und wurden zu deutschen Patrioten. Vom Anhänger der Franzosen zum deutschen Patrioten, in diesem Sinne waren Heine und Bertelsmann Brüder im Geiste, wenn auch diese Bruderschaft nur für einen kurzen Moment bestand. Denn rasch stellte sich heraus, dass die deutschen Patrioten in Preußens neuen Westprovinzen den patriotischen Juden Heine nicht akzeptierten. In der Göttinger Burschenschaft wollten sie ihn nicht mehr, und auch Heines Konversion zum Christentum beeindruckte die deutschen Patrioten nicht. Davon wusste Carl Bertelsmann wie gesagt nichts – doch sein Urenkel Heinrich Mohn bat 1933 den Herausgeber einer im C. Bertelsmann Verlag erscheinenden Gedichtesammlung, die vorgesehenen Gedichte des Juden Heine wegzustreichen.

Im selben Jahr, 1825, als Heine zum evangelischen Luthertum konvertierte, brauchte die evangelische Kirchgemeinde zu Gütersloh einen neuen Pastor. Zur Wahl stand neben einem konventionellen Kandidaten, der sich der Gemeinde als ruhender Pol empfahl, auch der charismatische Prediger Johann Heinrich Volkening. Volkening war Teil einer religiösen Erneuerungsbewegung, der die Kirchenhistoriker später den Namen Erweckungsbewegung gaben. Man könnte ihn auch einen evangelikalen Fundamentalisten nennen. Evangelische Basisbewegungen, wie die westfälische Erweckungsbewegung oder gut hundertfünfzig Jahre zuvor nach dem Dreißigjährigen Krieg der böhmische Pietismus, gehören zum evangelisch-reformierten Christentum wie das Amen nach der Predigt. Wenn der Staat und die organisierte Kirche zusammenbrechen und die Anarchie um sich greift, muss der einzelne Christenmensch das Heft selbst in die Hand nehmen. Pastor Volkening war Teil einer breiten Bewegung in Minden-Ravensberg und anderen protestantischen Gebieten in Preußens Westprovinz Westfalen, die in den Wirrnissen und Leiden der napoleonischen Kriegszeiten wurzelte. Das Volk hatte viel durchmachen müssen, und manch einer wusste nicht mehr, was oben und was unten war. Als Heilmittel gegen die Unbill der Zeit versprachen Wanderprediger und zunehmend auch etablierte Pfarrer von Kirchgemeinden dem Volke die Erlösung durch eine persönliche Hinwendung des Einzelnen zu Gott. Volkening predigte die Wiedergeburt des persönlichen Glaubens durch eine individuelle Gotteserfahrung. Ein Erweckungserlebnis wie eine schwere Krankheit, eine Naturkatastrophe oder vielleicht auch eine geistige Vision sollten den einzelnen Menschen dazu veranlassen, sich von seinem alten sündigen Leben zu lösen und zum frommen und bibeltreuen Gemeindeglied zu werden. Zum Glaubensfundus von Volkenings Erweckungsbewegung gehörte auch ein ausgeprägtes Endzeitdenken, die Überzeugung vom baldigen Beginn des tausendjährigen Reichs Gottes, wie es der Menschheit in der Apokalypse der Heiligen Schrift prophezeit ist. Die Missionierung der von Gott noch nicht ergriffenen Mitmenschen war für die Erweckungsbewegten edle Pflicht. »Du hast Christus nur, solange du ihn weitergibst«, sagte Pastor Volkening: »Gerettet sein bringt Retter Sinn!« Die Erweckungsbewegung stellte die Beziehung des Einzelnen zu Gott höher als das staatstragende Luthertum, das die weltliche Gemeinschaft der Gläubigen organisiert und in den Dienst des Landesherrn stellt.

Die Gütersloher Kirchgemeinde war gespalten, die einen wollten den charismatischen Prediger, die anderen bevorzugten den ruhenden Pol. Schließlich wurde Johann Heinrich Volkening 1825 mit knappem Mehr zum neuen Seelenhirten gewählt. Wie bei jeder Massenbewegung, die sich direkt an den Einzelnen wendet, brauchte der neue protestantische Pastor viel Agitations- und Propagandamaterial, diesen Bedarf hatte der Steindrucker Carl Bertelsmann erkannt. Ob er für Volkening stimmte oder gar ein persönliches Erweckungserlebnis mit dem Herrgott hatte, sei mit Dokumenten nicht zu belegen, sagt der Hamburger Historiker Dirk Bavendamm, der die Frühgeschichte des Hauses Bertelsmann im Auftrag Reinhard Mohns erforschte. So muss offenbleiben, ob Bertelsmann sich 1825 seine neue geistige Heimat als erweckungsbewegter Christ oder als Geschäftsmann geschaffen hat.

Als offizielles Gründungsjahr des C. Bertelsmann Verlags gilt 1835, die Jahreszahl auf der königlich-preußischen Verlagslizenz. Doch in jenem Jahr hatte Carl Bertelsmann faktisch bereits eine zehnjährige Konjunktur als Verleger und Drucker Volkenings hinter sich. Die veraltete Steindrucktechnik der Anfangszeit, welche die benötigten Großauflagen nicht mehr produzieren konnte, war längst durch den Buchdruck ersetzt. Die Druckpresse mitsamt den dazugehörigen Lettern in verschiedenen Größen und Schriften hatte Bertelsmann bei einem Schlossermeister und Glaubensbruder in Wuppertal-Barmen gekauft. So markiert das Datum der königlich-preußischen Drucklizenz weniger eine Unternehmensgründung als den Zugriff der preußischen Verwaltung auf die zuvor wenig kontrollierten editorischen Aktivitäten der Volkening'schen Erweckungsbewegung. Der preußische Staat war, von Karl August von Hardenberg und Freiherr vom Stein reformiert und von Hegel glorifiziert, seit 1815 auf dem Weg nach oben. Ein wichtiger Teil des neu aufgebauten Staatsapparates war die Kontrolle und Zensur des gedruckten Schrifttums, umso mehr, als seit der Einführung der allgemeinen Schulpflicht immer mehr Menschen lesen konnten.

Auch den erfolgreichen Drucker der anarcho-protestantischen Sektierer von Gütersloh, der zu Beginn der 1820er-Jahre noch preußischer Steuereintreiber gewesen war, nahm die preußische Provinzverwaltung in Minden seit Anfang der 1830er-Jahre an die Kandare. Bertelsmanns 1833 lancierte politische

Zeitung, den *Öffentlichen Anzeiger für den Kreis Wiedenbrück*, haben die Mindener Bürokraten schikaniert und abgewürgt. Etwa gleichzeitig wurde Pastor Volkening vom Vorstand der Kirchgemeinde Gütersloh abgewählt und durch einen stramm staatskirchlichen preußentreuen Lutheraner ersetzt. Volkening konnte froh sein, im Pfarrhaus der kleinen Gemeinde Jöllenbeck bei Bielefeld Unterschlupf zu finden. Glaubt man den Chroniken, hat Volkening die Unterstützung seiner Kirchgemeinde damals verloren, weil er die (zumindest beim Männervolk) beliebten patriotischen Turn- und Schützenfeste als unchristliche Sauferei und Hurerei denunzierte und seinen erweckungsbewegten Schäfchen stattdessen seine wohl frommen, aber umso freudloseren Missionsfeste mit den legendären Posaunenorchestern empfahl. Mit der Dämonisierung der Fleischeslust hatte sich Volkening beim einfachen Volk nicht gerade beliebt gemacht.

Die neue Religionspolitik des Preußenkönigs basierte auf der Arbeitsteilung von Thron und Altar im orthodoxen Luthertum. Der Staat garantierte der Kirche einen sicheren Rahmen und gab ihr in Glaubensdingen Freiheit, während die Kirche ihre Gläubigen dazu anhielt, die Steuern zu bezahlen und die Gesetze zu respektieren, getreu dem Bibelspruch: »Gebt dem Kaiser, was des Kaisers ist.« In der evangelischen Konfession war diese Politik bis 1848 im Wesentlichen durchgesetzt, bei den rheinischen Katholiken dauerte es noch einige Jahrzehnte länger.

Obwohl Bertelsmann dem entlassenen Volkening auch nach der Vertreibung nach Jöllenbeck persönlich verbunden blieb, hatte er die Lektion aus Berlin verstanden. Der erweckungsbewegte Drucker ließ sich von der Obrigkeit domestizieren und bekam dafür 1835 die königlich-preußische Verlagslizenz und das Amt eines Presbyters (Vorstandsmitgliedes) der Kirchgemeinde Gütersloh obendrein. Die Lizenzierung von Carl Bertelsmanns Verlags- und Druckereibetrieb 1835 markiert weniger eine Betriebsgründung als die Konversion eines anarcho-protestantischen westfälischen Sektierers zum lutheranisch-preußischen Staatskirchentum. Nach 1835 trennte sich der gesamtheitliche politisch-religiöse Aktivismus der Erweckungsbewegung in die zwei Aktionsfelder Politik und Religion. Politisch wurde Bertelsmann zum reaktionären preußischen Monarchisten. Seine Gegner waren die westfälischen Liberalen, die auf ihrem Weserdampfboot das Banner von Freiheit und Fortschritt gehisst hatten und die Weser hinauf- und hinunterdampften. Die liberalen Bürger wollten das im Vergleich zu anderen Regionen Preußens wenig entwickelte östliche Westfalen energisch modernisieren und industrialisieren. Das war auch das Ziel des Preußenkönigs, aber von Berlin kontrolliert und überwacht. Als die Liberalen sich 1848 auch in Gütersloh gegen den Preußenkönig erhoben, kämpfte Carl Bertelsmann in der Gütersloher Stadtregierung an vorderster Front der monarchistischen Konterrevolution. Dass er seine eigene Befreiung von den Herren von Rheda den geistigen Werten Freiheit, Gleichheit, Brüderlichkeit der Französischen Revolution verdankte, hatte er vergessen.

Neben seinem politischen Engagement für den Preußenkönig blieb Bertelsmann auch in der Kirchgemeinde aktiv. Noch kurz vor seinem Tod im Jahre 1851 gründete er zusammen mit dem Pastor Volkening und anderen in Gütersloh das Evangelisch-Stiftische Gymnasium – jene Schule, die dereinst auch sein Ururenkel Reinhard Mohn besuchen sollte. Das Evangelisch-Stiftische sollte fromme evangelische Schüler – von Schülerinnen war damals noch nicht die Rede – aus ganz Deutschland davor bewahren, dem Rationalismus der Liberalen ausgesetzt zu werden, der sich an den preußischen Staatsschulen trotz der gescheiterten 1848er-Revolution durchgesetzt hatte.

Die größte publizistische Leistung Bertelsmanns war die Herausgabe der Notenblätter des vom erweckungsbewegten Gütersloher Lehrer und Organisten Friedrich Eickhoff komponierten Weihnachtslieds *Ihr Kinderlein kommet,* eine Volksausgabe von Grimms Märchen sowie eine vierzehnbändige Lizenzausgabe von Goethes Werken.

Das evangelische Druck- und Verlagshaus, das Carl Bertelsmann 1849, zwei Jahre vor seinem Tod, seinem zweiundzwanzigjährigen Sohn Heinrich übergab, war ein bescheidener Betrieb mit vierzehn Mitarbeitern in einer noch weitgehend landwirtschaftlich geprägten, rückständigen Region Preußens. Erst wenige Jahre zuvor hatte der Wachstumsschub in der Textilindustrie eingesetzt und war die durch Gütersloh verlaufende neue Fernstraße vom preußischen Verwaltungszentrum Minden Richtung Rheinland gebaut worden; die Station Gütersloh an der Eisenbahn Köln–Minden wurde 1848 eröffnet. Seinen Sohn hatte Carl Bertelsmann mit großer Umsicht auf das Gewerbe eines Verlegers vorbereitet. Zuerst schickte er ihn vier Jahre als Privatschüler zu Pastor Volkening nach Jöllenbeck, der in allem unterwies, was ein guter evangelischer Christ wissen musste. Später kam er in die Lehre zu einem Buchhändler nach Wuppertal-Barmen. Heinrichs jüngerer Bruder Wilhelm, den der Vater als Leiter der Druckerei vorgesehen hatte, lernte gleichzeitig das Druckerhandwerk. Doch es kam, wie so oft, anders als geplant. Heinrich und Wilhelm vertrugen sich nicht, und Wilhelm zog ins nahe Bielefeld, wo er die bis heute existierende Druckerei W. Bertelsmann gründete. Heinrich blieb in Gütersloh und beschritt den ihm vom Vater vorgezeichneten Lebensweg als christlicher Drucker und Verleger. Er soll ein außerordentlich verschlossener Mensch gewesen sein, der den introvertierten Vater geradezu redselig habe erscheinen lassen. Geschäftlich hatte er eine gute Hand. Neben Gesangbüchern und frommen Traktaten seines Lehrmeisters Volkening, die sich auch bei den staatstreuen Lutheranern gut verkauften, erweiterte er sein Verlagsprogramm in den Bereich des christlichen Jugend- und Schulbuches. Ein ganz neuer Sektor war die akademische Theologie, die von den zahlreichen neuen Universitäten profitierte, die damals in ganz Deutschland gegründet wurden. Daneben verlegte Heinrich Bertelsmann auch philologische und historische Werke. Als Höhepunkt der Titelliste des C. Bertelsmann Verlags in jener Zeit gelten die *Kinder- und Hausmärchen* der Brüder Grimm sowie auch einige wissenschaftliche Werke von Jakob und Wilhelm Grimm. Er verlegte außerdem eine ganze Reihe von erfolgreichen frommen Kalendern, Zeitschriften und anderen Publikationen für den christlichen Alltag, die sich in den evangelischen Kirchgemeinden im ganzen Deutschen Reich in hohen Zahlen absetzen ließen. Technisch war Bertelsmann auf der Höhe seiner Zeit. 1868 eröffnete er an der Bahnhofstraße (später Eickhoffstraße) in Gütersloh eine neue Druckerei mit den modernsten dampfbetriebenen Maschinen und mit einer mittlerweile auf sechzig Personen angewachsenen Belegschaft.

Heinrich Bertelsmann führte die Linie seines Vaters nicht nur im Verlag getreulich fort, sondern auch im kirchlichen Gemeindeleben und in der Politik. Im Stadtparlament von Gütersloh redete er während fünfundzwanzig Jahren unverdrossen den konservativen Werten Gott, Familie und Vaterland das Wort. Seine Leitartikel im *Konservativen Volksfreund,* der damals vielgelesenen reaktionären Trompete von Gütersloh, schrieb er mit nie nachlassender Entschlossenheit. Die Arbeit von Kanzler Bismarck im fernen Berlin, der Preußens Glanz und Glorie mit seinen erfolgreichen Kriegen gegen die Dänen und die Habsburger mehrte, verfolgte er von Anfang an wohlwollend. Das neue Deutsche Kaiserreich, das Bismarck schließlich 1871 im Spiegelsaal von Versailles ausrief, wurde auch von Bertelsmann freudig begrüßt. Bismarck war zwar kein Konservativer nach seinem evangelischen Geschmack. Allzu groß waren dessen Konzessionen an die Freihandelsbestrebungen der Großgrundbesitzer aus dem Osten. Doch er wusste, dass für Bismarck nicht die materiellen Interessen der Junkerklasse an erster Stelle standen, sondern die deutsche Nation. Die Wirtschaft sollte nicht Herrin, sondern Magd des Zweiten Reiches sein. Der daraus resultierende Bismarck'sche Wirtschaftsinterventionismus kam Heinrich Bertelsmann gelegen, dadurch wurde die Kaufkraft der evangelischen Kirchgemeinden im ganzen Reich gestärkt, in denen er sein ausgedehntes Sortiment religiösen Schriftgutes vertrieb.

Im sogenannten Kulturkampf stand Heinrich Bertelsmann auf der Seite Bismarcks. Den Kulturkampf hatte Bismarck nach dem preußischen Sieg über die Franzosen ausgerufen, um den Einfluss der papsttreuen Katholiken aus dem Rheinland und aus Bayern im evangelisch-preußisch dominierten Zweiten Reich zu unterbinden; dies, obwohl die von Bismarck angestrebte Säkularisierung des Alltagslebens nicht nur die Präsenz der katholischen Kirche, sondern auch den Einfluss der evangelisch-reformierten Staatskirche zurückdrängte. Bismarcks Verbot der gott- und vaterlandslosen Gesellen von der Sozialistenpartei war ganz im Sinne Bertelsmanns. Bei so viel Harmonie mit den Machthabern in Berlin wirkt der Misserfolg erstaunlich, der ihm als Zeitungsverleger beschieden war. Zwei Anläufe, eine eigene Zeitung zu gründen, hatte er auf den Spuren seines Vaters mit dem gescheiterten *Anzeiger für Wiedenbrück* 1833 unternommen, 1871 den *Gütersloher Anzeiger* und 1885 die *Gütersloher Zeitung*. Doch beide Blätter gingen nach kurzer Zeit wieder ein.

Erfolgreich als evangelischer Verleger, gescheitert in der Politik, so lässt sich das Berufslebens Heinrich Bertelsmanns zusammenfassen. Im neuen Deutschen Kaiserreich war die monarchistisch-lutherisch-reaktionäre Staatsgläubigkeit des westfälischen Provinzlers nicht mehr aktuell. Zum Aufbau des neuen Deutschen Reichs mit moderner Industrie und einer starker Armee brauchten Bismarck und der Kaiser mehr als eine reaktionäre evangelische Staatskirche. Dazu waren auch die Liberalen nötig, und bei denen galt die Religion als zweitrangige Privatsache. Ferner hatte Bismarck erkannt, dass eine Verschärfung der inneren Widersprüche durch die Repression der katholischen Sozialreformer und der marxistischen Sozialdemokraten den Aufbau des erträumten starken Deutschen Reiches bedrohte. Die Politik der Stärke gegen außen bedingte die Einheit im Innern. Folgerichtig federte Bismarck den Klassenkampf von oben mit seiner Sozialpolitik ab. Mit obligatorischen Unfall-, Krankheits- und Rentenkassen für das Volk suchte er den Forderungen der katholischen Massenbewegungen im Rheinland und der aufstrebenden Sozialdemokraten an der Ruhr und in andern Industriegebieten den Wind aus den Segeln zu nehmen. Der Bismarck'sche Sozialstaat, die sogenannte weiße Revolution, setzte genau jene paternalistische Sozialpolitik in die Praxis um, welche die evangelische Kirche forderte: staatliche Fürsorge für die Armen, Alten und Kranken, aber als milde Gabe, nicht als Rechtsanspruch. Diese staatliche Sozialpolitik fand auch den Beifall Heinrich Bertelsmanns. In seinem eigenen Betrieb hatte er bereits zuvor freiwillig eine Invalidenversicherung eingeführt, weil die Arbeit an den neuen dampfbetriebenen Maschinen in seiner Druckerei viele Arbeiterinnen und Arbeiter mit schweren Unfällen zu Krüppeln machte.

Heinrich Bertelsmann hatte drei Kinder; seine zwei Söhne

starben schon als Kleinkinder, nur Tochter Friederike überlebte. Friederike Bertelsmann heiratete 1881 den Pastorensohn Johannes Mohn, der als Buchhändlerlehrling zu Bertelsmann gekommen war, nachdem sich sein Berufswunsch Pastor zerschlagen hatte – wegen chronischer Heiserkeit, wie die Familiengeschichte zu berichten weiß. Und wie es im Leben so geht, der neue Lehrling verliebte sich in die Tochter seines Chefs, und bald läuteten die Hochzeitsglocken. Den frischgebackenen Schwiegersohn beförderte Heinrich Bertelsmann nach der Heirat zum Prokuristen. Johannes Mohn war der ideale Ehemann für seine Tochter, stammte er doch aus demselben evangelischen Milieu wie die Familie Bertelsmann: den zu preußischen Staatskirchlern gewordenen einstigen Erweckungsbewegten. Als Heinrich Bertelsmann nach achtunddreißig Jahren an der Spitze des von seinem Vater geerbten Druck- und Verlagshauses starb, übernahm Johannes Mohn die Geschäfte.

Unter der Führung von Tochtermann Johannes Mohn lebte der C. Bertelsmann Verlag von 1887 bis zum Beginn des Ersten Weltkrieges 1914 im Wesentlichen weiterhin von Druck und Vertrieb evangelischer Printprodukte aller Art, deren Absatzkanäle die Kirchgemeinden und der evangelische Buchhandel waren. Bis Ende des 19. Jahrhunderts war Bertelsmann neben Herder, J. C. B. Mohr und Deichert zu einem der größten theologischen Verlagshäuser Deutschlands herangewachsen. Diverse, fast von alleine laufende Zeitschriftenreihen für fromme Gemeindeglieder brachten die Basisauslastung des Maschinenparks. Dazu kamen Volkenings Dauerbrenner wie Liederbücher, Noten für Posaunenchöre, Bücher für den Religionsunterricht an Schulen und allerhand Traktate für die Mission. Diese Printprodukte ließen sich auch in den neuen deutschen Kolonien verkaufen, die sich Kaiser Wilhelm II. in Afrika und im Pazifik angeeignet hatte. Ohne größere eigene Anstrengung konnte Johannes Mohn von der wirtschaftlichen Dynamik der Gründerjahre profitieren, in denen das Deutsche Reich zur Industrienation und zur Weltmacht heranwuchs und die evangelische Kirche vollends zur Staatskirche wurde.

Das fast ein ganzes Jahrhundert umspannende Trio Carl Bertelsmann, Heinrich Bertelsmann und Johannes Mohn zeigt eine Bewegung, das auch zahlreichen anderen Familienunternehmen eigen ist: Die Gründergeneration ist innovativ, die zweite Generation expandiert, und die dritte Generation stagniert. Gründer Carl Bertelsmann war ein Innovator, der die dem Druck- und Verlagsgeschäft eigene Dialektik zwischen Geld und Geist erfasste. Zwar war ihm der Geist wichtiger als das Geld, doch als es gegenüber dem preußischen Staat nötig wurde, wies er den religiösen Geist im Namen des Geldes pragmatisch in die Schranken. Heinrich Bertelsmann dann mit all seiner lutherisch-staatskirchlichen Tüchtigkeit war wenig erfinderisch. Das zeigt der Vergleich mit den Entwicklungen im damaligen deutschen Verlagswesen: Da gab es zum Beispiel den kleinen Leipziger Papierhändler Leopold Ullstein, der die Zeichen der Zeit erkannte, seine Geschäftsbasis nach Berlin verlegte und dort innerhalb von zwei Jahrzehnten zum Pressezar des wilhelminischen Deutschland aufstieg. Oder Rudolf Mosse, auch er ein Jude aus der deutschen Provinz, der 1861 als Achtzehnjähriger aus Posen nach Berlin kam und aus dem geschäftlichen Nichts zum Reichs-Annoncenkönig avancierte; Mosse hatte erkannt, dass die kapitalistischen Fabrikanten bereit waren, viel dafür zu bezahlen, ihre Waren in der Zeitung anpreisen zu dürfen. Oder auch August Scherl aus Düsseldorf, der die (vordergründig) apolitische Mischung aus Unterhaltungs- plus Annoncenblatt aus den USA und Frankreich nach Deutschland importierte.

Während die Innovatoren Ullstein, Mosse und Scherl erkannten, dass die Musik unter Kaiser Wilhelm auch in ihrer Branche in Berlin spielte, und sie dort neue Medienprodukte auf den Marktplatz brachten, blieb der kreuzbrave preußische Konformist Heinrich Bertelsmann in der Provinz und ebenso sein Schwiegersohn und Nachfolger Johannes Mohn.

1920, nachdem sich Kaiser Wilhelm ins Exil nach Holland abgesetzt hatte, da wusste sein treuer Untertan Johannes Mohn nicht mehr aus noch ein und legte das Schicksal des Verlags, den er dreißig Jahre zuvor von seinem Schwiegervater übernommen hatte, in die Hände seines Sohnes Heinrich. Heinrich Mohn war gut auf die Nachfolge an der Spitze der Familienfirma vorbereitet worden. Nach dem Besuch des Evangelisch-Stiftischen Gymnasiums machte er eine Buchhändlerlehre und trat nach Sprachaufenthalten in Neuchâtel und London 1910 in den väterlichen Betrieb ein. 1914 meldete er sich wie die meisten seiner Altergenossen als Kriegsfreiwilliger, wurde Offizier und kehrte, mit dem Eisernen Kreuz zweiter Klasse dekoriert, besiegt und geschlagen zurück.

In den schwierigen Nachkriegsjahren hielt sich der C. Bertelsmann Verlag mit dem neuen Chef Heinrich Mohn und rund achtzig Mitarbeiterinnen und Mitarbeitern in Verlag und Druckerei mehr schlecht als recht über Wasser. Doch es sollte noch schlimmer kommen. 1923, auf dem Tiefpunkt der wirtschaftlichen Nachkriegskrise, brachte die Hyperinflation den Absatz von Büchern und Zeitschriften praktisch zum Erliegen, und da auch Fremdaufträge für die Druckerei nicht zu beschaffen waren, musste Heinrich Mohn die Druckerei während einiger Monate schließen. Im Verlag arbeiteten noch sechs Personen. Da erstaunt es wenig, dass sich in jener Zeit auch seine Asthmaanfälle, an denen er seit der Jugend gelitten hatte, dramatisch verschlimmerten. Ende 1923 zog Heinrich Mohn mit seiner Frau und den fünf Kindern auf ärztlichen Rat nach Braunlage, einem Klimakurort im Harz. Das Tagesgeschäft im Verlag konnte er nun nicht mehr selbst führen, sein aktives politisches Engagement bei der Gütersloher Ortsgruppe der Deutschnationalen Volkspartei (DNVP) musste er ebenfalls beenden. In die DNVP war Mohn nach Kriegsende eingetreten, als die Deutschnationalen in Gütersloh zur stärksten Partei wurden. Die DNVP repräsentierte die alten Eliten des wilhelminischen Kaiserreiches, den gewerblichen Mittelstand sowie einen Teil des leitenden Personals aus Industrie und Handel. Ihre nationalen Gallionsfiguren waren Großadmiral von Tirpitz, Wolfgang Kapp und der Berliner Pressezar Alfred Hugenberg. 1920 hatten Kapp und andere versucht, die Sozialdemokraten von der Spitze der neuen Republik wegzuputschen. Als diese dann den Kapp-Putsch zusammen mit den Gewerkschaften und dem Großteil der Zivilgesellschaft in der größten Streikbewegung der deutschen Geschichte verhinderten, blieb Heinrich Mohns Druckerei einer der wenigen Betriebe in Gütersloh und Umgebung, die sich dem Generalstreik nicht anschlossen. Nach seinem gesundheitlich erzwungenen Rückzug kehrte Mohn nicht mehr in die DNVP zurück.

Aus der aktiven Politik hatte sich Heinrich Mohn leicht verabschieden können, für seine Leitungsfunktion beim C. Bertelsmann Verlag hingegen war die Umsiedlung in den Oberharz ein schwieriges Problem. 1924 stand Mohn vor der Frage, wie er seinen Verlag von Braunlage aus weiterhin leiten konnte. Die Lösung, die er schließlich fand, wurde zur wichtigen betriebswirtschaftlichen Weichenstellung für die Zukunft: Heinrich Mohn übergab die Verantwortung für das Tagesgeschäft in Gütersloh einer Gruppe von vertrauenswürdigen Führungsleuten, er selbst befasste sich in Braunlage nur noch mit den mittel- und langfristigen Fragen. Damit war die Personalunion von operativem Leiter und Eigentümer im fast hundertjährigen Familienunternehmen erstmals aufgeweicht, der Chef brauchte nun nicht mehr alles und jedes selbst zu entscheiden. Der Mittelständler Heinrich Mohn hatte sich mit Führungspersonal vom Tagesgeschäft entlastet und damit in seinem Unternehmen jene Entwicklung eingeleitet, die der US-amerikanische Soziologe und Trotzkist James Burnham fast zwanzig Jahre später die »Revolution der Manager« nennen sollte. Dass Heinrich Mohn rechtzeitig loyale und fähige Geranten gefunden hatte, war wohl sein größter Beitrag zur Zukunftssicherung des C. Bertelsmann Verlags. Sein wichtigster Mann war Verlagsbuchhändler Gerhard Steinsiek. Der Pastorensohn Steinsiek hatte 1914 in Tübingen ein Semester Theologie studiert, sich dann als Kriegsfreiwilliger gemeldet, die Front überlebt und 1919 eine Buchhändlerlehre begonnen. 1922 kam er zu Bertelsmann, 1923 heiratete er Irmgard Seippel, die Schwester der Ehefrau seines Chefs, und 1924, kurz vor der Abreise nach Braunlage, beförderte Heinrich Mohn seinen frischgebackenen Schwager zum Prokuristen und Stellvertreter. Später wurde Steinsiek auch stiller Teilhaber am Kapital des Verlags

Der zweite der Getreuen war Fritz Wixforth. Er war ein echter Bertelsmann: Bereits sein Vater hatte der Firma siebenundfünfzig Jahre gedient, zuletzt als Meister in der Binderei. Wixforth junior trat 1911 als Bürolehrling in die Firma ein, musste 1915 als Matrose in den Krieg und arbeitete ab 1919 als Buchhändlergehilfe. Er trat beim Stahlhelm ein, dem bewaffneten Arm der Deutschnationalen Volkspartei, der Partei seines Chefs. Jahrzehnte später war Wixforth 1946 der erste Lehrmeister des Kriegsheimkehrers Reinhard Mohn. 1962 verabschiedete

Reinhard Mohn die treue Führungskraft nach einem halben Jahrhundert mit folgenden Worten in den Ruhestand: »Die Geschichte des Hauses Bertelsmann setzt sich nicht zusammen aus Umsatzzahlen oder äußerem Erleben und Geschehen, sie ist die Geschichte der Menschen, die diese Firma und ihre Arbeit getragen haben. Niemand hat ein so großes Stück dazu getan wie Sie, Herr Wixforth.«

Der dritte im Kreise von Heinrich Mohns Führungspersonal war Verlagsbuchhändler Theodor Berthoud, der den Vertrieb der Theologica leitete. Der ursprünglich aus dem schweizerischen Neuchâtel stammende Berthoud fand beim C. Bertelsmann Verlag seine Lebensstelle. Schwager Gerhard Steinsiek, Vertriebsgenie Fritz Wixforth und Verlagsbuchhändler Theodor Berthoud, das war der Kern der Führungsmannschaft, mit der Mohn seinen mittelständischen C. Bertelsmann Verlag innerhalb von fünfzehn Jahren zur größten Buchfabrik Europas machen sollte.

Nachdem sich die Institutionen der Weimarer Republik bis Ende 1924 einigermaßen hatten stabilisieren können, keimte in Braunlage und Gütersloh wieder der Optimismus. Den kommunistischen Revolutionsgelüsten in Berlin und Thüringen war kein Erfolg beschieden gewesen, hingegen hatte der neue Reichsbankpräsident Hjalmar Schacht die Währung mit der Einführung der Reichsmark erfolgreich stabilisiert. Das Herbstprogramm 1925 war nicht schlecht gelaufen, sodass Heinrich Mohn, nachdem sich seine Asthmaanfälle parallel zum verbesserten Geschäftsgang des Verlags gemildert hatten, 1926 mit zwei Inhalationsapparaten (einem stationären und einem transportablen) ausgerüstet nach Gütersloh zurückkehren konnte. Mit seiner Frau Agnes und den fünf Kindern bezog er ein Haus an der Kurfürstenstraße, direkt neben seinem Elternhaus. Die

Geburt des sechsten Kindes, Gerhard, signalisierte den Gütersloherm, dass mit Heinrich Mohn wieder zu rechnen war.

Wie bei mittelständischen Unternehmern die Regel, kam das Privatleben mit Frau und Kindern auch für Heinrich Mohn erst in zweiter Linie – das Geschäft ging vor. Zurück in Gütersloh, machte er sich unverzüglich ans Werk, seinen Verlags- und Druckereibetrieb zu modernisieren. Obwohl er jetzt sein Büro direkt neben Steinsiek, Wixforth und Berthoud hatte, ließ er seine Führungskräfte ihre Bereiche auch weiterhin selbstständig leiten, wie es sich während seiner zweijährigen Abwesenheit in Braunlage bewährt hatte. Er selbst befasste sich mit jenem komplexen Prozess, der einen Stapel Autorenmanuskripte auf dem Schreibtisch des Verlegers in einen Bücherstapel in der Buchhandlung verwandelt. Als Novität beim C. Bertelsmann Verlag führte er eine systematische betriebswirtschaftliche Statistik ein, die Kosten und Ertrag jedes einzelnen Verlagsobjektes festhielt. Auf dieser Basis ließen sich auch die zu erwartenden Zahlen neuer Verlagsobjekte präziser kalkulieren. Heinrich Mohns schwarzgrünes Statistikbuch aus jener Zeit, ergänzt noch von einer kleinen Taschenversion, liegt heute im Bertelsmann-Firmenarchiv. Zahlenkolonnen wurden zur Basis für verlegerische Entscheide: Wie viele Exemplare muss ich zur Deckung meiner vollen Kosten verkaufen, beim wievielten verkauften Exemplar beginnt der Gewinn? Mohns Vater, sein Großvater und sein Urgroßvater hatten den Entscheid zum Druck und Vertrieb eines Verlagsproduktes zwar nicht gänzlich vom darin verströmten evangelischen Geist abhängig gemacht, im Zweifelsfall jedoch gegen das Geld und für den Geist entschieden. Trotz oder vielmehr wegen seiner betriebswirtschaftlichen Kalkulationen konnte sich Heinrich Mohn nicht darüber hinwegtäuschen, dass sein Verlag an einem Problem litt, gegen das keine noch so geniale innerbetriebliche Effizienzsteigerung ankommen konnte: Der Inhalt seiner Bücher lag nicht mehr im Trend der Zeit. Das traditionelle Bertelsmann-Thema Religion war Mitte der Zwanzigerjahre nicht mehr gefragt. Seit dem verlorenen Ersten Weltkrieg hatten sich in Deutschland die früher sonntags vollen Kirchenbänke mehr und mehr geleert. Beide christlichen Konfessionen verloren in Scharen ihre Mitglieder. Mit religiösen Titeln, ob populärreligiöse Texte für Kinder und Erwachsene oder akademische Theologie, waren die betriebswirtschaftlich nötigen Auflagehöhen der einzelnen Titel kaum zu erreichen. Mittel- und langfristig ließen sich die technischen Betriebe des C. Bertelsmann Verlags mit dem Segment Religion nicht rentabel auslasten. Die Botschaft von Mohns schwarzgrünem Zahlenbuch war klar: Die fromme Milch der evangelischen Denkart, die den C. Bertelsmann Verlag seit seiner Gründung nährte, war ausgetrunken – neue Inhalte mussten her.

Die Abkehr des C. Bertelsmann Verlags von der Religion erfolgte in mehreren Stufen: Zuerst kamen die christlichen Romane, dann die sentimental-nationalistischen Heimatromane und die Blut-und-Boden-Romane, dann die Kriegserlebnisromane und schließlich die Kriegsverherrlichungsbücher, Texte in Massenauflage zum Zweck der massenpsychologischen Vorbereitung von Hitlers Angriffskriegen.

Der erste Schritt ins Feld der reinen Unterhaltung war 1927 die Abonnementszeitschrift *Der Christliche Erzähler.* Mit Zeitschriften hatte Bertelsmann viel Erfahrung, denn die Zeitschriften und Kleindrucksachen waren neben den Büchern seit je das zweite Standbein des Verlags. Chef der Sparte war Pfarrer Johannes Zauleck. Zauleck schlug vor, es mit einer vierzehntäglich erscheinenden neuen Abonnementszeitschrift zu versuchen, die ihre ländliche Leserschaft mit Fortsetzungsgeschichten von einwandfreier christlicher Moral unterhalten sollte. Nachdem Heinrich Mohns Kalkulationen ergeben hatten, dass die zu erwartenden Verkaufszahlen des *Christlichen Erzählers* eine befriedigende Rendite erbringen konnten, startete das Unternehmen. 1927 lancierte Vertriebschef Wixforth mit seinen Leuten die Zeitschrift in evangelischen Buchhandlungen in ganz Deutschland. Eine Textanalyse dieser Zeitschrift von der Unabhängigen Historischen Kommission »Bertelsmann im Dritten Reich« zeigt triviale Geschichten, bevölkert von »treuen Tanten, Witwen und Dienstboten, gutmütigen alten Jungfern, redegewandten Pfarrern, keuschen Liebespaaren sowie Landarbeitern und Bauern, die von gläubiger Einfalt, aber auch von handfester Schlitzohrigkeit sein können. Auffällig viele Geschichten enden mit dem Tod der Hauptfigur, der als eine Erlösung, als eine Heimkehr in die Arme Gottes beschrieben wird.«

Nach einer Vertreterreise in die Schweiz empfahl Fritz Wixforth 1928, die Romane, die im *Christlichen Erzähler* als Fortsetzungen publiziert worden waren, zusätzlich auch in Buchform zu veröffentlichen. Heinrich Mohn war einverstanden, und noch im selben Jahr produzierte seine Druckerei die ersten vier Romane des C. Bertelsmann Verlags. Im evangelischen Buchhandel liefen diese Romane gut, sodass 1929 fünf weitere Titel nachgeschoben werden konnten. Das Lektorat besorgte Schwager Steinsiek mit gewohntem Christenblick. Aufgrund der Verkaufserfolge im evangelischen Buchhandel beschloss Mohn, die christlichen Romane auch dem allgemeinen Sortimentsbuchhandel anzubieten. Er kaufte ein Vertreterauto und verstärkte das Vertriebsteam mit zwei weiteren Buchhändlern, Wilhelm Beimdiek und Johannes Banzhaf. Bei den Diskussionen der Vertriebsleute – an denen oftmals auch der Chef teilnahm, stets ohne sich in die konkrete Arbeit einzumischen – wurde rasch klar, dass den evangelisch-konservativen Romanen im allgemeinen Sortimentsbuchhandel das Potenzial zur substanziellen Auflagensteigerung fehlte. Im Kampf mit den Produkten der Berliner Großverlage, etwa der Bestsellerfabrik Ullstein, hatte Bertelsmann zu kurze Spieße. Darauf reagierten Heinrich Mohn und sein Führungspersonal mit dosierter Politisierung. Der erste Schritt vom christlichen Unterhaltungsroman zum nationalistischen Heimatroman war 1928 der Titel *Heimat wider Heimat* von Gustav Schröer. Statt demütiger Tod nach kleinem stillem Leuchten war jetzt mutige Verteidigung der bedrohten Heimat angesagt. Die Inhaltsanalyse der Unabhängigen Historischen Kommission zeigt *Heimat wider Heimat* als eine in der Zeit des Biedermeiers angesiedelte Seifenoper, wo »des Landes lebendige Seele in des Blutes Strömen rauscht«, wo sich in Kleinstädten Männer mit Frauen vermählen, das Fremde das zu bekämpfende Böse und das Vaterland heilig ist. Schröer wurde zum Bestsellerautor, sein Roman sollte sich bis 1955 fast 800 000 Mal verkaufen. Heimatschreiber Schröer hat später, zum Nazischriftsteller geworden, den folgenden Reim auf den Führer verbrochen: »Wo das Feuer glüht, wo das Eisen sprüht, / Alles ist eins nur: Vaterland! – – / Und den Führer, allen Mächten zum Trutz, / Herr, den Führer, nimm ihn in Schutz!«

Auch wenn Schröer und andere Bertelsmann-Heimatromanautoren den deutschen Zeitgeist Ende der Zwanzigerjahre ziemlich genau trafen – ohne das innovative Marketing der Bertelsmann-Vertriebsleute hätten deren Titel kaum zu Bestsellern werden können. Dafür war die Konkurrenz zu groß, in Deutschland gab es Dutzende von anderen Verlagen, die Bücher mit gleicher Thematik vertrieben. Aber einen Vertriebschef wie Fritz Wixforth hatten die wenigsten. Wixforth hatte zahlreiche neue, absatzfördernde Ideen. So offerierte Bertelsmann dem Buchhändler gratis und franko ein von Hausgrafiker Siegfried Kortemeier gestaltetes »Sonderfenster«, wenn er mindestens dreißig Exemplare bestellte, ferner gewährte Bertelsmann erstmals ein Rückgaberecht bei Nichtverkauf. Umsatzmäßig hatte der C. Bertelsmann Verlag die nationalistischen Heimatromane bis 1932 neben der traditionellen Theologie als ungefähr gleich großes zweites Standbein etabliert. Allerdings schrieben beide Sparten seit Beginn der Buchkrise Anfang der Dreißigerjahre Verluste. Finanziell hielt sich Bertelsmann in der Schlussphase der Weimarer Republik nur dank einiger erfolgreicher theologischer Zeitschriften und dem *Christlichen Erzähler* sowie mit Lohnaufträgen der Druckerei über Wasser.

Die Wahl Adolf Hitlers zum Reichskanzler im Januar 1933 war für Heinrich Mohn das Signal zur sofortigen Gleichschaltung und vollständigen Integration der Geschäftstätigkeit des C. Bertelsmann Verlags in die Politik der Nationalsozialistischen Deutschen Arbeiterpartei (NSDAP). Dies, nachdem er zuvor mit keinerlei aktiven Sympathiebekundungen in diese Richtung aufgefallen war, wie die Unabhängige Historische Kommission festgehalten hat. Persönlich hatte Mohn die aktive Politik 1924 mit dem krankheitsbedingen Rücktritt aus der Deutschnationalen Volkspartei aufgegeben. Als die DNVP 1930 von der Gütersloher NSDAP aufgesogen wurde, kümmerte ihn dies wenig. Und auch nach dem Erdrutschsieg der Gütersloher Nazis, die in den Reichstagswahlen von 1932 etwa ein Drittel aller Stimmen bekamen, verhielt er sich still. Damit erscheint Mohn als Prototyp des Opportunisten; sein wichtigstes Buch war weder die Luther-Bibel seiner Vorväter noch Hitlers *Mein Kampf*, sondern jenes schwarzgrüne Zahlenbuch, in dem er die Mindestauflagenhöhe zur Vollkostendeckung eines Verlagsobjektes kalkulierte. Das erste Problem des Opportunisten im Februar 1933 war das Fehlen renommierter nationalsozialistischer Autoren.

Zur Behebung dieses Defizits versuchte Heinrich Mohn mit Hans Grimm und Will Vesper, zwei Namen der ersten Garnitur nationalsozialistischer Dichtung, ins Geschäft zu kommen. Hans Grimm war nach der Gleichschaltung der Preußischen Akademie der Künste frischgebackener Senator der Sektion Dichtkunst. Der neue Reichskommissar für Kultur, Bernhard Rust, hatte die Akademie von unerwünschten Elementen wie Heinrich Mann oder Käthe Kollwitz gesäubert, zahlreiche nichtjüdische und jüdische Autoren wie Thomas Mann, Ricarda Huch und Alfred Döblin verließen die Akademie aus eigenem Antrieb. Neben seinem Senatorenamt bei der Akademie hatte Grimm auch den Posten eines Präsidialrates der Reichsschrifttumskammer beim Ministerium für Volksaufklärung und Propaganda von Joseph Goebbels bekommen. Grimm war kein Parteigenosse der NSDAP, hatte sich jedoch bei den Nazis mit seinem 1926 erschienenen zweibändigen Roman *Volk ohne Raum* beliebt gemacht, in dem er die Kolonisierung von Afrika durch Deutschland propagierte, das er von seinem langjährigen Aufenthalt in der britischen Kapkolonie kannte. Der von Goebbels geografisch umgedeutete Romantitel machte dann den deutschen Volksgenossen die Eroberung von Lebensraum im Osten schmackhaft. Diesen Hans Grimm versuchte Mohn im Frühsommer 1933 als Autor für seinen Verlag zu gewinnen, doch Grimm wollte nicht – oder vielmehr noch nicht.

Will Vesper, der andere Nazi-Starautor, den Heinrich Mohn damals kontaktierte, war von den Nationalsozialisten ebenfalls in die Preußische Akademie der Künste gehievt worden. Dazu schrieb ihm Mohns Schwager Gerhard Steinsiek in der Gratulationsadresse: »Ich freue mich, dass auch an dieser Stelle (Preußische Akademie der Künste) die Reinigungsaktion alle die von einer gewissen Presse ›gemachten‹ Großstadt-Literaten aus dieser Stätte hinausgeworfen hat, und dass endlich das nationale Schrifttum auch dort zu der verdienten Ehre gekommen ist.« Vesper war in den Zwanzigerjahren mit einigen Lyrikanthologien bekannt geworden, produzierte dann mit seinem Buch *Das harte Geschlecht* einen Knüller und trat 1931 in die NSDAP ein. *Das harte Geschlecht* erzählt die Geschichte des Wikingers Ref, der die verloren gegangene Härte seiner Ahnen betrauert – Gewalt siegt, lautete das verhängnisvolle Credo dieses deutschen Erfolgsbuches. Gleich wie *Volk ohne Raum* hat sich die Nazipropaganda auch des suggestiven Titels *Das harte Geschlecht* bedient. Dass Will Vesper seinen linientreuen Nationalsozialismus im Frühjahr 1933 unter Beweis gestellt hatte, als er in Dresden die Bücherverbrennung zur Ausmerzung unliebsamen Schrifttums entarteter und jüdischer Autoren mit einer Ansprache gefeiert hatte, empfahl ihn zusätzlich als neuen Autor für den C. Bertelsmann Verlag. Vesper biss an. Der C. Bertelsmann Verlag vereinbarte mit Vesper eine Volksausgabe der von ihm herausgegebenen Gedichtsammlung *Aus tausend Jahren,* die Bertelsmann stolz mit einer ganzseitigen Anzeige im *Börsenblatt des Deutschen Buchhandels* bewarb.

Obwohl es seine erste Erfahrung mit einem national prominenten Autor war und sich Provinzverleger Heinrich Mohn deswegen einige Sorgen gemacht hatte, verlief die Arbeit mit Vesper sehr angenehm. In einem Schreiben an Vesper vom 14. August 1933 wies Mohn auf eine problematische Passage im Manuskript hin: »Bei dem Balladenbuch sähe ich gern, wenn Heine, der jetzt Seite 347–362, also 16 Seiten füllt, stärker zurückträte. Wäre das wohl möglich? Vor allen Dingen läge mir daran, Seite 350 ›Kleines Volk‹ bis Seite 351 ›Ein Weib‹ zu streichen. Für freundliche Zustimmung wäre ich dankbar.« Mohns Streichungswunsch betraf zwei Gedichte mit unkeuschen Anspielungen, das erste spricht von »drei Nonnenfürzchen, die schmecken so süß«, das zweite von einer Dirne, die ihren aufgeknüpften Liebhaber schnell vergisst. Der Herausgeber reagierte zur vollsten Zufriedenheit des Verlegers, der ihm kurze Zeit später schreiben konnte: »Recht herzlichen Dank, dass Sie auf meinen Wunsch betr. Heine eingehen, ja mehr als ich zu hoffen wagte. Mir ist es natürlich nur lieb, wenn Heine vollständig fehlt.« Weil ihm der Mut fehlte, seinem Herausgeber die völlige Weglassung der Gedichte des zum Christentum konvertierten Juden zu empfehlen, »wie es ihm lieb gewesen wäre«, versteckte er sich hinter dem Vorwand der Pornografie. Gleich Heinrich Mohn begannen sich auch die Gütersloher ihrer jüdischen Mitbürger, die sich dort seit dem Mittelalter nachweisen lassen, zu entledigen. Im Jahre 1896 hatte die jüdische Ortsgemeinde mit 96 Personen ihre höchste Mitgliederzahl erreicht, 1933 waren es noch rund 60 Personen. Dann begann die Vertreibung, die in den Novemberpogromen von 1938 kulminierte, als die kleine Synagoge und drei Häuser in jüdischem Besitz abgebrannt und weitere Wohnungen zerstört wurden. 1941 wurden die noch verbliebenen 16 Juden in die Vernichtungslager im Osten deportiert.

An den sogenannten Arisierungen, der Übernahme von zwangsversteigerten jüdischen Unternehmen, beteiligte sich Heinrich Mohn nicht – ganz im Gegensatz zu Senator Franz Burda, einem anderen prominenten deutschen Drucker und Verleger. Parteigenosse Burda hatte 1938 die große Druckerei Gebr. Bauer in Mannheim übernommen, deren jüdische Besitzer zum Verkauf gezwungen worden waren. Indirekt hat jedoch auch Heinrich Mohn von der »Arisierung« des deutschen Verlagsgeschäftes profitiert. Das Vakuum, das nach der Vertreibung der jüdisch-deutschen Großverleger Ullstein und Mosse entstanden war, hatte auch Bertelsmann den Raum zur betrieblichen Expansion erweitert. Dieser Eskalation der Judenfrage von der widerwilligen Tolerierung zur aktiven Diskriminierung, Verfolgung, Vertreibung und schließlich Ermordung begegnete Heinrich Mohn mit »moralischer Indifferenz«, wie die Unabhängige Historische Kommission »Bertelsmann im Dritten Reich« feststellte. Die Kommission schrieb, Judenhass als Ideologie sei kein Thema im Verlagsprogramm des C. Bertelsmann Verlags gewesen: »Der Schluss liegt nahe, dass Heinrich Mohn in der Verbreitung antisemitischer Publikationen eine Möglichkeit sah, seine unternehmerischen Interessen zu verfolgen; die moralische Indifferenz gegenüber der Judenverfolgung, deren es dazu bedurfte, erklärte sich zumindest zum Teil aus der antijüdischen Tradition des konservativen Protestantismus.«

Nach dem Engagement von Nazi-Starautor Will Vesper passte Heinrich Mohn sein Programm zügig den Richtlinien der neuen Reichsschrifttumskammer an, die beim Reichsministerium für Volksaufklärung und Propaganda für die Bücher zuständig war. Das Nazithema Blut und Boden hatte Mohn mit seinen Heimatromanen bereits vor Hitlers Machtübernahme entdeckt, an diesem Programmsegment musste nicht viel geändert werden. Dies war im Segment Religion anders. Die von nazifreundlichen Pastoren gegründete sogenannte Deutsche Kirche interpretierte das Evangelium Christi als nationalsozialistische dritte Konfession, als ein neuheidnisch-rassistisches Bekenntnis zu Gott, Führer und Vaterland, und vertrat so eine andere Position als die herkömmlichen Spielarten des deutschen Protestantismus. Wie auch die vier Pfarrer von Gütersloh und die Mehrheit ihrer Gemeindemitglieder ist Heinrich Mohn der Deutschen Kirche nie beigetreten – eine Tatsache, die ihm nach dem Krieg als Grundlage der Legende vom evangelischen Widerstandsverlag diente. Unter kommerziellen Gesichtspunkten und im Zuge der Neuausrichtung des theologischen Programms kam Mohn am neuheidnischen NS-Trendchristentum nicht vorbei. Er verlegte und druckte den *Kleinen Katechismus Dr. Martin Luthers für den braunen Mann* des Leiters des westfälischen Evangelischen Männerwerks, Werner Betcke. Angeregt hatte die Schrift der Oberkonsistorialrat und prominente deutsche Christ Johannes Hymmen. In einer Anzeigenkampagne warb der C. Bertelsmann Verlag damals mit folgenden Worten für dieses Buch: »Hier reden evangelische Seelsorger zum braunen Mann als dem Kameraden. Mannhafte Entscheidung für Christus, Liebe zu Luther, Kampfbereitschaft für die Kirche, alles knapp, einprägsam und gewissenpackend an der Hand der fünf Hauptstücke dargelegt. Käufer ist jeder SA- und SS-Mann, denn hier geht der Dienst an der Kirche und an der Männerwelt neue Wege.« Hymmen versuchte, sein deutsches Christentum mit dem Nationalsozialismus zu fusionieren. Doch die Nazis wollten nicht. Nachdem die Reichsschrifttumskammer die Betcke-Broschüre auf die »Liste des schädlichen und unerwünschten Schrifttums« gesetzt hatte, musste Bertelsmann den Restbestand makulieren. Diese Lektion hatte Heinrich Mohn verstanden: Von den Pfaffen ließ sich ein Goebbels nicht dreinreden.

Ein programmlich neues Gebiet des C. Bertelsmann Verlags waren 1934 die Kriegsbücher. Das erste Kriegsbuchprogramm vom Herbst jenes Jahres löste den strategischen Wachstumsschub aus, der Heinrich Mohns Provinzverlag innerhalb weniger Jahre zum größten Buchproduzenten des Dritten Reiches machen würde. Der erste Kriegsbuchbestseller war das Fliegerbuch

Flieger am Feind von Werner von Langsdorff, das offizielle Weihnachtsbuch der Hitler-Jugend von 1934. Darin schilderte der Autor die Erlebnisse von Manfred von Richthofen und anderen deutschen Flieger-Assen aus dem Ersten Weltkrieg. Gemäß Versailler Vertrag durfte Deutschland keine Luftwaffe unterhalten, ein Verbot, das die Nazis seit 1933 insgeheim unterliefen. Parallel dazu inszenierte Goebbels eine Propagandaschlacht zur Begeisterung der Jugend für die noch neue Fliegerei. 1935 gab Hitler dann den hinter den Kulissen bereits begonnenen Aufbau der Luftwaffe offiziell bekant, 1937 bekam Gütersloh einen Fliegerhorst. Neben der Fliegerei und dem Luftkrieg wurde im C. Bertelsmann Verlag auch dem Bodenkrieg Platz eingeräumt. Einer der Titel war *Wir fahren in den Tod* von Thor Goote. Der Bestseller glorifiziert den Untergang einer Munitionskolonne im Ersten Weltkrieg. Die Verlagswerbung fand damals folgende Worte für dieses Buch: »Dies packende Buch ist das Heldenlied auf alle, die an der Westfront in den Tod fuhren, damit wir leben sollten.«

Auch der Relaunch der seit Ende der Zwanzigerjahre bestehenden Reihe *Spannende Geschichten* wurde zum Großerfolg. Ursprünglich basierte die Reihe auf Abenteuergeschichten, etwa dem Erfolgstitel *Der Mann ohne Nerven* über den Autorennfahrer Rudolf Caracciola. Die Neuausrichtung auf das Thema Krieg machte aus dem vierzehntäglich zum Preis von 20 Pfennig erscheinenden Groschenblatt in Massenauflage eine Goldgrube. Ein Heft, das mehrmals nachgedruckt werden musste, trug den Titel *Deutsche Tanks fahren in die Hölle.* Verfasser war Paul Coelestin Ettighoffer, ein versprengter elsässischer Frontkämpfer aus dem Ersten Weltkrieg, der seine Groschenhefte als fest angestellter Bertelsmann-Autor mit Erfolgsbeteiligung produzierte.

So gut sich ihre Bücher verkauften, so waren doch Schreiber

wie Gustav Schröer, Paul Coelestin Ettighoffer und Werner von Langsdorff keine prestigeträchtigen Autoren, mit denen der C. Bertelsmann Verlag an der Leipziger Buchmesse auftrumpfen konnte. Das war ein Mangel. Umso mehr, als Bertelsmann von Will Vesper seit der Gedichtsammlung von 1933 nichts mehr erhalten hatte. Wenn Bertelsmann das Image des religiösen Provinzverlags und Trivialromanproduzenten endgültig abstreifen wollte, mussten namhafte Autoren aus Deutschlands erster Garde her. Zu diesem Zwecke stellte Heinrich Mohn 1937 den überzeugten Nationalsozialisten Gustav Dessin als Lektor ein. Dessin verfügte über gute Verbindungen zur Reichsschrifttumskammer und zur Reichskulturkammer in Berlin. Als Erstes versuchte der neue Lektor, den berühmten Will Vesper wieder näher an den Verlag zu binden, was allerdings misslang. Vesper sollte erst ab 1942 wieder bei Bertelsmann publizieren. Hingegen gelang es Dessin, Hans Grimm ins Boot zu holen, der die Avancen Heinrich Mohns 1933 noch abgelehnt hatte. Allerdings war Grimm, der seit 1933 nichts mehr veröffentlicht hatte, bei Goebbels inzwischen ins Abseits geraten. Seine Ämter in der nationalsozialistischen Kulturdiktatur hatte er alle wieder verloren, obwohl die offizielle nationalsozialistische Literaturgeschichte *Volkhafte Dichtung der Zeit* von Hellmuth Langenbucher sein Werk über alle Maßen lobte. Grimm sei »das Beispiel einer Dichtung, die sich selbst völlig unwichtig geworden ist, da sie keine andere Aufgabe mehr anerkennt als die, das Schicksal ihres Volkes zu bekennen«.

Englische Rede, das erste Hans-Grimm-Buch bei Bertelsmann, war gleichzeitig Grimms erstes Buch seit 1933. Der Ende 1938 in einer Auflage von 20 000 Exemplaren auf Deutsch und 1000 Exemplaren auf Englisch erschienene Text war rasch ausverkauft, sodass 20 000 Exemplare nachgedruckt werden konnten.

Die *Englische Rede* appellierte an die Führer des britischen Empires, mit den »nordischen Völkern«, sprich mit dem Dritten Reich und seinen Vasallen, eine Allianz einzugehen. Dabei zielte Grimms Rassismus primär auf Schwarze und Slawen, vom Kampf der Arier gegen die Juden ist nicht die Rede. Mit dem Projekt einer Allianz zwischen Deutschem Reich und dem britischen Empire entpuppte sich Grimm als schlechter Geostratege. Zwei Dinge hatte er verkannt: zum einen, dass die Stunde des britischen Empires bereits geschlagen hatte und der zukünftige Welthegemon USA in den Startlöchern war. Und zweitens, dass der pseudowissenschaftlich verbrämte Rassismus, den Grimm als Hebel zur Expansion des neuen Deutschen Reiches einsetzen wollte, als Hebel nichts taugte. Bei den Machthabern in Berlin und London stieß die *Englische Rede* auf kein Interesse, und der Kriegsausbruch am 1. September 1939 machte sie zur Makulatur – oder besser, fast. Konfisziert und verboten wurde der Text erst nach dem geheimen Englandflug von Hitlers Stellvertreter Rudolf Hess am 10. Mai 1941. Die Frage, ob der Flug von Hess tatsächlich eine Einzelaktion war oder nicht vielmehr eine insgeheim mit dem Führer und einigen unverbesserlichen britischen »Appeasern« abgesprochene Aktion, wird in Historikerkreisen bis heute diskutiert. Einige Geschehnisse rund um den Flug weisen auf die zweite These, etwa dass Hess von deutschen Fliegern eskortiert wurde und dass die englische Flugabwehr das Flugzeug unbehelligt ließ, obwohl es erkannt worden war. Strategisch hätte es für das Dritte Reich durchaus Sinn ergeben, die für den Juni 1941 geplante »Operation Barbarossa«, den Angriff auf die Sowjetunion, durch eine wie auch immer geartete Stillhaltevereinbarung mit den Briten im Westen flankierend abzusichern.

Neben dem Engagement von Hans Grimm war die inhaltliche Neuausrichtung des *Christlichen Erzählers* die größte Tat von Lektor Dessin bei Bertelsmann. Das im zehnten Jahrgang erscheinende Flaggschiff aus dem Bereich der schöngeistigen Literatur christlicher Prägung baute er zu einer Nazizeitschrift namens *Der lichte Weg* um, die nicht mehr dem Herrgott, sondern dem Führer verpflichtet war.

Im Verlagsalltag in Gütersloh blieb Dessin stets ein Außenseiter. Er arbeitete nicht im Verwaltungsgebäude an der Eickhoffstraße, sondern in seinem Heimbüro. Auch an den legendären Sonntagmorgen-Besprechungen nach dem Kirchgang bei Vertriebschef Wixforth nahm Dessin nicht teil, wenn Frau Wixforth den Herren Kaffee und Kuchen servierte, während ihr Mann mit Steinsiek, Berthoud und Banzhaf wichtige Fragen diskutierte – manchmal gesellte sich auch noch Heinrich Mohn zur Runde, stets darauf bedacht, seinem Führungspersonal nicht in ihre Kompetenzbereiche hineinzureden. Mit Billigung der Sonntagmorgenrunde strich Dessin das Thema Religion zunehmend aus dem Programm.

Als die Reichsschrifttumskammer 1939 verfügte, dass Verlage, die religiöse Titel verlegten, sich auch dann als religiöse Verlage zu bezeichnen hätten, wenn dieses Programmsegment nur einen geringen Anteil der publizierten Titel ausmache, überschrieb Mohn den verbleibenden Rest des theologischen Programms des C. Bertelsmann Verlags auf den Rufer Verlag. Diesen kleinen Verlag hatte er einzig zu diesem Zweck gekauft und als Inhaber seinen Sohn Sigbert installiert. Da Sigbert gerade den zweijährigen Militärdienst in der Wehrmacht absolvierte, bestimmte Heinrich Mohn seinen treuen Prokuristen Theodor Berthoud zum geschäftsführenden Stellvertreter Sigberts. Damit hatte er den C. Bertelsmann Verlag repositioniert, von der Friedensposaune Gottes zur Kriegstrompete Hitlers.

Die technischen Betriebe – Setzerei, Druckerei, Binderei und Spedition – waren seit dem Einsetzen des Massengeschäftes mit den Kriegsromanen und Kriegsgroschenheften im Herbst 1934 stets an der Auslastungsgrenze gelaufen. Nachdem die Kapazitäten im Altbau, den Heinrich Bertelsmann 1868 eröffnet hatte, längst viel zu klein geworden waren und Heinrich Mohn nur allzu oft kurzfristig Aufträge in andere Betriebe auslagern musste, was er nur sehr ungern tat, weil es seinen Gewinn schmälerte, entschloss er sich 1936 zu einem großen Neubau. Der erste Spatenstich für die Bertelsmann-Buchfabrik erfolgte im August 1937. Im Frühjahr 1939 wurde der Neubau unter Mitwirkung der lokalen NSDAP-Prominenz eingeweiht. Die Satz-, Druck-, Falz- und Bindeautomaten waren auf dem neuesten Stand, technisch figurierte Bertelsmann reichsweit an der Spitze des grafischen Gewerbes.

Als Arbeitgeber für vierhundert Volksgenossen war Bertelsmann in Gütersloh nach der Firma Miele zur Nummer zwei aufgerückt. 1933 hatte die Firma erst rund hundertfünfzig Arbeitsplätze geboten. Neben dem NSDAP-Parteiverlag Franz Eher Nachf., der aus enteigneten, vormals kommunistischen, sozialdemokratischen, gewerkschaftlichen und jüdischen Verlagen bestand, war der C. Bertelsmann Verlag der größte Profiteur der nationalsozialistischen Gleichschaltung des deutschen Verlagswesens nach 1933. Das wirkte sich auch in Heinrich Mohns Kasse aus: Von 1934 bis 1939 stieg der Reingewinn, trotz der großen, eigenfinanzierten Investitionen, von 50 000 auf 420 000 Reichsmark.

Das im Bertelsmann-Archiv aufbewahrte »Gemeinschaftsbuch der Deutschen Arbeitsfront« widerspiegelt die Entschlossenheit, mit der Mohn seine Firma an die neuen betriebspolitischen Grundsätze der Deutschen Arbeitsfront (DAF) anpasste.

Für seine Mitarbeiterinnen und Mitarbeiter, damals Gefolgschaftsmitglieder genannt, galt die obligatorische Doppelmitgliedschaft bei der DAF und der Nationalsozialistischen Volkswohlfahrt (NSV), die nach dem Motto »Kraft durch Freude« für die Reproduktion der deutschen Arbeitskraft zuständig war. Für Bertelsmann-Lehrlinge war der Eintritt in die Hitler-Jugend oder den Bund Deutscher Mädel obligatorisch. Wie im DAF-Gemeinschaftsbuch zu lesen ist, hat Heinrich Mohn verschiedentlich mit feierlichen Worten das Hohelied der nationalsozialistischen Betriebsgemeinschaft gesungen. Er lobte »die unvergleichlichen wirtschaftlichen Erfolge der NS-Staatsführung« und forderte seine Gefolgschaftsmitglieder auf, »weiterhin dem Führer des deutschen Volkes Gefolgschaft zu leisten«. Wichtig war ihm, »dass wir als nationalsozialistischer Betrieb eine wirkliche Arbeitsgemeinschaft, ja darüber hinaus eine Lebensgemeinschaft bilden wollen. Dieses Gefühl der Zusammengehörigkeit ist seit je eine Sonderheit des Hauses C. Bertelsmann.«

Mohns Betriebsgemeinschaft war inzwischen gänzlich gleichgeschaltet. Drei wichtige Führungskräfte des Verlags – sein Schwager und Mitbesitzer Gerhard Steinsiek, Lektor Gustav Dessin und der Prokurist Theodor Berthoud – waren der NSDAP beigetreten, ferner auch seine zwei ältesten Kinder, Hans Heinrich und Ursula. Heinrich Mohn war zwar selbst nicht Mitglied der Partei, hingegen spendete er regelmäßig Geld an zahlreiche nationalsozialistische Organisationen, vom Förderkreis der SS über die Hitler-Jugend bis zum Bund Deutscher Mädel.

Heinrich Mohn war ein erfolgreicher Unternehmer im Dritten Reich. Lediglich ein kleiner Schönheitsfehler trübte seinen Leistungsausweis. Die höchste Auszeichnung im Leistungskampf der deutschen Betriebe, das begehrte Prädikat »NS-Musterbetrieb«, blieb dem C. Bertelsmann Verlag verwehrt. Dieses Prädikat besaß in Gütersloh bloß die Firma Miele, der größte Arbeitgeber am Platze.

Auf der Basis der Gleichschaltung von 1933 bis 1939 war die neue Gütersloher Buchfabrik von Bertelsmann von Anfang an ein gut geschmiertes kleines Rädchen der deutschen Kriegsmaschine. Nach der Kriegsmobilmachung im September 1939 hatte Mohn erkannt, dass Millionen von Soldaten auch eine riesige Nachfrage nach Lesestoff bedeuteten. Und diese Nachfrage brauchte er dringend, um die hohen Fixkosten seiner neuen Buchfabrik zu decken. Es soll der Buchhändler Johannes Banzhaf gewesen sein, der als Erster vorschlug, gängige Titel aus dem Vorkriegsprogramm als Soldatenlektüre in broschierter Massenausgabe neu aufzulegen. Andere Quellen wollen wissen, es sei Obermaat Wixforth gewesen, der von seinem Kriegsquartier in Wilhelmshafen aus telefonisch mit seinem Chef als Erster die Idee ventiliert habe, feldpostkonform verpackte Taschenbücher anzubieten. Wie auch immer, bereits Ende Oktober 1939 lieferte Bertelsmann als einer der ersten deutschen Verlage Soldatenbücher in Feldausgaben aus. Die einzelnen Titel dieser Taschenbuchreihe kosteten eine Reichsmark und fünfzig Pfennig, später nur noch 1,20, und wurden von der Feldpost kostenlos befördert. Bertelsmann rezyklierte fast das gesamte Verlagsprogramm seit 1933, wobei einige ältere Titel an die neuen Vorgaben der Vorzensur angepasst werden mussten. Passagen mit expliziten Hinweisen auf Leiden, Blut, Schweiß und Tränen, die in den Erster-Weltkrieg-Romanen von Anfang der Dreißigerjahre gang und gäbe gewesen waren, mussten weggestrichen werden. Gefragt waren Siegesfanfaren zur Stärkung der Kampfmoral, wie zum Beispiel *Wir funken für Franco* eines heute vergessenen Autors oder *Flieger Ritter Helden* von

Benno Wundshammer, dem später in der Bundesrepublik noch eine schöne Zweitkarriere als Schreiber bevorstand. Lektor Gustav Dessin kannte die Vorgaben der verschiedenen Dienststellen und bereitete die alten Texte wenn nötig auf. Ergänzt wurden die purgierten und rezyklierten Vorkriegstitel mit Novitäten, welche die geforderte Ablenkungsfunktion erfüllten. Die absoluten Renner des Bertelsmann-Kriegsprogramms waren die von Johannes Banzhaf herausgegebenen zwei Humor-Anthologien *Lachendes Volk* und *Lustiges Leben,* die in 64 Auflagen fast 2 Millionen Mal ausgeliefert wurden. Banzhafs Sohn Dieter sagte Jahrzehnte später: »Ich habe sicher mehr als hundert Mal privat und beruflich erlebt, wie Männer bei meinem Namen stutzten, fragten, ob ich mit ›dem‹ Banzhaf verwandt sei, und mir berichteten, wie viel Trost in allem Kriegsleid und in Gefangenschaft sie bei der Lektüre dieser beiden Bücher gefunden hätten.« Neben den beiden Banzhaf-Anthologien lief auch *Die Gulaschkanone* von Fritz Graas mit fast 300 000 verkauften Exemplaren nicht schlecht. »Nichts für Miespeter und Meckerseelen, die in unserem schönen Erdenleben nur ein Jammertal sehen; auch nichts für allzu zart besaitete Backfische beiderlei Geschlechts«, hieß es in der Verlagswerbung.

Produziert hat der C. Bertelsmann Verlag sowohl in Gütersloh als auch in etwa zweihundert Betrieben im Altreich und in den besetzen Gebieten, so in den Niederlanden, im lettischen Riga oder im »Reichsprotektorat Böhmen und Mähren«. Wie die Unabhängige Historische Kommission herausfand, produzierte die Lohndruckerei in Riga möglicherweise mit jüdischer Sklavenarbeit. In Gütersloh arbeiteten niederländische Fremdarbeiter. Rein betriebswirtschaftlich gesehen, war Bertelsmann ein Musterbetrieb des neuen Europas der Nazis: eine in Gütersloh gesteuerte, kontinentweite agierende virtuelle Unternehmung.

Das Mutterhaus lief stets an der Auslastungsgrenze und schaltete Lohndrucker zu, wenn es Großauflagen zu produzieren galt.

Verkauft hat Bertelsmann die Massenware aus der Buchfabrik nicht wie zu Friedenszeiten in größeren oder kleineren Stückzahlen an den Buchhandel, sondern waggonweise an den zentralisierten Frontbuchhandel von Wehrmacht, Luftwaffe, Marine, SS und Polizei. Die Truppenversorgungsämter kauften in hohen Stückzahlen für die Bibliotheken der deutschen Besatzer in Kasernen, Lazaretten und Offizierskasinos im besetzten Europa. Daneben gab es stationäre und rollende Frontbuchhandlungen für die Truppen im Feld, den Buchvertrieb nationalsozialistischer Massenorganisationen wie Reichsarbeitsdienst und Organisation Todt sowie die Buchläden an der Heimatfront. Bertelsmann war der größte Lieferant von Soldatenbüchern im Zweiten Weltkrieg.

Verlag	*Exemplare*
C. Bertelsmann Verlag, Gütersloh	19 000 000
Zentralverlag der NSDAP Franz Eher Nachf., Berlin/München	14 000 000
W. Kohlhammer Verlag, Stuttgart	10 000 000
Bibliographisches Institut Leipzig	10 000 000
C. Gerber (Münchner Buchverlag), München	4 000 000
Insel Verlag, Leipzig	1 900 000
Reclam Verlag, Leipzig	1 900 000
Eugen Diederichs Verlag, Jena	1 720 000
Gauverlag Bayerische Ostmark, Bayreuth	1 200 000
Langen-Müller Verlag, München	1 100 000

Die Kriegskonjunktur bei den Soldatenbüchern ließ Umsatz und Gewinn des C. Bertelsmann Verlags von 1939 bis 1941 richtiggehend explodieren. Der Umsatz stieg von 3,1 Millionen Reichsmark auf 8 Millionen Reichsmark, der Gewinn von 422 000

Reichsmark auf 3,25 Millionen Reichsmark. Das war viel Geld: 1939 betrug der durchschnittliche Bruttowochenlohn eines Arbeiters 28 Reichsmark, das durchschnittliche Monatsgehalt eines Angestellten 231 Reichsmark. Die fast achtfache Gewinnsteigerung bei lediglich zweieinhalbfacher Umsatzsteigerung war die Folge sinkender Stückkosten dank Großauflagen bei nur leicht sinkenden Buchverkaufspreisen. Die Bezugspreise für die Truppenversorgungsämter basierten auf den Kalkulationssätzen des Verlagsgeschäfts der Vorkriegszeit. Die Stückkosten hingegen sanken stark, weil die Frauen und die niederländischen Fremdarbeiter, welche die wehrdienstverpflichteten Facharbeiter der Stammbelegschaft an den Maschinen ersetzt hatten, viel weniger verdienten. Trotz der Sondersteuern zur Abschöpfung der Kriegsgewinne flossen Millionen in die Privatschatulle Heinrich Mohns. Das Jahr 1941 markierte den Höhepunkt seiner Kriegsgewinnlerei, danach fielen die Gewinne, drei Jahre später wies der C. Bertelsmann Verlag sogar einen Verlust aus.

1942 wurde zum Wendejahr für den C. Bertelsmann Verlag. Nachdem die Blitzkriegstrategie im Dezember 1941 vor den Toren Moskaus gescheitert war, begann der Abnützungskrieg. Hitler befahl, die gesamte Wirtschaftskraft im Reich und in den besetzen Gebieten in den Dienst des Krieges zu stellen. Produktion, Handel und Konsum wurden zahlenmäßig erfasst und staatlich reguliert, vom Rohstoff bis zum Endprodukt.

Das neue Regime des totalen Wirtschaftskrieges bekam im Frühjahr 1942 auch Mohns Buchfabrik zu spüren. Der Rohstoff Papier durfte nur noch für kriegswichtige Druckerzeugnisse verwendet werden. Zwar hatten die Druckereien bereits seit Kriegsbeginn genau über ihren Papierverbrauch Buch führen müssen, doch fortan brauchte jeder einzelne Druckauftrag einen sogenannten Papierscheck, ein Formular, das sämtliche Details des

Auftrags festhielt und die dazu benötigte Papiermenge zuteilte. Ohne diesen Scheck mit gültiger Unterschrift der Wirtschaftsstelle Buch durfte nichts gedruckt werden. Wie alle Rationierungssysteme war auch der Papierscheck sehr korruptionsanfällig, basierte jedoch paradoxerweise auf der absoluten Ehrlichkeit aller beteiligten Volksgenossen, und das waren vom Papierhersteller über den Händler, Drucker, Auftraggeber bis zum Papierbürokraten nicht wenige. Das führende Personal vom C. Bertelsmann Verlag ließ sich diese Schwächen des Papierschecksystems nicht entgehen. Heinrich Mohn, Schwager Gerhard Steinsiek, die Prokuristen Fritz Wixforth und Theodor Berthoud, Buchhändler Johannes Banzhaf und der kaufmännische Angestellte Wilhelm Beimdiek gerieten 1943/44 in einen großen Korruptionsfall mit gezinkten Wehrmachtspapierschecks.

Der Verführer der »Bertelsmänner« war Matthias Lackas, ein mit allen Wassern gewaschener Vertreter einer Filiale des nationalsozialistischen Parteiverlags Franz Eher Nachf. Buchhändler Lackas arbeitete für die Eher-Tochter Deutscher Verlag, wie der einstige Ullstein Verlag seit seiner »Arisierung« hieß. Lackas war Geschäftsführer der Auslieferung des Deutschen Verlags, mit Namen Versandbuchhandlung Georg Arnold, Berlin, die auch Titel von Drittverlagen an die Truppenversorgungsämter auslieferte. Die Einkäufer der Luftwaffe, welche die Bibliotheken der zahlreichen neuen Fliegerhorste, Ausbildungszentren und Lazarette bestückten, bestach er mit gesuchter Mangelware wie Cognac, Zigarren, Kaffee, Schokolade, manchmal auch mit schicker Damenmode aus Paris. Diese Ware beschaffte sich Lackas auf den Schwarzmärkten, die es in allen größeren Städten des Reiches gab. Von seinen Lieferanten, darunter auch der C. Bertelsmann Verlag, verlangte Lackas hohe Rabatte, die er den Truppenversorgungsämtern zum Teil verschwieg und in die eigene Tasche leitete. Nachdem dieses korrupte Geschäftsgebaren bei Lackas' Vorgesetzten ruchbar geworden war, wurde er im Dezember 1942 vom Deutschen Verlag zum Deutschen Archiv-Verlag versetzt. Seine Chefs wollten jegliches Aufsehen vermeiden. Neben seinen krummen Touren im Buchverkauf an die Truppe drehte Lackas auch krumme Dinger mit gefälschten Papierschecks. Im Frühsommer 1943 lagerte er ein illegales Kontingent von 30 Tonnen hochwertigem, illegal beschafftem Papier in einer angemieteten Halle in Wiedenbrück ein, die ihm der Bertelsmann-Prokurist Fritz Wixforth verschafft hatte. Obermaat Wixforth, seit August 1939 bei der Kriegsmarine dienstverpflichtet, war zu jenem Zeitpunkte gerade erst für den Einsatz an der Heimatfront freigestellt worden, allerdings unter der Bedingung, dass seine Betriebsgemeinschaft ein anderes Gefolgschaftsmitglied an die Marine abgab. Die Wahl von Schwager Steinsiek, der als Bertelsmann-Personalchef amtete, fiel auf den Packer Heinrich Westhause. Er kam nicht mehr aus dem Krieg zurück.

Als Wixforth zurückkehrte, war sein einstiger Vertriebsleiterposten aus der Vorkriegszeit in der neuen Realität der Kriegswirtschaft zum Job eines Buchgroßhändlers plus Herstellungsleiters mutiert. Da war es unvermeidlich, dass Wixforth mit Lackas bekannt wurde, dem Papierschieber und Buch-Großeinkäufer, der die Ware waggonweise bestellte. Der alte Fuchs Wixforth hatte den dubiosen Lackas schnell durchschaut und erkannt, dass er dessen horrende Rabattforderungen umgehen konnte, wenn er die bislang bescheidenen Bertelsmann-Direktlieferungen an die Truppenversorgung forcierte. Statt an Großbuchhändler zu liefern, konnte er auch direkt an die Truppenversorgung verkaufen. Zu diesem Zweck kaufte Heinrich Mohn im Sommer 1943 die alteingesessene Berliner Versandbuchhandlung Honig.

Während sich Wixforth und Lackas gegenseitig die Kriegsgewinne im Frontbuchhandel abzujagen versuchten, braute sich in Berlin Unheil zusammen. Im Zuge des totalen Krieges bereitete das Reichsministerium für Volksaufklärung und Propaganda die Schließung aller nicht kriegswichtigen Verlage vor. Die NSDAP-Gauleiter mussten Schließungslisten und Sicherungslisten mit den zu schließenden beziehungsweise den zu erhaltenden Betrieben erstellen. Im Gau Westfalen-Nord, das für Gütersloh zuständig war, kam der Rufer Verlag im März 1943 wie zu erwarten auf die Schließungsliste. Auf der Sicherungsliste jedoch fehlte der C. Bertelsmann Verlag. Heinrich Mohn war aufs Äußerte alarmiert und handelte sofort. Er schickte seinen Lektor Gustav Dessin nach Berlin. Sowohl beim zuständigen Beamten Rudolf Erckmann als auch beim Bucheinkauf der Wehrmacht fand Dessin Unterstützung. Beide Dienststellen unterstrichen die Bedeutung der Buchproduktion von Bertelsmann im Soldatenbuchbereich und befürchteten von einer Schließung des Gütersloher Traditionsverlags negative Auswirkungen in der Bevölkerung. Die Feinde von Bertelsmann saßen anderswo. Goebbels' oberster Buchhandelsexperte war zugleich Verlagsdirektor des größten Bertelsmann-Konkurrenten, des Verlags Franz Eher Nachf., und trat dezidiert für die Schließung von Bertelsmann ein. Zur Anschwärzung des erfolgreichen Konkurrenten benutzte der Mann vom Eher-Verlag auch den sogenannten Narvik-Fall. Dabei ging es um das im Herbst 1940 erschienene, mit zahlreichen Bildern und Karten ausgestattete Kriegsbuch *Narvik* von Korvettenkapitän d. R. Fritz Otto Busch, das die deutsche Invasion in Norwegen glorifizierte. Das Geleitwort des Bestsellers war von Großadmiral

Dr. h. c. Raeder. In diesem Buch wertete der Autor den Faktor Gottvertrauen als ebenso wichtig für den Sieg in Norwegen wie das Vertrauen auf den Führer. Doch diese Gleichstellung von Gott und Führer fand das Missfallen der Parteiamtlichen Prüfungskommission zum Schutze des NS-Schrifttums. Die Kommission stellte sich auf den Grundsatz, der Führer komme vor Gott. Demnach könne die Allianz von Führer und Gott unmöglich die Hauptursache für den Triumph am Polarkreis sein, das tiefere Geheimnis des Sieges sei vielmehr der fanatische Glaube der Helden von Narvik an den Führer und die Aufgaben des nationalsozialistischen Reiches. Die Parteiprüfungskommission verlangte für weitere Auflagen des Buches entsprechende Änderungen. Doch da hatte NSDAP-Reichsleiter Philipp Bouhler, der diese Nachzensur verantwortete, die Rechnung ohne den Wirt gemacht. Großadmiral Raeder und die militärische Vorzensur der Marine bekräftigten, sie hätten jedes Wort dieses Buches geprüft und für gut befunden. Nachdem auch Goebbels die Position Raeders gegenüber NSDAP-Reichsleiter Bouhler gestützt hatte, wandte sich dieser an Reichskanzleichef Martin Bormann: Der Führer sollte selbst entscheiden, wer für den Sieg wichtiger sei, er oder Gott. Am 23. Juli referierte Bormann dem Führer den Fall Narvik, worauf sich Hitler, ohne zu zögern – wen wunderts? –, über den Herrgott stellte, nicht ohne gleichzeitig zu betonen, dass über seine Intervention strengstes Stillschweigen bewahrt werden müsse. In der Folge konnten vom Narvik-Buch noch weitere Auflagen mit einigen kleinen redaktionellen Änderungen gedruckt werden, und als der C. Bertelsmann Verlag das Buch schließlich vom Markt nahm, waren 605 000 Exemplare verkauft und 650 000 Reichsmark Reingewinn gemacht worden – der höchste Gewinn aus einem einzelnen Buch im Krieg. Diesen Fall Narvik also benutzte der

Mann vom Eher-Verlag als Argument zur Schließung des C. Bertelsmann Verlags.

Gegen solch mächtige Feinden brauchte Heinrich Mohn Verstärkung. Er bat seinen Starautor Will Vesper, beim Propagandaministerium zu intervenieren, um die Schließung Bertelsmanns abzuwenden. Vesper sagte seine Hilfe zu und schrieb am 7. April 1943 einen Brief an Staatssekretär Leopold Gutterer. Darin lobt er den Verlag C. Bertelsmann mit seinen Millionen von Feldausgaben in den höchsten Tönen als kriegsnotwendigen Musterbetrieb mit echt deutscher und zuverlässig nationalsozialistischer Gesinnung. Nicht ohne auf die vorbildliche Gemeinschaft von Betriebsführung und Gefolgschaft hinzuweisen, betont Vesper, dass eine Schließung des Verlags nur zum Schaden sowohl der Kriegswirtschaft als auch der deutschen Kultur geschehen könnte. Der Einspruch des prominenten Nationalsozialisten Vesper blieb nicht ohne Wirkung. Mohn und sein Lektor Dessin wurden auf die Gauleitung Westfalen-Nord nach Münster zitiert, wo ihnen eröffnet wurde, der C. Bertelsmann Verlag komme als Betrieb von kriegswirtschaftlicher Bedeutung definitiv auf die Sicherungsliste und könne weiterbestehen, während der Rufer Verlag geschlossen würde.

Kaum war die Schließungsgefahr abgewehrt, brauten sich bereits wieder neue dunkle Wolken über Heinrich Mohns Verlag zusammen. Ende August 1943 geriet Lackas in eine Strafuntersuchung gegen Hauptmann Dr. Walter Pinski, der im Versorgungsamt des Heeres für Papierschecks zuständig war. Pinski wurde später als Wirtschaftsverbrecher zum Tode verurteilt und vermutlich 1944 hingerichtet, die Gerichtsakten sind nicht erhalten. Auch Lackas und seine zwei Mitarbeiter Karl Heinz Moldt und Eberhard Ritter von Riewel wurden verhaftet. Das Verfahren gegen Lackas und Konsorten wurden vom Pinski-

Verfahren getrennt, und nachdem die drei Angeklagten im Nebenverfahren gründlich ausgepackt hatten, geriet auch der C. Bertelsmann Verlag ins Visier der Justiz. Am 3. September befragten die aus Berlin angereisten Beamten der Kriminalpolizei den Buchhändler Johannes Banzhaf in Gütersloh. Kurze Zeit später verließ Banzhaf Bertelsmann und trat eine neue Stelle an als Geschäftsleiter des SS-eigenen Völkischen Kunstverlags in Landsberg an der Warthe. Banzhafs Nachfolger, der auch sein Vorgänger gewesen war, nämlich Fritz Wixforth, fühlte sich anfänglich von der ganzen Sache nicht betroffen. Doch er sollte sich täuschen. Am 14. Dezember 1943 – tags zuvor war Banzhaf in Landsberg an der Warthe verhaftet worden – tauchte die Berliner Kripo unangemeldet in den Verlagsräumlichkeiten von C. Bertelsmann auf. Bei den Befragungen erlitt Wilhelm Beimdiek einen Herzanfall, er hatte seinerzeit mit Banzhaf zusammen den Kontakt zu Lackas gehabt. Der Schreck muss auch Heinrich Mohn gehörig in die Knochen gefahren sein. Drei Tage später, am 17. Dezember 1943, wandelte er seine Einzelfirma C. Bertelsmann Verlag in eine Kommanditgesellschaft um. Seine fünf Kinder und seinen Schwager Gerhard Steinsiek machte er zu Miteigentümern. Ursula Fischer geborene Mohn, Annegret Tödtmann geborene Mohn, Sigbert Mohn, Reinhard Mohn und Gerhard Mohn wurden mit je 300 000 Reichsmark Teilhaber, Schwager Gerhard Steinsiek mit einer Einlage vom 100 000 Reichsmark stiller Teilhaber. »Zur Sicherung des geordneten Fortbestandes«, wie er im Schreiben an den Gütersloher Oberamtsrichter Dr. Wischnath festhielt. Die je 300 000 Reichsmark hatte Mohn seinen Kinder zuvor als Erbvorbezug ausbezahlt. Damit wurde Reinhard Mohn, der zu jenem Zeitpunkt im fernen Concordia im US-Staat Kansas im Gefangenenlager lebte und die ideologische Umerziehung genoss, zum Mitinhaber des väterlichen Verlags – der fünfzehn Jahre später nur noch ihm allein gehören sollte.

Am 29. Januar 1944 kam es dann knüppeldick. Kripobeamte aus Berlin verhafteten die beiden Bertelsmann-Prokuristen Fritz Wixforth und Gerhard Steinsiek und durchsuchten ihre Privatwohnungen und Arbeitsräume. Auch Heinrich Mohn und sein gesamtes Führungspersonal wurden eingehend befragt. Rasch stellte sich heraus, dass Gustav Dessin und Theodor Berthoud als Lektoren nichts mit den Papierschecks zu tun gehabt hatten. Der kaufmännische Angestellte Wilhelm Beimdiek hingegen, ein enger Mitarbeiter von Banzhaf, wurde verhaftet. Über Heinrich Mohn schrieben die Ermittler: »Als weiterer Mitbeschuldigter i. Sa. der Firma Bertelsmann ist der Inhaber Karl Heinrich Mohn (...) anzusehen. Er hat sich ebenfalls fortgesetzt des Kriegswirtschaftsverbrechens, indem er erhebliche Mengen Papier auf dem schwarzen Markt in Holland, erhebliche Mengen Werkdruckpapier (Finnlandpapier) ohne Genehmigung der WiBu (Wirtschaftsstelle Buch) beschaffte, schuldig gemacht. Darüber hinaus dürfte er sich im Sinne der Preisstrafrechtsverordnung strafbar gemacht haben, indem er die Hollandpapiere zu übersetzten Preisen (...) angekauft hat.« Trotzdem blieb er von der Haft verschont, was die Unabhängige Historische Kommission darauf zurückführt, dass er zu den »wichtigsten Honoratioren« Güterslohs gehörte. Mit seinem Wirtschaftsprüfer Fritz Möhle aus Bielefeld und dem Anwalt Gustav Landmeyer heckte Mohn in den nächsten Tagen eine Verteidigungsstrategie aus. Die drei kamen zum Schluss, Angriff sei die beste Verteidigung, und machten bei der Wirtschaftsstelle Buch eine Selbstanzeige gegen die inkriminierten Papiertransaktionen. Anwalt Landmeyer übernahm die Vereidigung der drei Verhafteten Wixforth, Steinsiek und Beimdiek, die am 6. März 1944 nach Berlin überführt worden waren. Ende März erhielt Mohn Antwort von der WiBu auf die Selbstanzeige: einen Ordnungsstrafbescheid in der Höhe von 10 000 Reichsmark. Nur Tage zuvor hatte vor dem Kriegsgericht des Heers in Berlin der Prozess gegen Lackas und seine zwei Mitangeklagten begonnen. Lackas gab alles zu, von der Bestechung der Truppeneinkäufer bis zu den gefälschten Papierschecks. Von gut hundert Blankoschecks, die beim Gericht aktenkundig waren, stammte knapp ein Drittel von Bertelsmann. Am 31. Mai 1944 erging schließlich das Urteil: Todesstrafe. Lackas und ein weiterer Mitangeklagter wurden später zu lebenslanger Haft begnadigt. Statt aufs Schafott kam Lackas ins Strafbataillon an die Ostfront; er überlebte, kehrte zurück und machte Jahre später als Vertreter des Bertelsmann Leserings nochmals Karriere.

Da die Zeugenaussagen im Lackas-Prozess keine neuen Anhaltspunkte gegen das inhaftierte Bertelsmann-Führungspersonal ergeben hatten, war die damit verbundene Causa Bertelsmann für das Zentralgericht des Heeres in Berlin uninteressant geworden und wurde an das Sondergericht Bielefeld weitergereicht, wo Sonderstaatsanwalt Niederlag zuständig war. Mohns Rechtsbeistände, Wirtschaftsprüfer Fritz Möhle und Rechtsanwalt Landmeyer, ließen dem Sonderstaatsanwalt postwendend ein Gutachten zukommen, demzufolge der Großteil der gegen ihre Mandanten erhobenen Anklagepunkte haltlos war. Niederlag zeigte sich beeindruckt, gab den größten Teil des beschlagnahmten Papiers frei und entließ Steinsiek, Wixforth und Beimdiek am 23. August 1944 aus der Haft. Nur Banzhaf musste hinter Gittern bleiben.

Doch lange konnte sich Heinrich Mohn nicht darüber freuen, dass der Kelch an ihm vorübergegangen war. Bereits drei Tage später flatterten zwei vorgedruckte Schreiben der Leipziger

Reichsschrifttumskammer mit den Schließungsverfügungen gegen den C. Bertelsmann Verlag und den Rufer Verlag auf seinen Tisch, dies, obwohl der Rufer Verlag schon ein Jahr zuvor geschlossen worden war. Die Verfügung war nicht gegen den C. Bertelsmann Verlag allein gerichtet, sondern eine allgemeine kriegswirtschaftliche Maßnahme gegen 1900 Verlage, 5160 Buchläden, 955 Reise- und Versandbuchhandlungen sowie 910 Leihbüchereien im ganzen Deutschen Reich. Nach der Schließungsaktion gab es dann bloß noch gut 200 Wissenschafts- und Fachverlage. Die Druckerei samt Binderei von Bertelsmann war von der Verlagsschließung nicht betroffen und arbeitete als gut ausgelastete Lohndruckerei weiter. Sie übernahm unter anderem den Druck der Lebensmittelkarten für Westfalen, nachdem deren Druckerei in Bielefeld bei einem Bombenangriff zerstört worden war.

Weil die Berliner Ermittler, die Lackas vor das Reichskriegsgericht gebracht hatten, mit der Entlassung der drei Bertelsmann-Leute nicht einverstanden waren, reiste ein Berliner Kripobeamter zu Sonderstaatsanwalt Niederlag nach Bielefeld und wies ihn auf die vielen Schwachstellen hin, die das Parteigutachten für Bertelsmann enthielt. Im Bericht der Berliner Kripo an Staatsanwalt Niederlag vom 19. Oktober 1944 hieß es, die Verantwortlichen des C. Bertelsmann Verlags, Heinrich Mohn, Gerhard Steinsiek, Fritz Wixforth und Wilhelm Beimdiek, hätten sich des korrupten Geschäftsgebarens, der Bestechung, der Wehrkraftzersetzung und des volksschädigenden Verhaltens schuldig gemacht. Für solche Wirtschaftsdelikte wurde man damals zum Tod verurteilt. Doch Mohn und sein Führungspersonal hatten Glück, Staatsanwalt Niederlag musste in den Volkssturm, und alle seine Verfahren wurden bis zu seiner Rückkehr ausgesetzt. Heinrich Mohns Rechtsvertreter Möhle und Landmeyer nutzten die geschenkte Zeit und reichten gegen den belastenden Berliner Kripobericht ein neues entlastendes Obergutachten ein. Nachdem Niederlag aus dem Volkssturmeinsatz entlassen worden war, kam es schließlich im Februar 1945 zu einer Besprechung zwischen dem Sonderstaatsanwalt, seinen Vorgesetzten und dem Bertelsmann-Rechtsvertreter Fritz Möhle. Diese Besprechung endete damit, dass die Anschuldigungen der Justiz gegen den C. Bertelsmann Verlag fallen gelassen wurden. Die von Berlin inkriminierten Wehrkraftzersetzung, Korruption und Kriegswirtschaftsverbrechen waren in Bielefeld zur simplen Ordnungswidrigkeit geschrumpft. Am 20. März 1945 hob der Staatsanwalt die Haftbefehle gegen Steinsiek, Wixforth, Beimdiek und Banzhaf auf und gab die beschlagnahmten Papiervorräte wieder frei.

Eine Woche vor der Einstellung des Strafverfahrens hatte ein alliierter Luftangriff auf Gütersloh am 14. März 1945 Dutzende von Toten und großen Sachschaden gefordert. Gütersloh war nach Bielefeld und Paderborn die am stärksten zerstörte Stadt in Ostwestfalen. Auch die Druckerei Bertelsmann war von Spreng- und Brandbomben getroffen worden. Tote waren im Betrieb nicht zu beklagen, doch »es brannte, brannte, brannte überall«, wie sich Theodor Berthoud später erinnerte. Das brennende Papierlager war für die Feuerwehr nicht zu löschen, das Dachgeschoss brannte völlig aus. Nachdem sich der Rauch verzogen hatte, erwiesen sich die Schäden dann als weniger schlimm als befürchtet. Am 24. März schrieb Schwager Steinsiek dem Kreissonderstab Wiedenbrück: »An sich kann mit der Produktion bald wieder begonnen werden.« Steinsiek versicherte, dass die Bertelsmann-Gefolgschaft selbstverständlich Hand anlegen werde. Er brauche dreißig bis fünfzig zupackende Arbeitskräfte, ein Notdach, neue Fenster und die Reparatur des

Anschlusses an das Elektrizitätsnetz. Es hatte sich herausgestellt, dass von den siebzehn Druckmaschinen im Erdgeschoss nur eine vollständig zerstört war, die anderen sechzehn hingegen repariert werden konnten.

Eine Woche später, am 1. April 1945, rollten die Panzer der US-Army durch Gütersloh. Widerstand gab es nicht. Das letzte Aufgebot des Dritten Reichs, vier Volkssturmbataillone, mit dabei auch Steinsiek, hatte sich zwar kampfbereit gemacht, doch der Befehl zum Himmelfahrtskommando blieb dann aus. Später hieß es, dies sei das Verdienst des Gütersloher Bürgermeisters Josef Bauer gewesen. Die US-Amerikaner beließen Bauer noch zwei Wochen im Amt und setzten ihn schließlich Mitte April für eineinhalb Jahre in Haft. An seinem allerletzten Tag im Amt bekam Nazi Bauer noch Post von Heinrich Mohn. Dieser anerbot sich, die an allen Plätzen Güterslohs angeschlagenen alliierten Bekanntmachungen im handlichen Kleinformat zu drucken. Da die Bombenschäden an seiner eigenen Druckerei an der Eickhoffstraße noch nicht repariert waren, plante er, den Auftrag bei einer intakten Kleindruckerei im Umland von Gütersloh ausführen zu lassen. Eine vielsagende Episode: Zwei Wochen nach dem Einmarsch der US-Amerikaner empfahl sich Heinrich Mohn dem Nazibürgermeister als Drucker der Bekanntmachungen der alliierten Besatzer! Die Übergänge waren fließend, auch bei Bertelsmann gab es keine Stunde null.

Dass die Briten, die auf die vorrückende US-Armee folgten, sein Wohnhaus an der Kurfürstenstraße requirierten, vermochte Mohn nicht groß zu betrüben. Mit Ehefrau Agnes fand er Unterschlupf bei Schwager Steinsiek, nicht ohne vorher mit den Briten auszuhandeln, dass seine Tochter Ursula Fischer, deren Mann im Osten gefallen war, und seine Schwiegertochter Marianne, die Frau seines im Osten verschollenen Sohnes Sigbert, mit ihren Kleinkindern als Dienstmädchen im Haus wohnen bleiben durften.

Drei Trumpfkarten konnte Heinrich Mohn im jetzt angesagten Überlebenskampf ausspielen: zum einen die großen Papiervorräte aus den krummen Touren mit Papierschieber Lackas, die er mit Billigung des Bielefelder Sonderstaatsanwalts rechtzeitig aus Holland heimgeholt und in angemieteten Hallen im Umland von Gütersloh sicher eingelagert hatte. Zweitens die zwar beschädigte, aber nicht zerstörte Buchfabrik an der Eickhoffstraße, deren Reparatur Führungspersonal und Gefolgschaft seiner Betriebsgemeinschaft – wie Führung und Gefolgschaft des C. Bertelsmann Verlags bis vor kurzem genannt worden waren – mit Hochdruck vorantrieben. Und schließlich drittens die religiösen Wurzeln seines Verlags, die sich mit dem Untergang des Dritten Reiches über Nacht vom Nachteil zum Vorteil gewandelt hatten.

Den Trumpf Religion spielte Fritz Wixforth bereits am 9. Mai 1945 in einem Brief an die Militärverwaltung aus, in dem er schrieb: »Als einer der größten deutschen Buchverlage habe ich es dennoch vermieden, irgendwelche nationalsozialistische Literatur zu verlegen, und wurde deshalb vom Reichpropagandaministerium besonders kritisch überwacht.« Anfang Juni 1945, als Heinrich Mohn bei der alliierten Militärregierung in Wiedenbrück den Antrag um Zulassung eines Kraftwagens stellte, doppelte er mit einem weiteren Argument nach: das Auto brauche er, weil sein Verlag »nach Jahren schwerster Unterdrückung im Auftrag hoher Kirchenbehörden große Aufgaben für die Wiederaufnahme der kirchlichen Arbeit in Deutschland übernehmen« sollte. Ins gleiche Horn stieß nur Tage später Fritz Wixforth, als er die Militärbehörden in einem Schreiben wissen ließ, Heinrich Mohn sei nie Parteimitglied gewesen, sondern der

Leiter der Bekennenden Kirche in Gütersloh. »Nationalsozialistisches Schrifttum habe ich nie verlegt«, betonte Mohn, vielmehr habe er während des Krieges ein unpolitisches, erzählendes Schrifttum für Soldaten publiziert. Bei der britischen Militärregierung stach die Trumpfkarte Religion. Kaum waren Druckereigebäude und Maschinen mit Baumaterial und Ersatzteilen aus dem Tauschhandel notdürftig repariert, erhielt Mohn im Juni 1945 den ersten Großauftrag von den Briten. Ohne die großen Papiervorräte aus den Lackas-Geschäften hätte dieser Auftrag nicht angenommen werden können. Die damals noch etwa hundert Beschäftigten der Buchfabrik sollten 200 000 neue Schulbücher drucken, oder besser gesagt, jene alten Texte aus der Weimarer Zeit, denen die britische Schulbuchkommission das Gut zum Druck gegeben hatte; im Auftrag inbegriffen war auch die begehrte Kraftwagenlizenz zur termingerechten Belieferung der Schulen bis zum Schulbeginn im Herbst. In der Folge druckte Bertelsmann über ein Jahr lang Schulbücher für die gesamte britische Zone, teils an der Auslastungsgrenze, wie Fritz Wixforth später stolz betonte.

Die Schulbuchaufträge waren das Rettungsboot des C. Bertelsmann Verlags. Sie verschafften der Firma nicht nur ein laufendes Einkommen, sondern auch eine Reputation als funktionierendes Unternehmen, was die Beschaffung von Baustoffen und Ersatzteilen für den anstehenden Wiederaufbau enorm erleichterte. Dank des Schulbuchauftrags konnte Heinrich Mohn sogar neues Personal einstellen, zum Beispiel den Druckereifachmann Herbert Multhaupt, den es erst kurz zuvor nach Gütersloh verschlagen hatte, wo er sich bei der Reparatur des Maschinenparks nützlich gemacht hatte. Multhaupt sollte noch eine große Karriere machen, in den Fünfzigerjahren leitete er den Übergang vom Buchdruck zum Offsetdruck und avancierte in den Sechziger- und Siebzigerjahren zu einer der wichtigsten Führungskräfte Bertelsmanns.

Die Schulbuchaufträge, so wichtig sie auch waren, lasteten im Sommer 1945 wohl die Druckerei aus, doch zur Wiederaufnahme der seit September 1944 ruhenden verlegerischen Tätigkeit brauchte Mohn eine Verlagslizenz. Zuständig für die Vergabe dieser Lizenzen waren die Militärverwaltungen in den Besatzungszonen. Ohne eine solche Lizenz von der Militärregierung durfte in Deutschland nichts publiziert werden, ob Zeitungen, Zeitschriften, Bücher oder Broschüren. Und eine solche Lizenz bekam ein Verleger erst nach der Prüfung seines Verhaltens im Dritten Reich. Mitglieder der NSDAP und ähnlich Belastete waren von der Lizenzvergabe ausgeschlossen. Als Schulbuchdrucker hatte Mohn gute Beziehungen zur britischen Militärverwaltung, und Anfang August schrieb er an seinen alten Nazi-Starautor Hans Grimm, ihm sei eine Lizenz in Aussicht gestellt worden.

Zu den detaillieren Auskünften, welche die Buchabteilung der Lizenzbehörde der britischen Militärregierung in Düsseldorf forderte, gehörte auch ein Bericht über die Tätigkeit des lizenzsuchenden Verlags im Dritten Reich. Verfasser des Berichtes über den C. Bertelsmann Verlag war Mohns langjähriger Wirtschaftsprüfer Fritz Möhle aus Bielefeld. Möhles Persilschein zählte vier Seiten und trug den Titel »Zur Entwicklung der Firma C. Bertelsmann, Gütersloh«. In diesem Bericht wurde die Legende vom evangelischen Widerstandsverlag gegen das nationalsozialistische Regime, die Heinrich Mohn und Fritz Wixforth bereits bei der ersten Kontaktnahme mit alliierten Dienststellen im Mai 1945 in die Welt gesetzt hatten, endgültig etabliert. Möhle schrieb, der C. Bertelsmann Verlag sei den nationalsozialistischen Machthabern stets ein Dorn im Auge gewesen, sowohl wegen der evangelischen Ausrichtung von Verleger Heinrich Mohn persönlich als auch wegen der publizierten Titel. Angepasst hätten sich Bertelsmann und Verleger Mohn nur unter Zwang, um eine Schließung zu verhindern, damit der Verlag seine kulturelle Mission auch weiterhin erfüllen konnte, ethisch wertvolle Bücher auf christlicher Grundlage zu veröffentlichen. Als Beispiele solcher Bücher nannte Möhle Kriegserlebnisbücher mit abschreckenden Schilderungen des Kriegsgeschehens vom christlich-pazifistischen Schriftsteller Paul Coelestin Ettighoffer. Mohns religiös ausgerichteter Rufer Verlag sei 1943 wegen seines Programms geschlossen worden. Ferner seien 1943/44 mehrere Führungskräfte des Verlags im Laufe eines schikanösen, später vollständig eingestellten Strafverfahrens wegen Papierschieberei monatelang verhaftet gewesen. 1944 sei der christliche C. Bertelsmann Verlag von den Nationalsozialisten schließlich doch noch geschlossen worden.

Heinrich Mohn hat Möhles Bericht an die Lizenzbehörde nach Düsseldorf weitergereicht, obwohl er genau wusste, dass alles erlogen war. P. C. Ettighoffer war kein christlicher Pazifist, sondern ein deutscher Militarist. Dass der Rufer Verlag keineswegs wegen seiner religiösen Ausrichtung geschlossen worden war, hatte er kurz nach der Schließung am 5. November 1943 dem Tübinger Theologieprofessor Georg Wehrung geschrieben: »Die Schließung des Rufer Verlags ist ja nicht erfolgt als Kampf gegen die theologische Literatur, sondern weil der Rufer Verlag nicht als kriegswichtig gilt und darum seine Arbeitskräfte für die Kriegswirtschaft freigemacht werden sollten. Es sind dies Bestimmungen, die die ganze deutsche Wirtschaft und damit auch alle deutschen Verlage angehen.«

Bei den Gesprächen mit seinem Vertrauensmann und Wirtschaftsberater Möhle über den Lizenzantrag muss Mohn realisiert haben, dass die Person seines Lektors Gustav Dessin nicht zum Mythos vom evangelischen Widerstandsverlag passte. Dessin war ein Nazi, dessen vorzügliche Beziehungen zur Reichskulturkammer und Reichsschrifttumskammer in der ganzen Branche bekannt waren. Genau aus diesem Grund hatte er ihn seinerzeit ja eingestellt. Im Verkehr mit der Lizenzstelle brauchte der C. Bertelsmann Verlag jedoch einen politisch unbelasteten Lektor. Im September 1945 stellte Mohn deshalb Dr. Wolfgang Strauß als neuen Lektor ein, den ersten promovierten Akademiker im Führungspersonal seines Verlags. Strauß hatte ab 1938 in der Reichsschule des Deutschen Buchhandels in Leipzig unterrichtet und war dort ein Jahr später zum Leiter aufgestiegen, ohne dass er der NSDAP beigetreten wäre. Später kam er zur Wehrmacht, wurde Offizier und geriet in US-Gefangenschaft. Nach seiner Entlassung zog er nach Gütersloh, wo eine Bekannte von der Leipziger Reichsschule als Chefsekretärin bei Bertelsmann arbeitete.

Wenn Heinrich Mohn gehofft hatte, mit Möhles Bericht und der Einstellung eines politisch unbelasteten neuen Lektors sei die Verlagslizenz gesichert, so hatte er sich getäuscht. Im Oktober 1945 verlangte die Lizenzbehörde als Ergänzung zu den Informationen über den Verlag den persönlichen Entnazifizierungsfragebogen des Verlegers. Und genau wie der Möhle-Bericht war auch dieser Fragebogen geschönt und desodoriert, indem Heinrich Mohn kompromittierende Antworten einfach unterschlug. So verweigerte er jegliche Angaben zu seiner Mitgliedschaft bei diversen nationalsozialistischen Organisationen, die er als Passivmitglied jahrelang finanziell unterstützt hatte, etwa die Hitler-Jugend, den Bund Deutscher Mädel oder die SS durch die sogenannte fördernde Mitgliedschaft. Ferner unterschlug Mohn auch die NSDAP-Mitgliedschaft seiner Tochter

Ursula, die er 1943 mit seinen anderen Kindern zur Kommanditistin, also Miteigentümerin, des C. Bertelsmann Verlags gemacht hatte. Doch auch der geschönte Entnazifizierungsfragebogen brachte das Lizenzierungsverfahren nicht weiter. In ihrer Antwort wies die britische Militärregierung darauf hin, dass der C. Bertelsmann Verlag drei NSDAP-Mitglieder als Führungskräfte beschäftigte: Gerhard Steinsiek, Gustav Dessin und Theodor Berthoud. Bevor eine Lizenz erwogen werden könne, müssten die drei ehemaligen Parteimitglieder aus der Geschäftsleitung ausscheiden. Die drei Nazis verteidigten sich mit dem damals beliebten Argument, sie seien in Tat und Wahrheit gar keine Nazis gewesen, sondern lediglich in die NSDAP eingetreten, um noch Schlimmeres zu verhüten. Die Schulbuchsektion der britischen Militärverwaltung, die von den Problemen ihres Druckers mit der Lizenzbehörde Wind bekommen hatte, befürchtete Stockungen im Nachschub von Lehrmaterial, umso mehr, als die nur notdürftig reparierte Druckerei im kalten Winter 1945/46 aus technischen Gründen jederzeit stillstehen konnte. Um wenigstens die rechtliche Seite abzusichern, wies die Schulbuchsektion Heinrich Mohn an, seine Druckerei juristisch vom C. Bertelsmann Verlag zu trennen. Da Druckereien keine Lizenz brauchten, konnte immerhin weitergedruckt werden, auch wenn der Verlag definitiv keine Lizenz bekommen sollte. Mohn tat wie geheißen und überschrieb den technischen Betrieb im Januar 1946, rückwirkend auf Jahresbeginn, auf eine neue Gesellschaft, die unter dem Namen Mohn & Co KG firmierte. Schwager Steinsiek, das NSDAP-Mitglied, machte er zum Teilhaber, was die Schulbuchsektion nicht störte.

Ende Januar 1946 kehrte Reinhard Mohn nach Gütersloh zurück.

3. Eine Lizenz für den Juniorchef

Die Rückkehr seines Sohnes Reinhard und dessen pflichtschuldige Bereitschaft, unverzüglich in die Firma einzutreten, obwohl er das nie gewollt hatte, waren das Ferment, das Bewegung in die festgefahrenen Lizenzverhandlungen brachte. Die verweigerte Lizenzerteilung hatte Heinrich Mohn klargemacht, dass sein Verlag dringend einen politisch unbelasteten Repräsentanten an der Spitze brauchte. Ein Juniorchef, der nicht in der Partei gewesen war, dafür drei Jahre in US-Kriegsgefangenschaft, war Gold wert für den C. Bertelsmann Verlag. Vielleicht hätte Mohn ja lieber seinen älteren Sohn Sigbert als Juniorchef gehabt, doch der war in Russland verschollen. Und Gerd war mit seinen zwanzig Jahren noch zu jung. Seine beiden Töchter zog Heinrich Mohn nicht in Betracht. Eine Frau an der Spitze der Firma, das war für Heinrich Mohn undenkbar. Die einstige Nationalsozialistin und BDM-Führerin Ursel war nach dem Kriegstod ihres Mannes aus Berlin in den Schoß des Elternhauses und der Kirche zurückgekehrt. Annegret war in Gütersloh verheiratet.

Im Februar 1946 entließ Heinrich Mohn mit sofortiger Wirkung Gerhard Steinsiek, Gustav Dessin und Theodor Berthoud. Dessin verließ Gütersloh im Groll und ward dort nie wieder gesehen. Schwager Steinsiek hingegen blieb Teilhaber der Druckerei Mohn, und auch Theodor Berthoud zog sich nur vorübergehend zurück, um später den mit Bertelsmann eng verbundenen Verlag Banzhaf & Berthoud zu gründen. Doch das wusste die britische Buchlizenzbehörde damals nicht. Nachdem die Nazis aus der Geschäftsleitung entfernt waren, erhielt der C. Bertelsmann Verlag am 27. März 1946 die Lizenz zur Publikation von Büchern.

Die Lizenz kam gerade noch rechtzeitig, um von der steigenden Nachfrage nach theologischem Schrifttum zu profitieren. Nach der Höllenfahrt des Dritten Reiches war die neuheidnische Deutsche Kirche über Nacht implodiert und hatte die evangelische Christenheit zutiefst verunsichert und ratlos zurückgelassen. Während das gewöhnliche Volk in der kalten Wüste der ausgebombten Städte Tag für Tag ums nackte Überleben kämpfte, lief in evangelischen Theologenkreisen eine kontroverse Diskussion zur Schuld Deutschlands an Völkermord und Kriegsverbrechen. Das war der Stoff, aus dem die Verlage Bücher machen und verkaufen konnten. Einer der Höhepunkte der damaligen Debatte waren die Auseinandersetzungen zwischen den zwei renommierten Theologen Karl Barth und Helmut Thielicke, der in den Dreißigerjahren bei Bertelsmann publiziert hatte. Die beiden hatten den Untergang des Dritten Reiches ganz unterschiedlich verarbeitet. Während Barth die Deutschen aufforderte, ihre politische Verantwortung anzuerkennen – »Das Unheil, das jetzt über Deutschland geht, hat diesmal unzweideutig in Deutschland selbst seinen Ursprung und Anfang gehabt« –, lehnte Thielicke ein kollektives Schuldbekenntnis des gesamten deutschen Volkes ab, weil »das Pathos des Vergeltungsrechtes« nicht über die »Bereitschaft zur Vergebung« triumphieren dürfe. Solche Auseinandersetzungen über die kollektive Schuld der Deutschen an den Verbrechen des Dritten Reiches im Lichte des Alten und des Neuen Testaments stimulierten den Absatz theologischen Schrifttums kräftig. Das traditionelle Bertelsmann-Thema Religion, 1933 zur Hypothek geworden und nach Kriegsbeginn 1939 vollständig in den Rufer Verlag ausgelagert, erlebte 1946 eine Wiedergeburt. Während die Verlagsrechte an den Kriegsbüchern praktisch wertlos geworden waren, ließen sich die Rechte an den theologischen Titeln wiederverwerten, mit gewissen redaktionellen Änderungen, versteht sich – etwa der 1948 neu aufgelegte Titel *Altes Testament, gib Antwort!* von Hans Jüttner, einem Autor, der sich im Dritten Reich zum Nationalsozialismus bekannt hatte. Wie eine vergleichende Textanalyse der Unabhängigen Historischen Kommission zeigte, strich das Lektorat unter Wolfgang Strauß die judenhasserischen Passagen der ersten Ausgabe weg.

Als Heinrich Mohn und sein Führungspersonal das Herbstprogramm 1946 planten, stand das Thema Religion im Zentrum. Auch einige Heimatromane von Gustav Schröer aus der Zeit vor 1933 konnten – redaktionell leicht gesäubert – wieder aufgelegt werden. Kriegsverherrlichende Groschenromane hingegen waren out. Doch was war mit den seinerzeit teuer eingekauften Starautoren Hans Grimm und Will Vesper? Mit seinem neuen Lektor Wolfgang Strauß sondierte Heinrich Mohn, ob mit den zwei Nazi-Dichterfürsten auch unter den neuen Gegebenheiten noch Kasse gemacht werden konnte. Im Sommer 1946 korrespondierte Mohn mit Hans Grimm, Strauß mit Will Vesper. Wenn sich daraus auch keine konkreten Buchprojekte ergaben, so dokumentieren diese Kontakte, dass weder Mohn noch sein Cheflektor begriffen hatten, dass Grimm und Vesper für den C. Bertelsmann Verlag zur Hypothek geworden waren, geschweige denn äußerten sie irgendwelche Kritik an den beiden.

Die Lizenz des C. Bertelsmann Verlags erlaubte lediglich die Publikation von Büchern, für Zeitschriften war eine eigene Lizenz nötig. Da religiöse Abonnementszeitschriften bis Ende der Zwanzigerjahre das wirtschaftliche Rückgrat des C. Bertelsmann Verlags gebildet hatten, wollte Heinrich Mohn an diese Tradition anknüpfen und stellte im Frühherbst 1946 bei den britischen Besatzern ein Gesuch für eine neue Zeitschrift. Es war sein drittes Gesuch in diese Richtung. Bereits Ende 1945 hatte er um Genehmigung zur Publikation von *Luther* nachgesucht, der Vierteljahresschrift der Luthergesellschaft, und noch ein zweites Gesuch für ein Wochenblatt für die Kindergottesdienstbetreuung nachgereicht, mit dem Namen *Für unsere Kinder.* Beide Gesuche waren unbeantwortet geblieben. Die dritte Lizenz im Herbst 1946 beantragte Mohn für die Monatsschrift *Deutsche Hefte,* die mit einer Auflage von 10 000 Exemplaren starten sollte. Als Herausgeber war der Göttinger Philosophieprofessor Kurt Stavenhagen vorgesehen. Der für die Militärverwaltung produzierten Nullnummer der *Deutschen Hefte* war zu entnehmen, dass Stavenhagen einer religiösen Umkehr der Deutschen das Wort redete. Nachdem die nationalsozialistische Gemeinschaft der arischen Herrenmenschen Deutschland an die Wand gefahren hatte, wollte Stavenhagen die nach 1933 in Vergessenheit geratenen kleinbürgerlichen Tugenden Bescheidenheit, Ehrlichkeit und Selbstzucht wieder aufleben lassen. Die Moral des Individuums sollte gegenüber der Ideologie der Gemeinschaft mehr Gewicht erhalten. Es tue not, so Stavenhagen »die sittliche Autonomie der heimatgebundenen Persönlichkeit zum Maß aller Dinge (zu) machen«.

An den inhaltlichen Diskussionen über die Linie der *Deutschen Hefte* dürfte Reinhard Mohn kaum beteiligt gewesen sein. Dies aus zwei Gründen: Zum einen war die Religion nie seine Sache gewesen, und in Diskussionen mit seinem Vater, Lektor Strauß und Professor Stavenhagen über das Alte und das Neue Testament hätte er sich nur blamiert. Auch hatte er sich zu jenem Zeitpunkt im Verlag noch kaum eingelebt und wurde gerade erst unter den Fittichen von Fritz Wixforth in die Geheimnisse der Papierbewirtschaftung und der Kalkulation eingeführt. Wixforths zweiter Edelstift war damals Rudolf Wendorff, der Freund Reinhard Mohns aus dem Lager in Concordia, den er eingeladen hatte, nach Gütersloh zu kommen, wo er im März 1946 eintraf Mit dem Drucker Herbert Multhaupt und dem Lektor Wolfgang Strauß, die bereits im Sommer 1945 nach Gütersloh gekommen waren, komplettierte Wendorff den inneren Kreis des Führungspersonals, das Bertelsmann im Wirtschaftswunder nach oben führen sollte.

Trotz der Defizite im Bereich der Theologie erwiesen sich die Schuhe der Väter für Reinhard Mohn als nicht zu groß. Im Sommer und Herbst 1946 lernte er rasch, und sein erster großer Auftritt als Juniorchef vor der Betriebsgemeinschaft seines Vaters wurde zum Erfolg, nämlich Mohns legendäre Rede zum Aufrichtfest des neuen Verwaltungsgebäudes zu Neujahr 1947. Das Aufrichtfest markierte den ersten großen Schritt im Wiederaufbau des Verlags nach dem Krieg und war gleichzeitig der offizielle Einstand des Juniorchefs in der väterlichen Firma. In seiner kurzen Rede beschwor Reinhard Mohn die opferbereite Gemeinschaft der Mitarbeiter als Basis der sinnstiftenden Wiederaufbauarbeit: »Es ist wie ein Aufatmen, zu sehen, wie die Gebäude wieder emporwachsen, wie hier gebaut und Ordnung geschaffen wird und wie dann die eigentliche Berufsarbeit wieder beginnen kann.« Schließlich dankte er den Anwesenden nach einigen Hinweisen auf die oftmals unüberwindlich scheinenden konkreten Hindernisse mit folgenden Worten: »Ich weiß, dass dies Werk geschaffen wurde mit einer Aufopferung und einem Einsatz, den ich euch mit Geld nicht lohnen kann.«

Den Begriff Betriebsgemeinschaft, mit dem die Deutsche Arbeitsfront Führung und Gefolgschaft in den Betrieben zu einer Gemeinschaft zusammengefasst hatte, nahm seit Kriegsende keiner mehr in den Mund. Nachdem sich die 1933 blutig vertriebenen Marxisten in Deutschland wieder zurückgemeldet hatten, redete man in den Betrieben wieder von Klassen statt von Rassen. Nicht Arier gegen Jude wie bei den Nazis, sondern Proletarier gegen Kapitalist hieß die neu-alte Parole. In der Ostzone waren die Marxisten an der Macht, und auch in den drei Westzonen waren sie nicht nur in den meisten größeren Betrieben wieder stark vertreten, sondern auch in der Politik. Nach den ersten freien Wahlen in Nordrhein-Westfalen – die britischen Besatzer hatten die zwei alten preußischen Westprovinzen Rheinland und Westfalen zwangsfusioniert – regierte der linke CDU-Ministerpräsident Karl Arnold in Koalition mit den Kommunisten. Diese Düsseldorfer Volksfront gab es beim Mittelständler C. Bertelsmann Verlag nicht. »Beim Wiederaufbau des Verlags gab es niemals die Gegensätze der Interessen von Kapital und Arbeit«, schrieb Reinhard Mohn später. »Wir wollten wieder ein Dach über dem Kopf haben, überleben, und wir wussten, dass wir uns dabei alle helfen mussten.« Nach dem Untergang des Dritten Reiches entnationalisierte sich bei Bertelsmann die nationalsozialistische Betriebsgemeinschaft und wandelte sich zur wirtschaftlichen Überlebensgemeinschaft. Das Ziel der Anstrengungen war nicht mehr die Stärkung des nationalsozialistischen Staates, sondern das nackte Überleben. In dieser Überlebensgemeinschaft stand der gemeinsame Kampf ums Überleben über den Einzelinteressen von Besitzerfamilie, Führungspersonal und Belegschaft. »Obwohl Überlieferungen, Besitzstände und konservative Strukturen durch die Zerstörung in Frage gestellt wurden«, schrieb Reinhard Mohn, »glauben wir damals, dass Identifizierung und Kooperation aller Beteiligten mehr Kreativität und Leistung auslösen würde als die in Deutschland übliche Streitkultur zwischen Kapital und Arbeit.«

Der ehemalige Bertelsmann-Haushistoriker Dirk Bavendamm, der 1984 im Auftrag Reinhard Mohns eine Studie zur historischen und ideellen Kontinuität des Unternehmens recherchierte, ortete den Schlüsselbegriff für die Kontinuität im Hause Bertelsmann im Begriff der Gemeinschaft und stellte Reinhard Mohn in diese Tradition. Bavendamm schrieb: »Bei Reinhard Mohn kehrt der Begriff der Gemeinschaft fast in allen Reden wieder, wenn auch nicht mehr in dem patriarchalischen Sinne seiner Vorfahren.« Das theoretische Fundament des nicht-patriarchalischen Gemeinschaftsbegriffes von Reinhard Mohn fand Bavendamm beim deutschen Psychologen und Soziologen Ferdinand Tönnies (1855–1936), der in seinem Werk *Gemeinschaft und Gesellschaft* die Gemeinschaft als eine elementare soziale Verbundenheit des »Zusammenwesens«, »Zusammenwohnens« und »Zusammenwirkens« definierte. Nach Tönnies werden Gemeinschaften durch den sogenannten »Wesenswillen« zusammengehalten, das heißt durch die organische Einheit von Wollen und Denken, die letztlich durch eine Mischung des Bewussten und des Unbewussten im menschlichen Wesen gesteuert wird. Diese höhere Einheit kann nach Tönnies als Gemeinschaft des Blutes, des Ortes und des Geistes oder als eine Mischform davon ausgestaltet sein. In der Gesamtheit der Menschen, der Gesellschaft, sieht Tönnies ein Verfallsprodukt der Gemeinschaft. Mit der technokratischen Formel »Gemeinschaften sind verdichtete Gesellschaften mit höherer Leistungskraft« fasste Bavendamm die Tönnies-Theorie zusammen. Der Vorwurf, Tönnies sei ein geistiger Wegbereiter der rassistischen »Volksgemeinschaft« der Nazis gewesen, ist nach Bavendamm »bitteres Unrecht«. Echte Gemeinschaft entstehe nach Tönnies niemals durch Zwang wie bei den Nazis, sondern nur in Freiheit.

Ob Mohn je Tönnies gelesen hat und von dessen Schriften beeinflusst wurde, ist nicht bekannt. Da er Bavendamms Studie in seinem Vorwort hohes Lob zollte, muss jedoch davon ausgegangen werden, dass ihm die Tönnies'schen Gemeinschaftstheorien vernünftig schienen. Die überragende Bedeutung der gelebten Gemeinschaft in seinen jungen Jahren hat Reinhard Mohn jedenfalls immer wieder betont. So auch in einer Rede vor dem Deutschen Betriebswirtschafter-Tag im Oktober 1983 in Berlin, als er sagte: »Der stark bestimmende Gemeinschaftsbegriff der Dreißigerjahre, das menschliche Erleben in Krieg und Gefangenschaft und die Gleichstellung aller Bürger beim Wiederaufbau prägten bei mir gesellschaftspolitische Zielvorstellungen, die sicher nicht als charakteristisch für das Bild eines Unternehmers angesehen werden können.« Der Historiker Saul Friedländer von der Unabhängigen Historischen Kommission »Bertelsmann im Dritten Reich« stellte dem Zeitzeugen Reinhard Mohn am 12. Dezember 2000 die Frage: »Ist das Konzept Betriebsgemeinschaft für Sie selbstverständlich?« Die Antwort war kurz: »Ja.«

Die Vorstellung der betrieblichen Partnerschaft im Unternehmen als wirtschaftliche Überlebensgemeinschaft der darin vereinten Interessengruppen Lohnarbeit, Führung und Kapital, das war der erste Baustein der zukünftigen Unternehmenskultur von Reinhard Mohn.

Kaum hatte der Juniorchef mit seiner legendären »Betriebsgemeinschafts-Rede« den Einstand im väterlichen Betrieb gefeiert, erhielt er die Gelegenheit, sich auch praktisch zu bewähren. Und das kam so: Weil die Lizenzanträge für die geplanten drei Zeitschriften, die Heinrich Mohn Ende 1945 und im Herbst 1946 eingereicht hatte, im März 1947 noch immer nicht beantwortet worden waren, schickte der Seniorchef schließlich Mitte März 1947 Rudolf Wendorff zur britischen Zeitschriftenlizenzbehörde nach Düsseldorf. Wendorff sollte in Erfahrung bringen, wo die Probleme lagen. Das war ein schlauer Schachzug des alten Mohn, war doch der Freund seines Sohnes ein politisch völlig unbelasteter Gewährsmann. Wendorff kam ursprünglich aus Berlin und hatte als Student nach eigenen Angaben Sympathien in Richtung Sozialismus gehegt. In der NSDAP war er nicht gewesen. In Düsseldorf erfuhr Wendorff, dass die Lizenzen wegen politischer Bedenken gegen frühere Veröffentlichungen Bertelsmanns nicht erteilt worden waren. Der oberste Zeitschriftenkontrolleur Mr. Felix verlangte von Wendorff eine vollständige Liste aller vom C. Bertelsmann Verlag publizierten Titel seit 1933. Zudem war Felix aufgefallen, dass auf Heinrich Mohns Entnazifizierungsfragebogen einige obligatorische Angaben fehlten. Felix gab Wendorff den Bogen zurück, damit Heinrich Mohn diesen komplettiere. Wendorffs Rückkehr löste in Gütersloh eine hektische Aktivität aus. Heinrich Mohn ließ die von Felix geforderte Liste erstellen, die zu folgendem Ergebnis gelangte: »In der Zeit von 1933 bis 1944 umfasste das Verlagsprogramm mithin 2940 Titel, davon 43 Kriegserlebnisbücher, das sind 1,46 Prozent.« Diese Liste ist ein Musterbeispiel für die schwarze Kunst der Desinformation. Die Groschenhefte der Serie *Spannende Geschichten,* die seine Druckerei seit 1934 waggonweise verlassen hatten und reichsweit vertrieben worden waren, schlugen die Manipulatoren gesamthaft der Sparte Jugendbuch zu, obwohl die Reihe nach 1934 mehrheitlich Kriegsgeschichten publizierte. Ein anderes Beispiel von Desinformation ist die Klassierung des Titels *Von Hölle zu Hölle.* Diesen Titel, inhaltlich eine Attacke auf die Behandlung deutscher Kriegsgefangener in Frankreich nach dem Ersten Weltkrieg, rubrizierte die Liste unter dem Stichwort Theologie. Am 11. April 1947 brachte Reinhard Mohn die gezinkte Liste nach Düsseldorf zu Mr. Felix, zusammen mit dem vervollständigten persönlichen Fragebogen von Heinrich Mohn, auf dem nun die Hinweise auf dessen Mitgliedschaft als »förderndes Mitglied«, das heißt Geldspender, bei einer Reihe von nationalsozialistischen Organisationen – nämlich der SS, dem Nationalsozialistischen Fliegerkorps, der Flieger-Hitlerjugend und dem Bund Deutscher Mädel – nicht mehr fehlten.

Zeitschriftenkontrolleur Felix nahm Liste und Fragebogen entgegen, informierte Reinhard Mohn in frostigem Ton über seine eigenen Nachforschungen und fragte: »Sind unter den Kommanditisten des C. Bertelsmann Verlags ehemalige NSDAP-Parteimitglieder?« Reinhard Mohn log und sagte Nein. Selbstverständlich wusste er, dass seine Schwester Ursel, die sein Vater ebenso wie ihn selbst Ende 1943 zu Kommanditisten gemacht hatte, in der Partei gewesen war. Aber er wusste auch, dass diese Wahrheit dem C. Bertelsmann Verlag nicht nur die Zeitschriftenlizenzen verwehren, sondern auch die Buchlizenz hätte kosten können. Ehemalige Parteimitglieder waren von den Lizenzen ausgeschlossen. Dann folgten sich die Ereignisse Schlag auf Schlag. Vier Wochen später schon war der politisch unbelastete Juniorchef Lizenzträger und Geschäftsführer des C. Bertelsmann Verlags.

Am 14. April 1947 meldete Ursula Fischer-Mohn dem örtlichen Handelsregister ihre sofortige Demission als Kommanditistin des C. Bertelsmann Verlags.

Am 19. April 1947, höchstwahrscheinlich bei Wirtschaftsprüfer Fritz Möhle in Bielefeld, entschloss sich Heinrich Mohn, als persönlich haftender Gesellschafter und Geschäftsleiter des C. Bertelsmann Verlags und des Rufer Verlags zu demissionieren. Neuer persönlich haftender Gesellschafter, Geschäftsleiter und Lizenzträger der beiden Verlage wurde Reinhard Mohn; Onkel Gerhard Steinsiek, seine Geschwister Sigbert Mohn, Gerd Mohn und Annegret Tödtmann-Mohn bildeten den Kreis der Kommanditisten. De facto hatte Mohn damit die Nachfolge seines Vaters angetreten. Rein formalrechtlich erfolgte dieser Schritt am 6. Oktober 1947, rückwirkend auf den 1. Januar des Jahres.

Am 21. April 1947 begab sich Reinhard Mohn nach Düsseldorf und informierte den Chef der Buchlizenzierungsstelle, Mr. Paget-Brown, über diese Neuerungen. Paget-Brown äußerte keine Bedenken zur Lizenzübertragung von Mohn senior auf Mohn junior, obwohl der branchenfremde Juniorchef nicht über die geforderte Ausbildung in der Verlagsbranche verfügte. Im Gegenteil: Paget-Brown bot Reinhard Mohn sogar das englische Buch *Documentary* zur Übersetzung und Veröffentlichung an, was dieser akzeptierte, und entließ ihn mit den besten Wünschen. Den Besuch beim wohlgesinnten »book controller« benutzte Reinhard Mohn noch zu einer unangemeldeten Stippvisite bei Mr. Felix von der Zeitschriftenkontrolle, der jedoch gerade in den Ferien weilte. Über sein Gespräch mit Felix' Sekretärin Frl. Manowski notierte Reinhard Mohn nach seiner Rückkehr in den Akten: »Ich nahm Bezug auf meinen letzten Besuch und erklärte, dass die Vorwürfe politischer Art gegen Teilhaber des Verlags mich sehr überrascht hätten. Ich hätte diese Dinge nun untersucht und festgestellt, dass meine Schwester Ursula, Frau Fischer, Pg. gewesen sei. Ich habe früher Bedenken dieser Art gegen sie gehabt, habe jedoch nach ihrer mir 1946 gemachten Erklärung, kein Pg. gewesen zu sein, die Angelegenheit nicht weiter verfolgt. Leider habe meine Nachforschung auch noch unvollständige Angaben meines Vaters aufgedeckt. Mein heutiger Besuch geschehe in der Absicht, der Dienststelle diese Dinge zur Kenntnis zu bringen. Eine Entschuldigung der Vorgänge anzustellen, sei nicht meine Absicht, sondern lediglich eine Klarstellung. (…) Frl. Manowski erklärte meine Handlungsweise als sehr ›edelmütig‹. Diese Ausschließung meiner Schwester würde unseren Fall sehr erleichtern, da wir die richtige Konsequenz gezogen hätten. (...) Es ist zu bemerken, dass Frl. Manowski als Deutsche in ihrer dortigen Stelle auch ansonsten eine beachtliche Haltung zeigt.«

Am 24. April 1947 sprach Reinhard Mohn abermals beim Buchkontrolleur Paget-Brown vor, der ihn ermächtigte, den C. Bertelsmann Verlag ab sofort als Lizenzträger zu vertreten, obwohl die Bestätigung der vorgesetzten Dienststelle in Hamburg noch ausstand. In seiner Aktennotiz über diese Besprechung hielt Reinhard Mohn fest: »Ich machte dann Paget-Brown darauf aufmerksam, dass ich ihm noch ein bedauerliches Vorkommnis vorzutragen hätte. Ich hätte nämlich meine Schwester aus der Firma ausweisen müssen. Diese Mitteilung erregte heiter-gefälliges Erstaunen. Ich erklärte den Sachverhalt: Meine Schwester sei Pg. gewesen und hätte das nicht mitgeteilt. Das sei jetzt bei den Verhandlungen mit der Zeitschriftenstelle herausgekommen. Sobald ich davon Kenntnis bekommen hätte, hätte ich den Antrag auf Ausscheiden meiner Schwester gestellt. Paget-Brown fragte, ob ich die Tatsache der Parteimitgliedschaft nicht eher gewusst habe. Ich verneinte dies mit dem Hinweis auf meine bzw. meiner Schwester dauernde Abwesenheit vom Heimatort. Diese Erklärung wurde mit verständnisvollem Lächeln aufgenommen. Paget-Brown unterstützte freundlicherweise meine Behauptung mit dem Hinweis, dass ich ja doch auch in der Gefangenschaft gewesen sei.« Wie üblich, wenn er bei Paget-Brown in Düsseldorf vorsprach, besuchte Reinhard Mohn auch Zeitschriftenkontrolleur Felix oder genauer, dessen Sekretärin Frl. Manowski, da Felix in Urlaub war. Er informierte Manowski über die Demission seines Vaters aus der Geschäftsleitung und als Gesuchsteller der Zeitschriftenlizenz. Die im Zusammenhang mit den Lizenzgesuchen eingereichten Fragebogen – mit den falschen Angaben seines Vaters – nahm er zurück. Gleichzeitig erneuerte er die Lizenzanträge für die drei Zeitschriften mit ihm selbst als Gesuchsteller. Ferner tauschte er auch den Entnazifizierungsfragebogen von Fritz Wixforth gegen einen neuen aus. Grund dafür war, dass Wixforth im ersten Bogen seine zehnjährige Mitgliedschaft beim Stahlhelm, einer konservativen Vereinigung von Frontkämpfern in der Zeit der Weimarer Republik, verschwiegen hatte.

Am 3. Mai 1947 teilte der Bertelsmann wohlgesinnte Buchkontrolleur Paget-Brown dem Verlag schriftlich mit, Zeitschriftenkontrolleur Felix sei »kein gebürtiger Engländer« und habe keinerlei Einfluss auf die Vergabe von Buchlizenzen. Diese Schützenhilfe kam nicht von ungefähr. Mohn und Paget-Brown hatten einen Draht zueinander gefunden und über vieles diskutiert, von Hans Grimms *Englischer Rede,* deren deutsches Allianzangebot an das Empire Paget-Brown angesichts des Aufstiegs der USA als illusorisch bezeichnete, bis zur Frage der Paperzuteilung, wobei die beiden sich einig waren, der knappe Rohstoff solle besser Buchverlagen wie Bertelsmann zugeteilt werden statt kommunistisch unterwanderten Gewerkschaftszeitungen.

Am 12. Mai 1947 führte der aus den Ferien zurückgekehrte Zeitschriftenkontrolleur die bislang verweigerte Zeitschriftenlizenz in einem Schreiben an den Bertelsmann Verlag nicht mehr auf politische Ursachen, sondern auf Papierknappheit zurück. »Vermutlich wird unser Zeitschriftenantrag dort liegen und einschlafen«, notierte Reinhard Mohn darauf für seine Akten. Er sollte recht bekommen.

Über drei Jahrzehnte später, als Reinhard Mohn am 2. Februar 1981 seine persönlichen Unterlagen aus jenem bewegten

Monat April 1947 dem historischen Archiv Bertelsmanns übergab, hinterließ er auf dieser Akte einen handschriftlichen Vermerk, den der Bericht der Untersuchungskommission als Fußnote wiedergibt: »Dieses Stück der Verlagsgeschichte verlief eher in der Art eines Krimis. Mit Glück und Gottes Hilfe gelang es, die historische Problematik dadurch zu bewältigen, dass die Lizenz von meinem Vater auf mich als einen politisch unbescholtenen Jüngling übertragen wurde. Heute kann man natürlich über diese teilweise skurrile Verhandlungsführung lächeln, damals hing aber immerhin die Voraussetzung für die Wiederaufnahme der Verlagstätigkeit davon ab.« Einmal davon abgesehen, dass der bekennende Atheist Reinhard Mohn hier ausgerechnet dem Herrgott für die »Bewältigung der historischen Problematik« dankt, wirkt seine Verhandlungsführung weniger glückgesegnet und skurril denn kaltblütig, weitsichtig und entschlossen.

Nun fehlte dem frischlizenzierten geschäftsführenden Kommanditisten des C. Bertelsmann Verlags nur noch das nötige Fachwissen. Und so verließ er in jenem heißen Sommer 1947 das heimatliche Gütersloh und begann ein Praktikum bei der renommierten akademischen Buchhandlung Calvör in Göttingen, das auch Kurse an der Buchhändlerschule in Köln einschloss.

4. Soziale Marktwirtschaft

Anfang 1948, während Reinhard Mohn den Göttinger Studenten Bücher verkaufte, durfte sein Vater zufrieden sein. Zuerst und vor allem, weil sich sein Verlag als Überlebensgemeinschaft bewährte. Die Zahl der Mitarbeiterinnen und Mitarbeiter war seit Kriegsende von gut hundert auf etwa dreihundert Personen gewachsen, etwa zwei Drittel der Arbeitsplätze der 1939 eröffneten Buchfabrik waren wieder besetzt. Den Umsatz konnte er allerdings nicht beziffern, da die Mangelwirtschaft im zerstörten Deutschland vor der Währungsreform als schwarzmarktbasierter Mix von Subsistenz-, Tausch- und Geldwirtschaft funktionierte und neben der Reichsmark auch Zigaretten, Nylonstrümpfe und anderes mehr als Ersatzwährung dienten. Zufrieden durfte Heinrich Mohn auch mit seinem Sohn Reinhard sein, der sich als fähiger Mann erwiesen und in der leidigen Lizenzproblematik hervorragend verhandelt hatte. Der dritte Aktivposten Heinrich Mohns war die neue Führungsmannschaft, die er in den zwei Jahren seit Kriegsende hatte aufbauen können. Sein Vertriebschef, der treue Fritz Wixforth, bereiste die Buchhandlungen in der gesamten britischen Besatzungszone in alter Frische. Der neue Lektor Wolfgang Strauß entnazifizierte stilsicher die alten Bücher aus der Nazizeit und machte damit manch einen Titel wieder verkäuflich. Der neue technische Leiter Herbert Multhaupt hielt die Produktion am Laufen, was unter den damaligen Umständen durchaus keine Selbstverständlichkeit war.

Auch die politische Lage hatte sich für Heinrich Mohn zum Besseren gewendet. Im Herbst 1947 war die siegreiche Kriegsallianz der USA, Großbritanniens, Frankreichs und der Sowjetunion endgültig auseinandergebrochen. Der Eiserne Vorhang senkte sich mitten durch Deutschland, und der Kalte Krieg begann. Die USA brauchten Westeuropa als Verbündeten gegen den Ostblock und unterstützten dessen Wiederaufbau mit dem Marshall-Plan. Auch in Westdeutschland bekam der wirtschaftliche Wiederaufbau Vorrang, wer dazu nützlich sein konnte, war willkommen, auch Naziverbrecher. Doch dieses Angebot der USA galt nur für Individuen, nicht für Institutionen. Heinrich Mohn wusste, dass er seinen Verlag inhaltlich repositionieren musste, wenn er am wirtschaftlichen Wiederaufbau teilhaben wollte.

Die Kriegsbücher, seit 1934 das wirtschaftliche Rückgrat des C. Bertelsmann Verlags, waren passé, ebenso seine einstigen Starautoren Hans Grimm und Will Vesper. Die Beziehung zu Grimm, der sich auf seinen selbst organisierten Dichtertagen als leidenschaftlicher Nazinostalgiker profilierte, war nach einem höchst unfreundlichen Briefwechsel im April 1947 beendet worden. Auch mit Will Vesper war es Anfang 1947 nach Meinungsverschiedenheiten mit Cheflektor Strauß über eine geplante Gedichtsammlung zum Bruch gekommen. Als Ersatz für Herausgeber Vesper sprang Hermann Claudius ein, ein Nachfahre von Matthias Claudius. Hermann Claudius war bei Bertelsmann in der Vorkriegszeit mit Versen wie »Herrgott, steh dem Führer bei« als nationalsozialistischer Lyriker aufgefallen. Gemäß Interpretation der Unabhängigen Historischen Kommission war die 1947er-Gedichtsammlung *Nur die Seele. Sieben mal sieben deutsche Gedichte* von Claudius ein zeittypischer Versuch, den Nationalsozialismus als erfolgreich überstandene Prüfung Gottes für das Deutsche Volk zu entsorgen. In dieser Gedichtesammlung figurierte auch wieder Heinrich Heine, jener Jude, den Heinrich Mohn 1933 persönlich aus der Vesper-Anthologie eliminiert hatte.

An der Programmdiskussion des C. Bertelsmann Verlags Anfang 1948 konnte Heinrich Mohn auf sein Führungspersonal zählen: Lektor Strauß, Vertriebschef Wixforth und wohl auch Schwager Steinsiek, der zwar, gleich ihm selbst, aus dem Verlag ausgeschieden war, jedoch noch immer in der Leitung der juristisch selbstständigen Druckerei Mohn & Co. GmbH saß. Sohn Reinhard hingegen kann in der Programmdiskussion, wenn überhaupt, bloß eine Nebenrolle gespielt haben. Ganz abgesehen davon, dass der Legastheniker mit den schlechten Schulnoten die Welt der Bücher nie gemocht hatte, lebte er in jenen Monaten nicht in Gütersloh, sondern in Göttingen. Kommt noch dazu, dass ihn dort seine Liebesgeschichte mit Magdalene viel mehr interessiert haben dürfte als trockene Programmdiskussionen mit dem Vater und dem Onkel. Magdalene Raßfeld, Tochter eines reichen Gütersloher Bauern, war Medizinstudentin. Im Frühling 1948 verlobten sich Magdalene Raßfeld und Reinhard Mohn, Magdalene brach ihr Medizinstudium ab, und im September 1948 läuteten in der Martin-Luther-Kirche zu Gütersloh die Hochzeitsglocken. Da der Wohnraum in jener Zeit noch knapp war, quartierte sich das junge Paar nach der Rückkehr aus den Flitterwochen vorerst im geräumigen Elternhaus an der Kurfürstenstraße ein.

Irgendwann in jenen bewegten Monaten im Frühjahr 1948 bot ein neuer Autor dem Bertelsmann Verlag sein Manuskript zur Publikation an: Alfred Müller-Armack, Ökonomieprofessor an der Universität Münster und wissenschaftlicher Beirat in Ludwig Erhards neuem Bizonen-Wirtschaftsamt. Müller-Armack war kein Unbekannter, im Gegenteil: Er hatte bereits 1946 mit seinem viel beachteten Buch *Wirtschaftslenkung und Marktwirtschaft* Furore gemacht und 1947 in einem kleinen Verlag ein religionssoziologisches Werk für die Fachwelt publiziert.

Nun suchte er einen Verleger für sein nächstes Buch mit dem Titel *Diagnose unserer Gegenwart. Zur Bestimmung unseres geistesgeschichtlichen Standortes.* Der schwierige Text überzeugte beim C. Bertelsmann Verlag. Der Verlag druckte das Buch in einer Auflage von 3000 Exemplaren, Halbleinen, zum Preis von 10 Mark in der Einfach- und 12 Mark in der Sonderausstattung.

Mit *Diagnose unserer Gegenwart* lieferte Müller-Armack gewissermaßen das geistesgeschichtliche Fundament nach für den Begriff »Soziale Marktwirtschaft« – Sozial mit großem S geschrieben –, den er bereits 1946 in *Wirtschaftslenkung und Marktwirtschaft* als Wirtschaftsprogramm zum Wiederaufstieg Deutschlands vorgeschlagen hatte. Die griffige Parole stieß damals rasch auf Zustimmung, vor allem bei den neuen christlichen Parteien des rechten Zentrums, der Christlich Demokratischen Union (CDU) und der Christlich Sozialen Union. Im Entwurf für das CDU-Wirtschaftsprogramm wurde der Begriff »Christlicher Sozialismus« durch Müller-Armacks Wortschöpfung »Soziale Marktwirtschaft« ersetzt. Manche in der CDU hätten Müller-Armack gerne in die Politik geholt, doch als Politiker sprach der Professor allzu akademisch, sodass ihn das gewöhnliche Volk nicht verstand. Überdies war Müller-Armack evangelisch, was der rheinischen Katholikenseilschaft um Konrad Adenauer nicht behagte, umso mehr, als diese Kreise mit dem katholischen Bayern Ludwig Erhard einen volkstümlichen Wirtschaftsfachmann zur Hand hatten. So stieg der Pragmatiker Erhard 1946 vollamtlich in die Wirtschaftsverwaltung der Besatzer ein, während der Akademiker Müller-Armack dort nur als Berater wirkte. Als größte Tat Erhards im Dienste der Besatzer gilt die Währungsreform mit der Einführung der Deutschen Mark vom Juni 1948, welche die drei Westzonen zu einem von der Ostzone klar abgegrenzten Währungsraum machte. Doch für Müller-Armack war die Währungsreform nicht vorrangig. Im Zentrum der Wirtschaftspolitik stand für ihn die Ordnungspolitik, die Notwendigkeit, die nationalsozialistische Lenkungswirtschaft durch die Soziale Marktwirtschaft zu ersetzen. Währungs- und Geldpolitik waren demzufolge bloß abgeleitete Größen; wenn die Ordnungspolitik stimmte, würde auch die Währung ins Lot kommen. Für Müller-Armack lag die Initialzündung zum Wiederaufbau nicht in der Einführung einer neuen Währung, sondern in der »Schicksalswahl zwischen Lenkungswirtschaft und Marktwirtschaft«.

Wann beginnt die westdeutsche Wirtschaftsgeschichte? Der Wirtschaftshistoriker Werner Abelshauser hat darauf hingewiesen, dass dieser Zeitpunkt nicht einfach auf 1948 gelegt werden darf, das Jahr der Währungsreform, der Deregulierung der Binnenmärkte und des Beginns der Marshall-Hilfe. Ohne die seit 1945 gelegten Grundlagen, von der Sozialen Marktwirtschaft über die Wiederankurbelung der Kohleförderung bis zur provisorischen Wiederinstandstellung der Infrastruktur, hätte die Währungsreform nicht derart erfolgreich sein können.

Der Ausgangspunkt von Müller-Armacks Argumentation für die Soziale Markwirtschaft war der totale Zusammenbruch von Gesellschaft, Staat und Wirtschaft in Deutschland. Den Untergang Deutschlands verstand er nicht nur als Niederlage des deutschen Nationalsozialismus, sondern auch als Zusammenbruch der europäischen Moderne, »der gesamten Kulturabsicht des 19. Jahrhunderts, die an Stelle des verlorenen alten Glaubens Idole setzte, d. h. Religionssurrogate, welche bestimmte theoretische Vorstellungen verabsolutierten und zum Ziel von Massenbewegungen machten.« Die Religionssurrogate Nationalismus, Rassismus und Militarismus hatten nach Ansicht Müller-Armacks Deutschland und Europa in den Abgrund geführt.

Die Frage, wer schuld ist an den Verbrechen des Dritten Reichs, erörterte Müller-Armack in seiner Analyse der Gründe der deutschen Niederlage im Zweiten Weltkrieg nicht. Vom Völkermord in Auschwitz und von den anderen Verbrechen der Nazis gegen die Menschlichkeit schwieg er. Er entschuldigte nicht, bereute nicht, erklärte nur – ganz im Unterschied zu den Theologen Karl Barth und Helmut Thielicke in der gleichzeitig laufenden hitzigen Kollektivschuld-Debatte, in der Barth die Anerkennung der Kollektivschuld an Angriffskrieg und Völkermord an den Juden forderte, während Thielicke evangelischer Vergebungsbereitschaft statt alttestamentarischem Vergeltungsrecht das Wort redete.

Als Hoffnungsfunken im trostlosen Gräber- und Ruinenfeld Europa ortete Müller-Armack die geistige Kraft des einzelnen Menschen. Die Gemeinschaft hatte alles verspielt und abgedankt: »Die Lösung der sozialen Probleme ist wie nie zuvor heute in die Verantwortung des Geistes gestellt. Es gibt heute schlechthin keine sozialen Gruppen, Stände und Klassen, die hinlänglich gesichert, legitimiert oder auch nur geistig gefestigt genug wären, um von sich aus den Gesellschaftsbau tragen zu können.« Die Lebenseinheit des einzelnen Menschen stand für Müller-Armack im Zentrum, »Geist ist primär Einsicht, nicht Wollen«. Demzufolge stand der zukünftige Gang der Dinge in der realen Welt in der Verantwortung des Einzelnen und die philosophische Anthropologie hatte die Kraft, die verhängnisvollen Irrlehren der Vergangenheit zu überwinden. Für Nichtphilosophen am verständlichsten waren die Thesen des Professors aus Münster dort, wo er von der wirtschaftlichen Existenz Deutschlands sprach. Genauso wie der soziale Kollektivismus der rassistischen Volksgemeinschaftsideologie des Dritten Reiches versagt hatte, hatte sich auch der wirtschaftspolitische Kollektivismus der Nazis als verfehlt erwiesen und entscheidend zum Untergang beigetragen. Sechs Jahre nationalsozialistische Planwirtschaft, gefolgt von sechs Jahren Kriegswirtschaft, hatten Markt und Wettbewerb völlig ausgeschaltet. Eine riesige Wirtschaftsbürokratie mit unzähligen Institutionen lenkte zentral die gesamte Produktion, Verteilung und Konsumation von Waren und Dienstleistungen, von der Schwerindustrie über die Großchemie bis zu den Zwangsverbänden der kleinen und mittleren Zulieferer. Nach Kriegsbeginn kam die totale Kontrolle durch Bewirtschaftung aller Rohstoffe, Rationierung aller Konsumgüter, Lohnstopp, Preisstopp. Auch in der Wirtschaft erwies sich die Mischung von Führerprinzip und Kadavergehorsam als fatal, wie Müller-Armack schrieb: »Jede auf ein zentrales Planziel zwangswirtschaftlich zusteuernde Wirtschaftslenkung muss notwendig, wenn sie ihren Weg über eine Ausschaltung der marktwirtschaftlichen Regulierungskräfte nimmt, zu einer Ausschaltung der Wirtschaftlichkeit, einer Verminderung der Leistung und zu einer sich progressiv steigernden Intervention führen. Die Erstarrung aller wirtschaftlichen Kräfte führt zuletzt nicht nur dazu, dass alle Ziele des privaten normalen Wirtschaftens Not leiden, sondern zuletzt auch dazu, dass die zentralen Planziele praktisch nicht erreicht werden. Dies stellte sich in der deutschen Kriegswirtschaft heraus, deren anfängliche Überlegenheit durch die Starrheit ihrer Methoden schließlich in eine auch kriegswirtschaftliche Unterlegenheit einmündete, deren Defizit wesentlich mit über den Ausgang des Krieges entschied.«

Aus den Ruinen des verlorenen Krieges und der Asche der uneingelösten nationalsozialistischen Versprechen, die soziale Frage im NS-Volksstaat ein für allemal zu lösen und der Gemeinschaft der Arier auf tausend Jahre Brot und Rosen zu garantieren, stieg Müller-Armacks neue Wirtschaftsordnung auf:

die Soziale Marktwirtschaft als dialektische Lösung des Grundproblems von Freiheit und Gebundenheit in der Wirtschaft.

So weit, so gut – doch wie hatte Müller-Armack die Jahre des Dritten Reichs verbracht? 1933 war er mit fliegenden Fahnen ins Lager Adolf Hitlers übergelaufen: Am 1. Mai 1933 trat der damalige Kölner Privatdozent der NSDAP bei und wurde prompt zum Außerordentlichen Professor ernannt. Der 1901 als Sohn eines Krupp-Direktors in Essen geborene Ökonom stand in der Tradition der historischen Schule der deutschen Nationalökonomie, die im Deutschen Kaiserreich die vorherrschende wirtschaftliche Denkrichtung gewesen war. Die Ökonomen dieser Schule bejahten den Aufbau des zweiten deutschen Reiches zur Weltmacht und lieferten anfänglich den ökonomischen Unterbau für die Bismarck'sche Interventionspolitik und später die Rechtfertigung für Kaiser Wilhelms Aufrüstungspolitik. 1932 erschien Müller-Armacks Buch *Entwicklungsgesetze des Kapitalismus* über das Wirtschaftswachstum im Kapitalismus. Nach seinem Parteieintritt veröffentlichte er 1933 die Schrift *Staatsidee und Wirtschaftsordnung im neuen Reich,* erschienen beim prominenten Naziverlag Junker & Dünnhaupt in einer Reihe von gleich ausgestatteten Schriften. Unter den Mitautoren der Reihe fanden sich diverse illustre Nationalsozialisten mit ihren neuesten Werken, etwa *Das Werden des Juristen im Dritten Reich* aus der Feder von Dr. Roland Freisler, damals preußischer Staatsrat und Staatssekretär im Justizministerium, später Hitlers oberster Justizmörder; oder die Titel *Kulturpolitische Aufgaben der deutschen Presse* von Wilfried Bade, Regierungsrat im Ministerium für Volksaufklärung und Propaganda; *Volkhafte Dichtung der Zeit* von Hellmuth Langenbucher, Lektoratsleiter der Reichsstelle zur Förderung des deutschen Schrifttums; *Die Idee des völkischen Staates* von Eugen Fischer, Rektor der Berliner Universität. Wer bei Junker & Dünnhaupt publizierte, war im Olymp des Nazigeisteslebens angelangt.

Müller-Armacks *Staatsidee und Wirtschaftsordnung im neuen Reich* war der Beitrag eines deutschen Ökonomen historischer Schule zu den glorreichen tausend Jahren, die Hitler versprochen hatte, und zwar im Bereich der theoretischen Wirtschaftslehre, in der die Nazis nichts zu bieten hatten. Das Nazi-Wirtschaftsprogramm bestand aus zahlreichen Versprechungen der materiellen Besserstellung des Volkes, ergänzt mit der Parole »Brecht die Zinsknechtschaft«. Mit dieser Parole raubte Joseph Goebbels den Sozialdemokraten und Kommunisten in der Kampfzeit manch eine Stimme aus Kreisen der arbeitenden Klassen. Doch nach der Machtübernahme bereitete der antikapitalistische Verbalradikalismus der Kampfzeit Probleme mit der Großindustrie und Hochfinanz. »Brecht die Zinsknechtschaft«, das war zu viel für die Stahlbarone, Chemiemonopolisten und Finanzkapitalisten, deren Geldspenden für die kostspieligen Wahlkämpfe den Nationalsozialisten in den Sattel geholfen hatten. Mit solchen Parolen hätte auch die Enteignung von Industrie und Banken gerechtfertigt werden können. Großkapital gegen Volksgemeinschaft, das war ein explosiver Konflikt, den die Nazis entschärfen wollten. Und dagegen wusste Professor Müller-Armack Abhilfe. In seinem Buch schlug er 1933 ein neues Wirtschaftssystem für das neue Dritte Reich vor, den nationalsozialistischen Korporatismus, einen deutschen Sozialismus des Rechts auf Arbeit und Brot. Sein neues System verstand Müller-Armack als dritten Weg zwischen Marxismus und Liberalismus. Sowohl den Klassenkampf des Kapitals von oben als auch den Klassenkampf der Arbeit von unten seien veraltet, sowohl die marxistische Wirtschaftslenkung als auch das marktwirtschaftliche Laisser-faire des Liberalismus gescheitert. Liberalismus gegen Marxismus, der Kampf dieser Ideologien, gemäß Müller-Armack beides Irrlehren mit Wurzeln in der Französischen Revolution, hätten die Weimarer Republik ruiniert. Das neue Reich brauche weder die Herrschaft des Kapitals noch die Diktatur des Proletariates, sondern einen dritten Weg, nämlich den nationalsozialistischen Korporatismus.

Liest man heute Müller-Armacks Schrift *Staatsidee und Wirtschaftsordnung* – er und seine Schüler verleugneten sie später –, so zeigt sich, dass aus je der schlechteren Hälfte von Marxismus und Liberalismus etwas noch Schlechteres kombiniert wird. Die gute liberale Idee von den Grundrechten, die jedem Menschen von Geburt an zustehen, unabhängig von Klasse, Rasse, Geschlecht, Nationalität oder Clan, als deren Gegenleistung er jedoch die Grundrechte aller anderen Menschen respektieren muss, hat Müller-Armack verworfen. Sein deutscher Sozialismus der Arbeit und des Brots, den er von der »Carta del Lavoro« des italienischen Faschismus abgekupfert hatte, war die schärfste antithetische Zuspitzung der liberalen Grundrechtsidee. »Lavorare, ubbidire, tacere«, befahl Benito Mussolini den Italienern. Und auch für den Nationalsozialisten Müller-Armack sollte der einzelne Mensch nur arbeiten, gehorchen und schweigen und war gegenüber der Nation nur Träger von Pflichten, verbriefte Rechte hatte er keine. Nach Müller-Armack verdiente der Einzelne staatlichen Schutz »nur sofern er sich den höheren Zielen der Gemeinschaft anpasst und ihnen dient«. Und weiter: »An die Stelle der gegen den Staat ausspielbaren Grundrechte tritt in der neuen Wirtschaftsordnung eine Reihe von feierlich ausgesprochenen Anerkennungen, durch die der Staat dem Einzelnen seinen Lebensbereich zuweist. Die erste ist für den nationalsozialistischen Staat die Anerkennung des sozialen Gedankens.« Kadavergehorsam gegen Recht auf Arbeit und Brot, dieser soziale Kontrakt von Gemeinschaft und Gefolgschaft ist der innerste Kern von Müller-Armacks nationalsozialistischem Korporatismus. Das war alter Wein in neuen Schläuchen, so hatten bereits das Preußen Friedrichs des II. und das Bismarck'sche Kaiserreich funktioniert. Doch Müller-Armack verkaufte seinen sozialen Kontrakt als etwas völlig Neues: »Das Zwingende dieses neuen Organisationsgedankens wird erst dann völlig klar, wenn man ihn als Konsequenz einer politischen wie auch einer wirtschaftlichen Notwendigkeit sieht. (...) In der Idee der Volkseinheit als stetiger geschichtlicher Aufgabe finden Staatsidee und Wirtschaftsordnung ihre gemeinsame tiefste Bestimmung.« Müller-Armacks nationalsozialistischer Ständestaat verschmolz Wirtschaft und Staat, sein Traum war ein von oben kontrolliertes und gesteuertes, alles umfassendes Räderwerk sämtlicher Bereiche des Lebens, von Ideologie, Militär, Polizei, Verwaltung bis zu Produktion, Verteilung und Konsumation.

Der vom Pg. Müller-Armack imaginierte nationalsozialistische Ständestaat erwies sich als Totgeburt. Hitler wollte keine soziale Revolution in Deutschland, sondern die deutsche Niederlage im Ersten Weltkrieg rächen und ein tausendjähriges Reich begründen. Und das bedeutete Aufrüstung und Krieg. Deutschland würde auf der Grundlage ständestaatlicher Hirngespinste à la Müller-Armack nie und nimmer aufrüsten können, dazu brauchte es die kapitalistischen Profis von den Vereinigen Stahlwerken, IG Farben, Krupp, Thyssen, Flick und anderen. Folgerichtig kam es zum Bündnis Hitlers mit der Großindustrie und dem Finanzkapital, parallel zur Vernichtung der organisierten Linken, Sozialdemokraten, Kommunisten und Gewerkschaften. Obwohl die Nazis in ihren Wahlkämpfen auf dem Papier stets unversöhnlich gegen Ruhrbarone, IG-Chemiemonopolisten und Finanzkapitalisten »kämpften«, hatte hinter den Kulissen Hitlers Wirtschaftsberater Wilhelm Keppler bereits vor der Machtübernahme einen Kreis von einflussreichen Kapitalvertretern organisiert, die den Nazis die teuren Wahlkämpfe finanzierten. Hitlers neuer Reichsbankpräsident Hjalmar Schacht, ein Mann des Keppler-Kreises, begann sofort mit dem Kampf gegen Gottfried Feder, Nazi der ersten Stunde aus dem okkulten Münchner Germanensumpf aus der Zeit nach dem Ersten Weltkrieg, Erfinder der populistischen Kampfparole »Brecht die Zinsknechtschaft« und nach der Machtübernahme Staatssekretär im Reichswirtschaftsministerium. Feder wollte das Bankwesen nationalisieren und ein Zinsverbot ins geplante neue Bankengesetz schreiben – beides war voll im Sinn und Geist des Müller-Armack'schen Ständestaates. Doch der in der Politik unerfahrene Sektierer Feder war ein leichtes Fressen für den mit allen Wassern gewaschenen Hjalmar Schacht. Das Prestige Feders als Autor des NSDAP-Parteiprogramms machte der Nicht-Pg. Schacht durch die konsequente Entfernung von Juden aus den Machtpositionen des deutschen Bankwesens wett. Bei der Deutschen Bank mussten Vorstandssprecher Oscar Wassermann und Vorstandsmitglied Theodor Frank sofort gehen, Vorstandsmitglied Georg Solmssen wechselte in den Aufsichtsrat und verlor seinen Einfluss auf das Tagesgeschäft. Statt Feder offen zu bekämpfen, zog Schacht im Herbst 1933 eine große Bankenenquête auf, und in den damit verbundenen Diskussionen hatten Feders Forderungen nicht den Hauch einer Chance. Das neue Bankengesetz von 1934 kam dann ganz auf die Linie Schachts zu liegen: Die Banken wurden nicht verstaatlicht, und das Zinsnehmen blieb legal. Feder musste als Staatssekretär demissionieren und wurde auf eine Professur an der Technischen Hochschule Berlin abgeschoben.

Die beiden nationalsozialistischen Sozialrevolutionäre Gottfried Feder und Alfred Müller-Armack wollten die Banken verstaatlichen und das deutsche Finanzkapital entmachten, um dem arbeitslosen Volk Arbeit und Brot zu sichern. Dem Führer war das Volk egal, er wollte aufrüsten, Revanche nehmen für die Schande von Versailles, und das ging nicht ohne die Unterstützung des großen Kapitals. Schacht schaltete das deutsche Großkapital mit dem Willen des Führers gleich, indem er das Privateigentum garantierte, kombiniert mit der faktischen Verstaatlichung des Kreditwesens in der Reichsbank. Mit riesigen Reichsbankkrediten finanzierte er Hitler den 1936 ausgerufenen Vierjahresplan für die Rüstungsindustrie und die neu gegründeten Reichswerke Hermann Göring. Der Rüstungsindustrie zugedient haben mittelständische Betriebe vom Zuschnitt eines C. Bertelsmann Verlags. Um eine Geldentwertung zu verhindern – Kredit der Reichsbank an die Regierung ist im Prinzip dasselbe wie Banknoten drucken –, wurde die Kaufkraft der Massen beschränkt; Bewirtschaftung der Rohstoffe, Lohn- und Preiskontrollen, Steuer- und Zollerhöhungen hielten den privaten Konsum tief. Mit dieser Wirtschaftspolitik war die Arbeitslosigkeit zwar bald verschwunden, doch das Konsumniveau blieb tief.

Acht Jahre lang funktionierte der nationalsozialistische Staatskapitalismus des Dritten Reiches. Ende 1941, nachdem die Blitzkriegstrategie gescheitert war, kam die totale Zwangswirtschaft. Beim Aufbau entsprechender Strukturen erkannte General Georg Thomas, Leiter des Wehrwirtschafts- und Rüstungsamt beim Oberkommando der Wehrmacht und Aufsichtsrat der Reichswerke Hermann Göring, dass der Abnutzungskrieg gegen die Alliierten unmöglich zu gewinnen war. Die materiellen Ressourcen der Achse Berlin–Rom–Tokio waren um ein Vielfaches geringer als die Ressourcen der Alliierten USA, Großbritannien und Sowjetunion, die Zeit arbeitete gegen Deutschland. Im November 1942 jedoch entließ Hitler seinen rational kalkulierenden und deshalb pessimistischen obersten Wehrwirtschafts- und Rüstungsführer General Thomas und erkor den Karrieristen Albert Speer zum Nachfolger.

Doch nun zurück zum Professor Alfred Müller-Armack, der Köln 1938 verließ und an der Uni Münster Unterschlupf fand. Dort wandte sich der Ökonom dem Fach Religionssoziologie zu. Als Broterwerb betrieb er die Forschungsstelle für allgemeine und textile Marktwirtschaft, ein von den mittelständischen Zulieferern der nationalsozialistischen Groß- und Staatsbetriebe finanziertes Institut. Bei dieser Arbeit an der Schnittstelle von Universität und Unternehmensführung lernte er 1941 auch Ludwig Erhard kennen, der beim Institut für Wirtschaftsbeobachtung der deutschen Fertigware in Nürnberg arbeitete. Die beiden zukünftigen Geburtshelfer der Sozialen Marktwirtschaft erforschten den (Rest-)Wettbewerb in der mittelständischen deutschen Wirtschaft mit Betrieben von vielleicht zwei Dutzend bis einigen hundert Beschäftigten – wie Heinrich Mohns Buchfabrik in Gütersloh. Betriebe dieser Art waren das zweite Standbein der deutschen Kriegswirtschaft, neben den gigantischen Kartellen wie die Göring-Werke mit über einer halben Million (Sklaven-)Arbeiterinnen und -Arbeitern oder die IG Farben mit ihrem riesigen Werk neben den Öfen von Auschwitz.

Nach Kriegsende verlor Müller-Armack seinen Marktforschungsjob bei den Textilfabrikanten und begann mit der Analyse des Untergangs des Dritten Reiches. 1946 trat er mit der Forderung nach Sozialer Marktwirtschaft an die Öffentlichkeit. Mit der Forderung nach Marktwirtschaft statt Wirtschaftslenkung stand Müller-Armack nicht allein, es gab noch eine ganze

Reihe anderer deutscher Nationalökonomen auf dieser Linie. Zwar hatten die Nazis 1933 neben den Juden und Marxisten auch einige prominente liberale Ökonomen und Marktwirtschaftler ins Exil vertrieben, so Alexander Rüstow und Wilhelm Röpke, die beide in Istanbul lehrten. Doch damit war das Konzept vom Wettbewerb auf freien Märkten als Basis des Wirtschaftslebens in Deutschland nicht ausgerottet. Seit Mitte der Dreißigerjahre – während Müller-Armack gleichzeitig seinen Nationalen Sozialismus der Arbeit und des Brots propagierte – war es in Kreisen der akademischen Nationalökonomie zu einer Renaissance der Wettbewerbsidee gekommen. Zentrum dieser Strömung bildete die Freiburger Schriftenreihe *Ordnung und Wirtschaft,* herausgegeben von den drei Professoren Walter Eucken, Franz Böhm und Hans Großmann-Doerth. Die drei süddeutschen Akademiker vertraten die Ansicht, dass die seit 1933 von den Nazis aufgebaute, auf Kriegsproduktion und Schwerindustrie ausgerichtete Planwirtschaft langfristig nicht würde funktionieren können. Görings triumphaler Vierjahresplan und die aus dem Nichts aufgebauten Göring-Werke beeindruckten Eucken, Böhm und Großmann-Doerth wenig. Wenn von staatlicher Seite diktiert ist, was produziert werden muss, dann wird die Quantität wichtiger als die Qualität. Der Wettbewerb der einzelnen Kartellbetriebe um die Kunden wird überflüssig, die Innovationskraft reduziert sich auf die rationellere Organisation bestehender interner Abläufe, und neue Verfahren und Produkte gibt es über kurz oder lang nicht mehr. Die Planwirtschaft war der Todeskuss für die Zukunftsfähigkeit der Volkswirtschaft des Dritten Reiches, davon waren die drei Ökonomen überzeugt. Ihr Problem war, dass sie sich mit dieser Überzeugung in die intellektuelle Tradition liberaler Klassiker wie Adam Smith, David Ricardo oder John Stuart Mill stellten, die damals in Deutschland verpönt waren. Doch die Referenz auf angelsächsische Liberale oder gar den Juden Ricardo war für einen beamteten deutschen Professor unmöglich, das hatten Röpke und Rüstow lernen müssen. Die liberalen Theorien von Markt und Wettbewerb galten im Dritten Reich als Irrlehren des Feindes.

Wenn Eucken, Böhm und Großmann-Doerth das Wettbewerbsprinzip in ihrer Schriftenreihe trotzdem verteidigten, dann nicht als Schüler von Smith, Ricardo und Mill, sondern mit dem Anspruch, eine völlig neue Wettbewerbslehre zu schaffen, einen dritten Weg zwischen nationalsozialistischer Kommandowirtschaft und liberaler Marktwirtschaft.

In seinem Aufsatz unter dem Titel *Die Ordnung der Wirtschaft als geschichtliche Aufgabe und rechtsschöpferische Leistung* von 1937 löste Franz Böhm die Wettbewerbsidee aus dem ideologischen Kontext ihrer Entstehung im angelsächsischen Liberalismus und machte den Wettbewerb zum technischen Organisationsprinzip der Wirtschaft. Nach Böhm ist Wettbewerb nicht anarchistischer Vernichtungskrieg aller gegen alle mit dem Ziel der Überwältigung und Vernichtung des Konkurrenten. Der Sieg darf nur durch Überflügeln des Gegners erfochten werden: Leistungswettbewerb statt Verdrängungswettbewerb. Damit diese Regel eingehalten wird, braucht es einen Regulator, und das kann nur der Staat sein. Nach Böhm ist Wettbewerb geordnete »staatliche Veranstaltung«. Die Idee, dass der Wettbewerb staatliche Leitplanken braucht, ist der Kern des sogenannten Ordoliberalismus, wie die Lehre der Freiburger Ökonomen später genannt wurde. Der weitere Aufschwung des Wettbewerbsgedankens in der akademischen Nationalökonomie des Dritten Reiches basierte dann vor allem auf dem 1940 publizierten Werk *Die Grundlagen der Nationalökonomie* von Walter Eucken. Zwei Jahre später, 1942, diskutierten rund ein Dutzend führende deutsche Nationalökonomen Euckens Werk an einem wirtschaftspolitischen Symposium, dessen Ergebnisse die Akademie für Deutsches Recht unter dem Titel *Der Wettbewerb als Mittel volkswirtschaftlicher Leistungssteigerung und Leistungsauslese* veröffentlichte. Diese Akademie war eine Nazigründung, die im »arisierten« Mosse-Palast des einstigen jüdischen Annoncenkönigs zu Berlin residierte und neben des Führers Blutrichter Roland Freisler auch Reichsmarschall Göring zum Mitglied zählte. Auf dem Symposium forderte Eucken die Schaffung einer konkurrenzgesteuerten Wirtschaft nach dem Krieg: »Die Wirtschaftsordnung, wie sie heute in Deutschland vorhanden ist, wird nicht weiterbestehen. Ihr totaler Umbau wird notwendig sein.« Eucken war der Ansicht, der Staat müsse Kartelle und Monopole auflösen, Konkurrenz herstellen und die Einhaltung der Spielregeln des Leistungswettbewerbes sichern. Sonst hätte der einzelne Unternehmer gegen die Monopole keine Chance, und die Innovationskraft der Volkswirtschaft würde absterben.

Während Eucken und die Ordoliberalen sich unmittelbar nach Kriegsende der konkreten wirtschaftspolitischen Stellungnahme noch enthielten, verhalf der einstige Theoretiker des nationalsozialistischen Korporatismus Müller-Armack der zuvor rein akademischen Renaissance der Idee des Wettbewerbes als staatlich regulierte Veranstaltung in der praktischen Wirtschaftspolitik zum Durchbruch. Als bestes Wirtschaftssystem zum Wiederaufbau Deutschlands schlug er eine wettbewerbsbasierte Ordnung vor, die »Freiheit und Gebundenheit zu einem echten Ausgleich bringt«. Die Gemeinschaft legt die Spielregeln auf den Märkten fest, nach denen der einzelne Unternehmer reich und mächtig werden darf. Und er erfand für seinen Ordoliberalismus gleich noch einen griffigen Namen: Soziale Marktwirtschaft. Im

Unterschied zur freien Marktwirtschaft der angloamerikanischen Neoliberalen, in der der einzelne Unternehmer das Recht der freien Fahrt auf freien Märkten genießt, agiert der einzelne Unternehmer in der Sozialen Marktwirtschaft nach Spielregeln, die der Staat vorgibt und kontrolliert. Sein Wirtschaftssystem verstand Müller-Armack, genau wie die Ordoliberalen, nicht als Variante des angelsächsischen Liberalismus in der Tradition von Smith, Ricardo und Mill; das Laisser-faire der »spontanen Ordnung des Marktes«, wie es Friedrich von Hayek vorschwebte, lehnte Müller-Armack ab. Soziale Martkwirtschaft verstand er als dritten Weg zwischen dem Liberalismus und dem Marxismus, die seiner Meinung nach beide versagt hatten.

Während Müller-Armacks »Deutscher Sozialismus der Arbeit und des Brots« 1934 rasch im Nichts verpufft war, stieß seine »Soziale Marktwirtschaft« 1946 bei der neu gegründeten Christlich-Demokratischen Union sofort auf breite Resonanz. Die CDU brauchte ein überzeugendes bürgerliches Wirtschaftsprogramm gegen die wiedererstarkten Marxisten in der KPD, den Gewerkschaften und auch in der SPD. Die Linken versprachen eine Politik der Umverteilung von oben nach unten und bekamen großen Zulauf. Da lag die Soziale Marktwirtschaft für die Rechten goldrichtig: ein System, das auf Privateigentum, Einzelinitiative, Markt und Wettbewerb basierte, ergänzt jedoch durch das verbriefte Recht des Einzelnen auf staatliche Hilfe in Ausbildung, Krankheit und Alter, und zwar nicht bloß als Nothilfe, sondern als gesetzlichen Anspruch. Mit einem solchen Programm konnte man die Deutschen an der Wahlurne überzeugen, muss sich Konrad Adenauer gedacht haben, und er bekam recht. Die Parolen der Sozialen Marktwirtschaft – »Wohlstand für alle«, »Eigentum für jeden« – waren 1949 ein wichtiger Grund für den knappen Sieg des Christdemokraten und ersten

Bundeskanzlers Adenauer und wurden in der Folge zur Wirtschaftsdoktrin der Bundesrepublik. 1952 kam Müller-Armack als Staatsekretär und rechte Hand von Wirtschaftsminister Ludwig Erhard nach Bonn.

Das Buch *Diagnose unserer Gegenwart* des Ökonomen Alfred Müller-Armack stand 1949 quer im theologischen Programm des C. Bertelsmann Verlags. Trotzdem ist es das wichtigste Buch, das der Verlag je veröffentlicht hat. Müller-Armack wies Bertelsmann den Weg in die Zukunft. Seine Analyse des gescheiterten Nationalsozialismus vermittelte dem Juniorchef des Hauses den zweiten Baustein seiner Unternehmenskultur: nämlich die Einsicht, dass sich eine zukunftsfähige Betriebsgemeinschaft im Wettbewerb mit den anderen Unternehmen behaupten können muss. Die nationalsozialistische Betriebsgemeinschaft seines Vaters war keine wettbewerbsfähige Grundeinheit der Wirtschaft gewesen, sondern nur untergeordneter Bestandteil der politisch gesteuerten Naziplanwirtschaft. Und aus diesem Würgegriff, sagte Müller-Armack, müsse sich die Betriebsgemeinschaft befreien: Markt und Wettbewerb an erster Stelle statt Primat der Politik.

So wichtig diese Einsicht auch sein mochte, geschäftlich ging es Bertelsmann 1949 schlecht. Ein Verlag, der seine Ware früher den Einkäufern von Heer, Luftwaffe, Marine und Nazimassenorganisationen gleich waggonweise hatte verkaufen können, war nach der Währungsreform und der Einführung der Marktwirtschaft mit dem souveränen Kaufentscheid des einzelnen Konsumenten konfrontiert. Und wie man als Buchverleger in diesen neuen Verhältnissen den einzelnen Konsumenten erreicht, wusste man in Gütersloh (noch) nicht. Überstanden hat Bertelsmann die Buchkrise 1949 dank Fremdaufträgen der Druckerei. Aber die Weichen in die Zukunft waren richtig gestellt.

Das Wirtschaftswunder

5. Die Königsidee

»Prosit – auf gutes Gelingen!« Hell klangen die Gläser an jenem 1. Juni 1950 im Festsaal des Hotels Quellental in Steinhagen im Teutoburger Wald. Mit Buchhändlern aus nah und fern feierten Reinhard Mohn und sein Führungspersonal die Gründung des Leserings Das Bertelsmann Buch, eines neuen Marketingkonzepts zum Direktverkauf der Bertelsmann-Produkte an den Einzelkunden. Nachdem Reinhard Mohn den Anwesenden die Grundidee der neuen Buchvertriebsform erläutert hatte, ergänzt noch durch einige technische Details aus dem Munde von Vertriebschef Fritz Wixforth und Lektor Wolfgang Strauß, machte sich die Männerrunde mit Appetit ans reichlich aufgetragene Mahl. Die Stimmung war gut, es ging wieder aufwärts in Deutschland.

Reinhard Mohns Redetext ist nicht greifbar, wohl aber Teile seines Rundschreibens an die »Kollegen des Buchhandels« mit Datum vom 31. Mai 1950, in dem er die Gründung des Leserings ankündigte. Dort hat er die Zauberformel beschrieben, mit der die im Vorjahr stark eingebrochenen Verkaufszahlen wieder hochgebracht werden sollten: »Er (der Lesering) wird sich von den Einrichtungen dieser Art wesentlich dadurch unterscheiden, dass er nicht nur einer einzelnen Interessengruppe dient, sondern den gesamten Buchhandel umschließt. (…) Um auch dem minderbemittelten Leser die Welt der Bücher zu erschließen, dem Buchhändler dabei die Betreuung zu überlassen und dem Dichter wieder eine Basis zu schaffen, die nicht nur vom Bestseller bestimmt wird.« Der Lesering, diese Gemeinschaft für das Buch, wie Reinhard Mohn ihn nannte, war eine voll integrierte Verwertungskette für das Bertelsmann-Buch vom Autor bis zum Leser. Mit dem neuen Geschäftsmodell des Leserings richtete sich Bertelsmann erstmals direkt an die einzelnen Buchkäufer und bot ihnen gegen die Bezahlung eines monatlichen Mitgliederbeitrages von DM 3.20 vierteljährlich zwei Bücher aus dem Verlagsprogramm an, ohne Bestellung lieferte Bertelsmann Vorschlagsbände. Wer mehr Bücher wollte, musste diese zusätzlich bezahlen. Der erste Lesering-Katalog bestand aus dem Bertelsmann-Verlagsprospekt für die Buchhändler mit einem eigenen Lesering-Deckblatt und enthielt 63 Titel. In der Lesering-Organisation bot Reinhard Mohn auch dem Ladenbuchhandel einen festen Platz. Der Buchhändler sollte Kunden werben, den monatlichen Mitgliederbeitrag für den Lesering einziehen und die per Katalog bestellten Bücher ausliefern. Als Gegenleistung bekam er vom Lesering eine Provision pro geworbenes Mitglied und ausgeliefertes Buch und überdies neue Kundschaft in die Buchhandlung, die bei der Gelegenheit vielleicht noch etwas aus seinem Sortiment kaufte.

Durch den Einbezug der Buchhändler in den Lesering vermied der C. Bertelsmann Verlag den Grabenkampf, den sich Buchgemeinschaft und Sortimentsbuchhandel seit je geliefert hatten. Die klassische Buchgemeinschaft bedient per Post eine vertraglich gebundene Kundschaft am Sortimentsbuchhandel vorbei. Die Bücher sind billiger, allerdings ist die Auswahl eingeschränkt. Beide Vertriebsformen haben ihre Stärken: der Ladenbuchhandel die Wahlfreiheit im breiten Sortiment, der Buchclub den tieferen Preis. Historisch entstanden die Buchgemeinschaften im 19. Jahrhundert als religiös oder politisch motivierte Volksbildungsvereine, vom 1835 gegründeten Verein zur Verbreitung katholischer Bücher bis zum Nachzügler Büchergilde Gutenberg, die gewerkschaftlich organisierte Buchdrucker 1924 gegründet hatten. In gewisser Weise funktionierte auch der C. Bertelsmann Verlag bis zum Ersten Weltkrieg mit seinen evangelischen Theologica und populärreligiösen Abonnementszeitschriften als eine Art evangelischer Buchclub, auch wenn er sich nicht so nannte: Bertelsmann vertrieb seine Verlagsprodukte fast hundert Jahre lang vornehmlich über den evangelischen Buchhandel oder mithilfe frommer Pastoren direkt an die Gemeindeglieder. Neben ideologisch gebundenen gab es auch rein wirtschaftlich orientierte Buchgemeinschaften. Verlagshistoriker berichten, dass der 1872 gegründete Allgemeine Verein für Deutsche Literatur die erste deutsche Buchgemeinschaft war, die Bücher im Abonnement günstiger verkaufte als der Händler im Laden und die auch an ihrer Tiefpreispolitik festhielt, nachdem der Börsenverein des Deutschen Buchhandels in den 1880er-Jahren reichsweit feste Ladenpreise für Bücher durchgesetzt hatte. In der Folge entstanden Dutzende weitere Tiefpreis-Buchgemeinschaften, deren größte, der 1919 gegründete Volksverband der Bücherfreunde, 600 000 Mitglieder zählte. Der Kampf zwischen Buchclubs und Sortimentsbuchhandel um die Preisbindung wurde zum Dauerbrenner.

Dass der Lesering den Buchhandel als Verkaufspunkt und Lieferstelle ins Marketingkonzept einbezog, war keine echte Innovation in der deutschen Buchbranche. Sogenannte zweistufige Buchgemeinschaften, deren Mitgliederkontakte über die Buchhandlungen liefen, waren bereits bekannt. Die Innovation des Leserings lag vielmehr darin, dass die Mitgliedschaft nicht nur von Lesering und Sortimentsbuchhandel vertrieben wurde, sondern auch von unzähligen weiteren Vermittlern. Ob vollamtlicher Lesering-Verkäufer, Reisebuchhändler, Zeitschriftenwerber, Hausierer oder Lesezirkelkolporteur, jedermann durfte überall Lesering-Mitgliedschaften verkaufen. Der Lesering Das Bertelsmann Buch war eine Buchgemeinschaft mit eingebautem Wettbewerb unter den Mitgliedschaftsverkäufern und somit gewissermaßen die Übertragung von Müller-Armacks Wettbewerbsprinzip auf den Buchmarkt. Der C. Bertelsmann Verlag hatte das Wettbewerbsfeld abgesteckt, auf dem die Verkäufer der Lesering-Mitgliedschaften agierten. Nicht die neoliberale spontane Ordnung des Marktes definierte diesen Wettbewerb, sondern die Regulierung durch Bertelsmann. In Gütersloh hatte man die Lektion von Alfred Müller-Armack begriffen: Gemeinschaft + Wettbewerb = Soziale Marktwirtschaft.

Für den C. Bertelsmann Verlag war die Gründung des Leserings ein Paradigmenwechsel im Marketing. Nach hundertfünfzehn Jahren suchte das Unternehmen erstmals direkt den einzelnen Kunden auf, statt darauf zu warten, dass er zum Unternehmen kam. Carl Bertelsmann, Heinrich Bertelsmann und Johannes Mohn hatten eine religiöse Glaubensgemeinschaft beliefert, Heinrich Mohn die nationalsozialistische Volksgemeinschaft. Konkurrenten hatte es in diesem Geschäft schon immer gegeben, aber der Wettbewerb war zweitrangig. Das Geschäft der früheren Generationen war im Kern ideologisch, zuerst kam der religiöse, später der politisch opportune Inhalt. Der Lesering hingegen war im Kern kommerziell.

Der Lesering startete mit großem Erfolg. Bereits Ende 1950 zählte er rund 50 000 Mitglieder, und täglich kamen bis zu tausend weitere dazu. Neben den Buchhändlern, die zu Anfangszeiten die Mehrzahl der Mitgliedschaften verkauften, fand auch das altgediente Bertelsmann-Marketinggenie Fritz Wixforth beim Verkauf der Lesering-Mitgliedschaft zu neuer Größe. Als erfolgreicher Verkäufer von Lesering-Mitgliedschaften profilierte sich auch der Hamburger Reisebuchhändler Johannes Thordsen, dessen Verkaufskolonnen die Bertelsmann-Bücher, Lexika und Atlanten im flachen Land von Tür zu Tür vertrieben. Oder der Verlag Banzhaf & Berthoud, den die zwei einstigen Bertelsmann-Prokuristen Johannes Banzhaf und Theodor Berthoud gegründet hatten, die im Februar 1946 als Ex-NSDAP-Mitglieder entlassen worden waren. Sogar Fritz Wixforths alter Bekannter Matthias Lackas, der korrupte Verlagsbuchhändler aus dem NSDAP-Verlagsimperium, tauchte wieder auf und verkaufte die Lesering-Mitgliedschaften mit einigem Erfolg. Bald rollte eine ganze Flotte roter Lesering-Busse auf die Marktplätze von Kiel bis Konstanz und warb neue Mitglieder. Gegen diese Bücherwagen haben eine Reihe von Buchhändlern prozessiert und recht bekommen. Nachdem das Oberlandesgericht Stuttgart im Juli 1954 festgestellt hatte, das sogenannte Anreißen von Straßenpassanten verstoße gegen das Gesetz gegen unlauteren Wettbewerb, mussten die Bücherwagen in der Garage bleiben.

Den explosionsartig wachsenden Bedarf des Leserings an druckfähigen Manuskripten konnte die Eigenproduktion des C. Bertelsmann Verlags schon bald nicht mehr befriedigen. Die Titel aus der Vorkriegszeit entsprachen nicht mehr dem vorwärtsgerichteten Zeitgeist des anhebenden Wirtschaftswunders, auch nachdem sie von fähigen Lektoren vom Blut-und-Boden-Stil der Dreißigerjahre in den Heimatstil der Fünfzigerjahre umredigiert worden waren. Gefragt waren Sach- und Fachbücher, Lexika und Atlanten mit konkretem Gebrauchswert im Wiederaufbau. Eine neue Abteilung, deren Leiter und Cheflektor Reinhard Mohns Freund Rudolf Wendorff war, machte sich daran, ein Sachbuchprogramm aufzubauen. Wendorff hat dabei zahlreiche Bestseller produziert, etwa *Das Gartenbuch* für 52 Mark oder *Das Konditoreibuch* für 48 Mark, von dem im ersten

Jahr über 30 000 Exemplare abgesetzt wurden. Wendorff war auch verantwortlich für die Lesering-Illustrierte, die den Katalog bald ablöste. Neben den Sachbüchern kamen bei Bertelsmann auch zahlreiche neue Autoren ins Programm, etwa der legendärer Seeteufel Felix Graf von Luckner oder der ebenfalls legendäre Südtiroler Bergsteiger-Filmschauspieler, Romanschreiber und Schürzenjäger Luis Trenker. Im gehobenen Bereich betreute C. Bertelsmann kurzzeitig das Gesamtwerk Gerhard Hauptmanns, doch das machte sich überhaupt nicht bezahlt, und so wechselte der prominente Autor bald zum Berliner Propyläen-Verlag.

Von 1950 bis 1955 verdoppelte sich die Mitgliederzahl des Leserings von Jahr zu Jahr: von 100 000 im Jahr 1951 auf 200 000, 400 000, 800 000 bis auf 1,5 Millionen im Jahr 1955. Dabei gerieten die Sortimentsbuchhändler im Leistungswettbewerb der Mitgliedschaftsverkäufer ins Hintertreffen; der Anteil der in den Buchhandlungen gewonnenen Neumitglieder sank von Jahr zu Jahr. Es rächte sich, dass manch ein Buchhändler die Bedeutung dieser Wettbewerbskomponente unterschätzt hatte, als er dem Juniorchef damals im Hotel Quellental freudig zuprostete. Sie hatten geglaubt, der C. Bertelsmann Verlag sei noch immer auf Gedeih und Verderb an den Buchhändler gekettet, wie damals Ende der Zwanzigerjahre, als der Klinkenputzer Wixforth froh sein musste, wenn der Handel seine christlichen Heimatromane ins Sortiment aufnahm. Ohne den Buchhandel ist der Verleger nichts, das mussten sie auch bei Bertelsmann wissen, dachten die Branchenveteranen, sonst hätte sich der Juniorchef ja sein Praktikum bei Calvör in Göttingen und die Kurse auf der Kölner Buchhändlerschule sparen können. Doch das war reines Wunschdenken.

Je mehr sich die Akquisition der Lesering-Mitgliedschaften

aus den Buchläden auf Hausbesuche und auf die Straße verlagerte, desto stärker wurde die Kritik an den dabei angewandten Methoden. »Drückerkolonnen«, die den Passanten auf Straßen und Plätzen noch in den kleinsten Dörfern eine Lesering-Mitgliedschaft andrehen wollten, nervten das Volk bis in die Hausflure hinein. Die Kritik an den aggressiven Lesering-Vertriebsmethoden war 1955 auch Gegenstand der ersten Titelgeschichte des Nachrichtenmagazins *Der Spiegel* über Bertelsmann. Das damals noch nationalkonservativ gesinnte Blatt Rudolf Augsteins schilderte die unlauteren Werbemethoden an konkreten Fällen wie der von Frau Liselotte Klein, die gar keine Mitgliedschaft wollte, jedoch von einem pausenlos redenden Drücker auf dem Marktplatz dazu genötigt wurde, sich doch gratis und unverbindlich die farbige Club-Illustrierte zuschicken zu lassen, wozu sie nur Adresse und Unterschrift geben müsse, was die Frau tat und zwei Wochen später prompt ein Schreiben mit der Aufforderung erhielt, ihren Clubbeitrag einzuzahlen.

Auf die schlechte Presse reagierte der Lesering nicht etwa mit einer weniger bedrängenden Mitgliederwerbung, sondern mit einer Offensive für das gute Buch: »Das gute Buch für jedermann – im Lesering von Bertelsmann«. Sowohl Reinhard als auch sein Bruder Sigbert, der 1949 aus sowjetischer Gefangenschaft zurückgekehrt war und Mitverantwortung im Programm übernommen hatte, wehrten sich gegen den schlechten Ruf des Leserings. Zur Feier des millionsten Mitglieds luden Reinhard und Sigbert 1954 nicht in das biedere Hotel Quellental, sondern ins noble Vier Jahreszeiten in Hamburg. Dort stellten die Gebrüder Mohn die Carl Bertelsmann Stiftung vor. Diese mit 50 000 Mark dotierte Stiftung für Autoren sollte zehn Texte mit einem finanziellen Zuschuss und der Publikation im C. Bertelsmann Verlag fördern und so einen Beitrag zur deutschen Literatur leisten. In seiner Rede im Luxushotel an der Binnenalster beklagte Sigbert Mohn, dass die Großzahl der deutschen Schriftsteller am Hungertuch nage und dringend der Hilfe bedürfe.

Obwohl die Eigenproduktion des C. Bertelsmann Verlags ständig wuchs, brauchte der Lesering immer mehr Lizenzen anderer Verlage. Ein Beispiel einer erfolgreichen Lesering-Lizenz war das Archäologiebuch *Götter, Gräber und Gelehrte* von C. W. Ceram. Die spannend wie ein Krimi geschriebene Geschichte der Ausgrabungen im Zweistromland war erstmals 1949 im Rowohlt Verlag erschienen und etwa 12 000 Mal verkauft worden. Nachdem Rowohlt dem Club eine Lizenz erteilt hatte, wurde der Titel als Hauptvorschlagsbuch innerhalb von drei Monaten über eine halbe Million Mal ausgeliefert und machte Ceram zum reichen Mann. C. W. Ceram war das Pseudonym des Autors Kurt W. Marek. Die ersten Schreiberfahrungen hatte der gelernte Buchhändler Ceram/Marek im Dritten Reich als freier Mitarbeiter der *Frankfurter Zeitung* gemacht. 1941 war er mit dem Kriegsbuch *Wir hielten Narvik* aufgefallen, einer Glorifizierung der Gebirgsjägerbataillone des bekannten Nazigenerals Eduard Dietl in den Eiswüsten Norwegens. 1943 folgte dann Ceram/Mareks zweites Nazi-Erfolgsbuch *Rote Spiegel – überall am Feind. Von den Kanonieren des Reichsmarschalls,* das die Biografien der fünfzig Ritterkreuzträger der Flakartillerie enthielt, also der Waffengattung, deren Spiegel auch Lt. Reinhard Mohn getragen hat. Als die Göring-Division nach ihrem Untergang in Tunesien neu aufgestellt wurde, kam Oberleutnant Ceram/Marek als Fallschirmspringer zu dieser Einheit, zuerst an die Ostfront, dann nach Italien, wo er 1944 bei Monte Cassino in US-Kriegsgefangenschaft geriet. Zurück in Deutschland, begann er im Winter 1945 mit der Arbeit an seinem Archäologiebuch. Da er davon nicht leben konnte, heuerte er schließlich 1947 als Lektor bei Ernst Rowohlt an, der das Buch 1949 herausbrachte.

Neben den Lizenzen setzte das Lesering-Programm auch mit Erfolg auf die Neuausgabe vergessener Autoren. So brachte Rolf Hochhuth, ein junger Mann, den Wolfgang Strauß zur Verstärkung des Lektorates eingestellt hatte, den in Vergessenheit geratenen Schriftsteller Otto Flake wieder groß heraus. Otto Flake (1880–1963) hatte sich aus Verzweiflung und Gram über seinen Abstieg nach dem Krieg das Leben nehmen wollen, bevor ihn die Lesering-Ausgaben in den letzten Lebensjahren wieder zum wohlhabenden Mann machten. Flakes erster Roman, *Schritt für Schritt,* war 1912 beim S. Fischer Verlag erschienen, der in den kommenden Jahrzehnten noch weitere Werke publizierte. 1933 leistete Flake dem Reichsverband Deutscher Schriftsteller die verlangte Loyalitätserklärung zugunsten Hitlers. Später erklärte er, dies sei auf Aufforderung des S. Fischer Verlags geschehen. Der NSDAP trat der mit der Jüdin Marianne Hitz verheiratete Flake nicht bei. Obwohl sein Verhältnis zu Peter Suhrkamp, der den S. Fischer Verlag ab 1936 leitetete, nicht das beste war, blieb Flake auch im Dritten Reiche ein auflagenstarker Schreiber. Journalistisch hat er sich vor allem in der *Frankfurter Zeitung* betätigt, bis das Blatt 1943 im Zuge der Konzentration auf die totale Kriegswirtschaft geschlossen wurde. Nach dem Krieg ging es dann für Flake abwärts. Die Wende brachte Mitte der Fünfzigerjahre seine Wiederentdeckung im Lesering.

Als eine von Hochhuth zusammengestellte Wilhelm-Busch-Anthologie als Hauptvorschlagsband binnen sechs Wochen eine Million Mal bestellt wurde, bekam der erfolgreiche Lektor von Reinhard Mohn drei Monate bezahlten Urlaub plus drei Monatslöhne Prämie. Hochhuth nutzte die Zeit für historische Recherchen in Rom, die die Quelle für sein Theaterstück *Der Stellvertreter* bildeten, ein »Christliches Trauerspiel«, das die Haltung von Pius XII. zum Völkermord an den Juden thematisierte. Doch im Lesering-Programm wollte Reinhard Mohn diesen Frontalangriff auf den Heiligen Vater in Rom nicht haben. Vielleicht hatte er sich bei diesem Entscheid an die »Irenik« von Alfred Müller-Armack erinnert, bei dem er gelesen hatte, dass der soziale Frieden zwischen Katholiken und Protestanten nicht nur ein Grundprinzip der beiden Christlichen Volksparteien sei, sondern darüber hinaus auch eine tragende Säule der Sozialen Marktwirtschaft in Deutschland. Vielleicht hatte der einstige Offizier der Göring-Division auch bloß an die alte Volksweisheit gedacht: Wer im Glashaus sitzt, sollte nicht mit Steinen werfen.

Während das große Geschäft mit den Büchern auf Hochtouren lief, arbeitete das Führungspersonal an der Verkaufsfront an einer völlig neuen Idee: Schallplattenring! Bereits 1954 soll Fritz Wixforth vorgeschlagen haben, das Sortiment des Leserings mit Schallplatten zu ergänzen. Wixforth hatte erkannt, dass im technologischen Sprung von der zerbrechlichen Schellackplatte zur Anfang der Fünfzigerjahre eingeführten unzerbrechlichen Langspielplatte aus Vinyl eine große Chance für den Versandhandel lag, da die Vinylplatte per Post spediert werden konnte. Bei den Lesering-Werbern war Wixforths Vorstoß vom Buch- ins Tonträgergeschäft allerdings umstritten. Zum einen fühlten sich die Buchverkäufer in der Musiksparte nicht kompetent genug, und zum anderen war der deutsche Schallplattenmarkt zu der Zeit ein stark abgeschottetes Duopol zwischen der britischen EMI und der Deutschen Grammophon Gesellschaft. Das war eine hohe Hürde für einen Markteintritt. Die Deutsche Grammophon weigerte sich, Bertelsmann zu beliefern. Doch nach einigen Diskussionen hatte sich Reinhard Mohn von Wixforth überzeugen lassen und gab grünes Licht. Zu diesen Diskussionen im Vorfeld der Gründung des Schallplattenrings wird folgende Anekdote kolportiert: Als in Mohns Führungsriege wieder einmal über die wettbewerbsfeindlichen Deutschen Grammophonler gelästert wurde, soll Vertriebschef Wixforth den Produktionschef Multhaupt gefragt haben: Herbert, ihr habt doch so viele Maschinen, könnt ihr nicht auch Schallplatten pressen? – Am 1. Juni 1956, genau sechs Jahre nach der Gründung des Leserings, bot der Bertelsmann Schallplattenring unter der Parole »Zum guten Buch gehört der schöne Klang« in der Lesering-Illustrierten sein erstes bunt gemischtes Repertoire von E- und U-Musik-Konserven an. Nur ein Jahr später zählte der Schallplattenring 100 000 Mitglieder, und ab April 1958 spuckte die Schallplattenpresse der neu gegründeten Gütersloher Sonopress die ersten runden Scheiben aus. Herberts Ingenieure hatten es geschafft: Sonopress war topmodern und voll integriert, von den Aufnahmestudios der neuen Bertelsmann-Produktionsfirma Ariola bis zur Auslieferung über die neue Bertelsmann-Vertriebsgemeinschaft Buch und Ton in Gütersloh. Erster Chef des Schallplattenrings wurde ein erfolgreicher Buchverkäufer aus dem Lesering: Egmont »Monti« Lüftner. Aus seiner Dienstzeit in der Drückerkolonne wusste Monti, was die Wirtschaftswunderkinder wollten. Die ersten Ariola-Stars kamen aus Paris, damals in deutschen Landen synonym für Sex und Crime, etwa die unvergessene frankokaribische Nackttänzerin Josephine Baker mit *Die Regenbogenkinder* oder der legendäre Eddie Constantine mit *Schenk deiner Frau doch hin und wieder rote Rosen*. Abgerundet war das Ariola-Programm mit zwei sicheren deutschen Werten aus der Nazizeit: Lale Andersen und Zarah Leander. Den ersten Ariola-Hit aus Eigenproduktion landete

Monti 1959 mit *Am Tag, als der Regen kam* von Dalida. Ebenfalls 1959 hob die Deutsche Grammophon ihren Lieferboykott angesichts von über 200 000 Mitgliedern des Schallplattenrings auf.

Bis 1960 hatte Reinhard Mohn das erfolgreiche Geschäftsmodell des Buchclubs eins zu eins auf das Musikgeschäft übertragen. Den Buchverlagen entsprach das Plattenlabel Ariola, der Druckerei Mohn & Co. die Presserei Sonopress, dem Vertriebskanal Lesering der Schallplattenring. Der Vertrieb lief über das unternehmenseigene Kommissionshaus Buch und Ton.

So wie das Musikgeschäft 1956 organisch aus dem Buchgeschäft herausgewachsen war, wuchs 1959 aus dem Erfolg im Musikgeschäft ein erster früher Versuch Bertelsmanns, ins Radio- und TV-Geschäft vorzudringen. In Zahlen gesehen war dieser Vorstoß in den Bereich der elektronischen Medien von geringer Bedeutung. Für die strategische Unternehmenspolitik hingegen zeigt sich im Rückblick, dass es die ersten Schritte in Richtung des heutigen Unternehmensbereiches RTL waren. Wer Schallplatten verkaufen wollte, musste wissen, wie der Hase im Rundfunk lief, denn dort hörten die Käufer die neuen Stars zuerst. Was die Radiosender spielten, wurde in aller Regel auch gekauft. Doch im halbstaatlichen deutschen Rundfunk, den die Alliierten nach dem Krieg als dezentralisierte öffentlich-rechtliche Struktur eingerichtet hatten, war der Einfluss von Konzernen wie Bertelsmann gering. Als sich dann Ende der Fünfzigerjahre das Fernsehen auch in Deutschland zum Massenmedium entwickelte und die Stars und Hits des Musikbusiness nicht mehr im Hörfunk, sondern im Fernsehen gemacht wurden, wollte sich auch die Privatwirtschaft ein Stück dieses Kuchens abschneiden. Im Juli 1960 lancierte eine Gruppe von Verlegern, darunter unter anderen Bertelsmann und der Hamburger Zeitschriftenverleger John Jahr, in dessen Schlepptau damals auch

Axel Springer operierte, ein Projekt zur Einführung eines deutschen Privatfernsehens. Die sogenannte Freies Fernsehen Gesellschaft war als Konkurrenz zum öffentlich-rechtlichen Monopol der ARD-Landesrundfunkanstalten gedacht. Bundeskanzler Konrad Adenauer begrüßte das Projekt, doch die Länder, die ihren Einfluss auf das Fernsehen bedroht sahen, waren strikt dagegen und klagten vor dem Bundesverfassungsgericht. Das Privatfernsehen wurde verboten, und stattdessen ging 1963 das ZDF als zweiter öffentlich-rechtlicher Kanal auf Sendung.

Als Trost blieb den Privaten die Belieferung des öffentlich-rechtlichen Fernsehens mit Filmmaterial. Zu diesem Zweck gründete Bertelsmann 1960 eine TV-Produktionsfirma. Im Gegensatz zu Reinhard Mohn verfolgte Leo Kirch, nachdem sich die Pläne für ein Privatfernsehen zerschlagen hatten, eine andere Geschäftspolitik. Statt gegen Hollywood eine deutsche Filmproduktion aufzubauen, kaufte Kirch Abspielrechte ausländischer Filme und verkaufte sie an die öffentlich-rechtlichen Fernsehanstalten weiter. Diese erfolgreiche Geschäftsidee hatte Kirch aus dem Kinofilmverleih heraus entwickelt, den er fünf Jahre zuvor noch als Betriebswirtschaftsstudent mit seinem Kommilitonen Hans Andresen begonnen hatte. Der erste Treffer der beiden unabhängigen Verleiher war 1956 Federico Fellinis *La Strada,* ein Klassiker des italienischen Neorealismus. Kirch und Andresen waren nach Rom gefahren und hatten den Produzenten Dino De Laurentiis persönlich überzeugt, ihnen die deutschen Abspielrechte zu überlassen. Die dazu nötigen 25 000 Mark pumpten die beiden von Kirchs betuchten Schwiegereltern. *La Strada* lief sehr gut, auch die Westdeutschen liebten die tragische Geschichte von der Verstrickung des gefühlsverkrüppelten Gauklers Zampano und seiner naiven Sklavin Gelsomina. Die beim Schwiegerpapa gepumpte Kohle floss innerhalb weniger Wochen zurück – zehnfach vermehrt. Kirch, der damals gerade seine Doktorarbeit zum Thema *Der Einfluss des Raumes auf die Reichweite des Verkehrs* schrieb, hatte die Lektion verstanden: Neben den etablierten Filmverleihern gab es eine Nische für Unabhängige. So beschloss Kirch, statt Professor Filmverleiher zu werden. Bei Produzenten in ganz Europa kaufte er Abspielrechte für Studiofilme, seit 1960 auch in Hollywood. Er importierte und synchronisierte das Zelluloid und bot es als unabhängiger Verleiher den deutschen Kinobesitzern an. Bald konnte er auch das Fernsehen mit Filmen beliefern. Das deutsche Fernsehen war damals ausländischen Filmen gegenüber misstrauisch eingestellt, sendete lieber deutsche Eigenproduktionen und verzichtete auf den systematischen Einkauf von fremdländischer Ware und deren Synchronisation.

Im Laufe der Fünfzigerjahre war Bertelsmann mit dem Marketingmodell des Leserings als Königsidee vom mittelständischen Drucker und Buchverleger zum Medienkonzern herangewachsen, der bereits das Samenkorn für den zukünftigen größten europäischen TV-Veranstalter, RTL, trug. In Zahlen präsentierte sich dieser Aufstieg wie folgt: 1949, im letzten vollen Geschäftsjahr vor dem Lesering, machte Bertelsmann mit 380 Beschäftigten einen Umsatz von 4 Millionen Mark. 1961, dem letzten vollen Geschäftsjahr vor dem Gang ins Ausland, erwirtschafteten 5700 Beschäftigte einen Umsatz von 197 Millionen Mark.

Der Wandel vom mittelständischen Familienbetrieb zum Großunternehmen hatte sich auch auf Reinhard Mohns Privatleben ausgewirkt. Aus dem vorbildlichen Ehemann und frischgebackenen Familienvater des Jahres 1949 war zehn Jahre später ein Workaholic geworden, der kaum Zeit für seine mittlerweile drei Kinder Johannes, Susanne und Christiane erübrigte und seine Frau Magdalene seriell mit schönen Bürofräuleins aus der Verwaltung des Leserings betrog – seit 1958 auch mit der damals siebzehnjährigen Elisabeth Beckmann. Sie habe gewusst, dass ihr Mann mit der kleinen Blonden aus der Telefonzentrale fremdgegangen sei, und ihn deswegen auch zur Rede gestellt, doch der habe nur gemurmelt, er brauche das halt. Worauf sie ihn gebeten habe, er solle sich wenigstens zurückhalten, der Kinder wegen. Dies enthüllte die betrogene Magdalene Jahrzehnte später dem deutschen Medienjournalisten Thomas Schuler. Vielleicht hat sie es ihrem Reinhard mit diesem Verhalten zu leicht gemacht. Als die Ehefrau eines anderen deutschen Medienmoguls, nämlich Aenne Burda, ihren Mann bei der gleichen Sünde erwischte, soll sie ihn abgewatscht und den Sündenfall zum Start einer eigenen Berufskarriere im Medienbusiness gemacht haben. Zur Strafe musste Senator Burda seiner Frau Kapital und technisches Know-how zum Start ihres Modeheftes vorschießen, das zum großen Erfolg wurde. In ihrer Biografie *Liebe öffnet Herzen* ließ die kleine Blonde von damals, die heute Liz Mohn heißt, ihre erste Begegnung mit Reinhard Mohn von ihrer Ghostwriterin mit folgenden Worten beschreiben: »Ich erinnere mich noch genau an jenen Abend. Ich saß in einer Schar von jungen Mädchen, die alle Auszubildende waren. Als Reinhard Mohn dann ausgerechnet mich aus dieser Mädchenschar zum Tanzen aufforderte, war ich völlig überrascht. Wir feierten bis in den Morgen. Um fünf Uhr in der Früh brachte er mich nach Hause. (...) Auf die Frage, warum er gerade mich aus dieser Schar junger Mädchen aussuchte, sagte mein Mann später augenzwinkernd: ›Es war gute Personalarbeit.‹ Unsere Begegnung war ein Zufall – sage ich immer. Mein Mann sieht es mystischer – er glaubt eher an Bestimmung. Von diesem Tag an war für mich nichts mehr so, wie es vorher war.«

6. Unternehmenskultur I

Das Wirtschaftswunder der Fünfzigerjahre hatte bei Bertelsmann nicht nur Umsatz- und Gewinnzahlen explodieren lassen, sondern auch die betrieblichen Verhältnisse grundlegend umgestaltet. Auf der Basis der traditionellen Betriebsgemeinschaft von Eigentümerfamilie, Führungs- und Arbeitskräften, die Reinhard Mohn von seinen Vorgängern übernommen hatte, ergänzt durch das Prinzip Wettbewerb, das er bei Müller-Armack gelernt hatte, entwickelte er bis 1960 die Grundzüge der heutigen Bertelsmann-Unternehmenskultur. Er tat dies Schritt für Schritt, so wie die Probleme in der Praxis auftauchten.

Das erste Problem des Lesering-Großerfolgs war 1951 eine rasch wachsende Finanzierungslücke. Weil jede neue Mitgliedschaft eine Lieferpflicht begründete, mussten die technischen Kapazitäten laufend ausgebaut werden – was hohe Investitionen erforderte. Da der Wert der langfristigen Abnahmepflicht durch die Mitglieder nach damaliger Vorschrift in der Buchhaltung nicht aktiviert werden durfte, sah die Bilanz schlecht aus: hohe Investitionen ohne entsprechend hohe Erträge. Bei den Banken genoss Bertelsmann keinen Kredit. Dazu gibt es eine Anekdote, die Mohn bis heute erzählt: Als der neue Autor Luis Trenker nach dem Besuch beim Verleger den Bertelsmann-Honorarscheck in der Gütersloher Filiale der Deutschen Bank einlösen wollte, runzelte der Filialleiter die Stirn und verweigerte dem flotten Südtiroler die Auszahlung. Bei der Deutschen Bank war der C. Bertelsmann Verlag 1951 nicht kreditwürdig – fünfzehn Jahre später saß Reinhard Mohn bei diesem Institut im Aufsichtsrat. Nachdem die Zinsen 1951 infolge der Koreakrise stark gestiegen waren, verteuerte sich die gängige Vorfinanzierung der

Buchproduktion mit Wechseln auf Vertriebsfirmen und Buchhändler. Nachdem auch eine Preiserhöhung der Lesering-Mitgliedschaft die gestiegenen Kosten nicht hatte auffangen können, drohte Bertelsmann vom eigenen Erfolg aufgefressen zu werden. Der Lesering brauchte Geld für neue Hollerithmaschinen, die Druckerei brauchte Geld für neue Bindestraßen, der Vertrieb zwanzig neue rote Verkaufsbusse, doch Geld war keines da, und die Bank wollte keins ausleihen.

Aus dem Gedanken der Betriebsgemeinschaft fanden Reinhard Mohn und sein Steuerfachmann Otto Bennemann schließlich den einen Ausweg: Sie verknüpften das Finanzierungsproblem der Familiengesellschaft mit den Interessen der Mitarbeiter. Bertelsmann schüttete den massiv gestiegenen Firmengewinn für das Jahr 1951 nach Abzug des Verzinsungsanspruchs des Kapitals hälftig an die Mitarbeiter aus – allerdings verknüpft mit der Bedingung, den ausbezahlten Gewinnanteil als zweiprozentiges Darlehen in der Firma stehen zu lassen. Effektiv an die Mitarbeiterin oder den Mitarbeiter ausbezahlt werden durfte die Gewinnbeteiligung erst beim Erreichen des Pensionsalters. Damit schlugen Mohn und Bennemann drei Fliegen auf einen Streich: bankenunabhängige Finanzierung, Steuerersparnis und Mitarbeitermotivation. Die Firma brauchte dem Staat erheblich weniger Gewinnsteuer abzuliefern und erhielt langfristig gebundenes Eigenkapital, was sie von Bankkrediten unabhängig machte. Zudem steigerte die Gewinnbeteiligung die Arbeitsmotivation der Angestellten. Dieses erste Gewinnbeteiligungsmodell blieb bis 1955 in Kraft, als die Gewinnausschüttung durch betriebliche Leistungen an eine neue Pensionskasse ersetzt wurde.

Neben der Finanzierungslücke brachte der Großerfolg des Leserings noch ein zweites Problem: die Frage der inneren Organisation der rasch wachsenden Zahl der Mitarbeiterinnen und Mitarbeiter. Als der Lesering Mitte 1950 startete, war Bertelsmann ein paternalistisch geführter mittelständischer Familienbetrieb, der an einem einzigen Standort in Druckerei, Spedition, Administration und Verlag rund vierhundert Mitarbeiterinnen und Mitarbeiter beschäftigte. Die Leitung lag in den Händen eines Führungskreises, bestehend aus der Familie Mohn und dem leitendenden Personal. Die Familie vertraten Juniorchef Reinhard Mohn, Seniorchef Heinrich Mohn, Onkel Gerhard Steinsiek sowie Reinhards zwei Brüder Sigbert und Gerd Mohn. Das oberste Führungspersonal umfasste den Vertriebschef Fritz Wixforth, den Druckereichef Herbert Multhaupt und den Lektor Wolfgang Strauß.

Bis 1955 hatte sich das Unternehmen Bertelsmann grundlegend gewandelt. Die Zahl der Beschäftigten lag mit 2200 gut fünfmal höher, und in Rheda, nicht weit von Gütersloh, war mit den zwei Tochterfirmen Verlagsgemeinschaft und Vertriebsgemeinschaft ein zweiter Standort eröffnet worden. Dieses Unternehmen hätte mit der Organisationform von 1950 nicht mehr funktioniert.

In der ersten Hälfte der Fünfzigerjahre wurde Reinhard Mohn vom Buchverleger, der er aus Familientradition geworden war, zum Medienunternehmer. Das Ende seiner Verlegerkarriere hat er selbst einmal in folgenden Worten beschrieben: »Ich habe anfangs meine Aufgabe so gehandhabt wie mein Vater und mich getreu der Tradition bemüht, von allem zu wissen; alle Bücher zu lesen, alle Autoren persönlich zu empfangen und alle Gespräche selbst zu führen, die darauf folgen mussten. Für die Tätigkeit mancher Verlage mochte das die optimale Methode sein. Ich bin aber daran gescheitert.«

Stattdessen entwickelte er in diesen Jahren die Leitplanken seiner Führungstechnik und damit seinem ureigensten Beitrag zur Unternehmenskultur. Führen, das war seine Stärke. Das hatten ihn die Nazis in Theorie und Praxis gelehrt, zuerst in der Hitler-Jugend, dann beim Arbeitsdienst und schließlich in der Göring-Division.

Die Frage ist gestellt: Welchen Einfluss hatte das Führerprinzip, die nationalsozialistische Führungstechnik, auf die Führungstechnik, die Reinhard Mohn ein Jahrzehnt später bei Bertelsmann entwickelte? Eine Antwort darauf gab der deutsche Medienexperte und Mohn-Kritiker Lutz Hachmeister. In der *Süddeutschen Zeitung* vom 22. Juli 2000 bezeichnete Hachmeister die Mohn'schen Führungsgrundsätze als »wesensgleich« mit dem Harzburger Modell des Reinhard Höhn. Das Harzburger Modell war ein zeitgleich mit den Mohn'schen Grundsätzen entwickeltes Führungsmodell, das in der Wirtschaftswunder-Bundesrepublik weit verbreitet war, bevor einander rasch ablösende US-amerikanische Managementkonzepte in Mode kamen. Nicht weniger als 600 000 Manager sollen nach dem Harzburger Modell ausgebildet worden sein. Bevor Reinhard Höhn zu Adenauers Managementpapst aufrückte, war er einer jener hohen Nazifunktionäre gewesen, die ihre Karriere nach einem kurzen Knick fast bruchlos hatten fortsetzen können. SS-Oberführer Reinhard Höhn war ein Schreibtischmörder im Reichssicherheitshauptamt, dem Planungsstab des Völkermords an den Juden. Seine Verbrechen beging Höhn dabei nicht wie sein Kollege Adolf Eichmann als banaler Technokrat des Bösen, sondern als ideologischer Fanatiker der vom Nationalsozialismus angestrebten völkischen Großraumordnung.

Das Prädikat »wesensgleich«, das Hachmeister für seinen Vergleich der Führungsmodelle des einstigen Leutnants aus der Göring-Elitedivision mit jenem des Ex-SS-Oberführers findet, ist jedoch fehl am Platz. Das Harzburger Modell ersetzte das nationalsozialistische Prinzip »Ordnung über alles« durch das Prinzip »Ordnung light«. Statt Führerkult und Kadavergehorsam wie im Dritten Reich predigte Höhn nun das von oben genau kontrollierte Delegieren beschränkter Handlungskompetenzen nach unten. Mohn hingegen hatte das nationalsozialistische Ordnungsdenken in Kategorien von Führung und Gefolgschaft völlig aufgegeben und führte bei Bertelsmann stattdessen ein Wettbewerbs- und Leistungsdenken ein nach dem Prinzip Zielvorgabe von oben, operative Umsetzung durch dezentralisierte, eigenverantwortlich handelnde Untereinheiten. An die Spitze der zwei rasch wachsenden neuen Gesellschaften in Rheda stellte Mohn zwei junge Führungskräfte, denen er lediglich die Geschäftsziele vorgab und sich ansonsten nicht ins Tagesgeschäft einmischte. Neu war diese Praxis, den Führungskräften Vorgaben, Kompetenzen und Vertrauen zu geben, bei Bertelsmann nicht. Im Gegenteil: Diese Managementmethode hatte bereits Reinhard Mohns Vater praktiziert, als er 1924 wegen seiner Asthmaerkrankung nach Braunlage hatte umziehen müssen.

Parallel zur Dezentralisierung der Führung baute Reinhard Mohn die Bertelsmann-Hauptverwaltung auf. Betriebsübergreifende Aufgaben und Entscheide, etwa im Bereich Finanzierung oder Personalwesen, mit denen sich früher der Führungskreis befasst hatte, verlegte er in die von ihm geführte Hauptverwaltung, in der es Fachkräfte aller Disziplinen gab. Gleichzeitig zogen sich sein Vater und Onkel Steinsiek aufs Altenteil zurück, und das Führungspersonal konzentrierte sich mehr und mehr auf die Aufgaben in seinem jeweiligen Arbeitsbereich. 1955, als Reinhard Mohn den jungen Steuerspezialisten und Rechtsanwalt Manfred Köhnlechner einstellte und diesen kurze Zeit später zum generalbevollmächtigten Stellvertreter beförderte, hatte die Hauptverwaltung den einstigen Führungskreis endgültig ersetzt.

1955 war auch das Todesjahr von Heinrich Mohn. Sein Lebenslauf ist ein Musterbeispiel für jenen verhängnisvollen Opportunismus im nationalkonservativen deutschen Mittelstand, der Hitler den Weg zu Macht, Krieg und Völkermord ebnete. Jahrzehnte später, am 12. März 1999, hat Sohn Reinhard im Gespräch mit den Vertretern der Unabhängigen Historischen Kommission »Bertelsmann im Dritten Reich« Zeugnis über seinen Vater abgelegt und gesagt: »Mein Vater war ein guter Mensch.« Von Schuld sagte er nichts – und war trotzdem sehr darauf bedacht, einen dicken Strich zwischen sich und seinen Vater zu ziehen, indem er beifügte: »Vater war dialogunfähig. Er hat an der Arbeit des Wiederaufbaus nicht teilgenommen. Er saß passiv zu Hause und war nicht in den Ausschüssen, wo die Entscheide gefällt wurden.« Doch mit diesem Verdikt tat der Sohn dem Vater unrecht. Als Reinhard im Frühjahr 1946 seine Arbeit im Familienunternehmen aufnahm, hatte Heinrich Mohn bereits wichtige Weichen zum Wiederaufbau gestellt. Ein Jahr später erkannte er, dass seine politisch belastete Vergangenheit die Verlagslizenz gefährdete, und er legte die Verantwortung für die Zukunft in die Hände seines Sohnes. Und als die Rakete Lesering schließlich hochging, zögerte er nicht, sich ganz aus der Firmenleitung zurückzuziehen.

Nach dem Tode Heinrich Mohns und dem Rückzug Gerhard Steinsieks stellte sich die Frage des rechtlichen Kleides der Familienunternehmung. Schon seit 1947 war Reinhard Mohn persönlich haftender Geschäftsleiter der Kommanditgesellschaft C. Bertelsmann Verlag, Onkel Steinsiek und seine Geschwister Sigbert Mohn, Gerd Mohn, Ursula Junghänel-Mohn und Annegret Tödtmann-Mohn bildeten den Kreis der Kommanditisten. Ihre 1947 wegen NSDAP-Mitgliedschaft verlorenen Anteile hatten Steinsiek und Ursel wieder zurückbekommen. 1959 wurde diese Kommanditgesellschaft durch die Einzelfirma C. Bertelsmann Verlags GmbH mit Alleingesellschafter Reinhard Mohn ersetzt. Alle Familiengesellschafter der alten Bertelsmann KG waren mit der Neuerung einverstanden. Sigbert und Gerd sowie Steinsiek blieben noch einige Jahre stille Teilhalber, bis der Alleininhaber den dreien eine Abfindung auszahlte. Die beiden Schwestern erhielten die Abfindung sofort. Ursula und Annegret, die 1943 vom Vater als Abwehrmaßnahme gegen die drohende Anklage im Papierschieberei-Verfahren als erste weibliche Familienangehörige als Mitgesellschafterinnen eingetragen worden waren, hatten nie eine aktive Rolle in der Firma gespielt. Die Zeit der Frauen bei Bertelsmann war noch nicht gekommen.

Die neue Einzelfirma C. Bertelsmann Verlags GmbH fungierte als Firmendach für etwa ein Dutzend weitere GmbHs, welche die einzelnen operative Bereiche Bertelsmanns repräsentierten. Neben den Verlagen, dem Druckhaus Mohn, dem Lesering, dem Schallplattenring und der Vertriebsgesellschaft waren neu auch noch das Kommissionshaus Buch und Ton, das Schallplattenpresswerk Sonopress, die Musikproduktion Ariola und einige kleinere Gesellschaften dazugekommen. An der Spitze dieser Teil-GmbHs standen jeweils Geschäftsführer mit Budgetverantwortung, die ihren Bereich im Rahmen der Planungs- und Steuerungsvorgaben selbstständig leiteten. Die zentralen Bereiche Personal, Finanzen, Steuern, Planung, Kontrolle und Strategie blieben die Domäne der Hauptverwaltung, die von Mohns Generalbevollmächtigtem Manfred Köhnlechner geführt wurde. Beratend unterstützen ließ sich Reinhard Mohn vom sogenannten Geschäftsleitungskreis. Für den Fall seines Todes hatte er testamentarisch einen Nachfolger bestimmt und Vorgaben für die Weiterführung der Firma festgelegt.

Ergänzt und abgeschlossen wurde der gesellschaftsrechtliche Umbau mit der »Bertelsmann Grundsatz- und Betriebsordnung« vom 1. September 1960. Dieses Papier, ein umfassendes Regelwerk zu den Grundsätzen der betrieblichen Gemeinschaft im Unternehmen und zur Konsensfindung in strittigen Fragen, war das erste schriftlich formulierte ordnungspolitische Grundsatzdokument des Unternehmens seit dem Untergang der nationalsozialistischen Betriebsgemeinschaft. Gleichzeitig war es die Version 1.0 der Unternehmenskultur, die seither zu den »Bertelsmann Essentials« weiterentwickelt worden ist. Die Betriebsordnung regelte alle wichtigen Bereiche des Betriebslebens. Im Vorwort unterstrich Reinhard Mohn die Kontinuität der betrieblichen Gemeinschaft und betonte, dass die alte Betriebsgemeinschaft modernisiert werden müsse.

Zum Themenkreis Kapitaleigentum hieß es: »Das Privateigentum an Kapital ist in unserer Wirtschaftsordnung das beste uns bekannte Ordnungselement.« Und zum Thema Gewinn: »Nur ein ausreichender Gewinn ermöglicht eine angemessene Kapitalbildung und damit die Weiterentwicklung des Unternehmens sowie die Sicherung des Arbeitsplatzes. Leistungsgrundsatz und Verantwortung gegenüber der Allgemeinheit verbieten einen überhöhten Gewinn.« Zur Frage des Lohnes und der Karrieremöglichkeiten hielt die Grundsatzordnung Folgendes fest: »Das Arbeitsentgelt ist nach der Leistung zu bemessen; es muss aber auch sozialen Erfordernissen Rechnung tragen. Jeder hat nach seinen Fähigkeiten und nach den betrieblichen Gegebenheiten die Möglichkeit zum Aufstieg.«

Detailliert beschrieb die Betriebsordnung auch den Bereich der Führungstechnik: »Die Initiative des Einzelnen ist die stärkste Kraft des Unternehmens. (…) Selbstständigkeit und Entscheidungsfreiheit sind hierfür die unerlässlichsten Voraussetzungen. (…) Jedes Arbeitsgebiet wird von einem Alleinverantwortlichen geführt. (…) Eine sachlich notwendige Ablösung von Führungskräften darf nicht aus persönlicher Rücksichtnahme unterlassen werden.«

Die Grundsatz- und Betriebsordnung von 1960 dokumentiert, wie das Wirtschaftswunder der Fünfzigerjahre die einstige Überlebensgemeinschaft zu einer Leistungsgemeinschaft mit Sozialkomponente umgeformt hatte: zur wettbewerbsgetriebenen betrieblichen Meritokratie, in deren Rahmen das Familienkapital seine Führungs- und Arbeitskräfte durch gebundene Gewinnbeteiligung langfristig am Kapital beteiligte und mit einer dezentralisierten Führungstechnik Verantwortung delegierte und Aufstiegschancen gab.

Der Mediengigant entsteht

7. Ein Lesering für Franco-Spanien

1962 eröffnete der Lesering, anfänglich zusammen mit einem spanischen Partnerverlag, unter dem Namen Círculo de Lectores eine Filiale in Spanien, wo damals der faschistische Diktator Francisco Franco herrschte. Damit hatte Bertelsmann als erster deutscher Verlag und auch weltweit als einer der ersten Verlage überhaupt die Sprachbarriere überschritten. Das Buchgeschäft ist ein sprachregionales Geschäft, in dem die Verlage in aller Regel nicht direkt in anderssprachige Buchmärkte einsteigen, sondern die Übersetzungsrechte an bereits publizierten Büchern kaufen und die übersetzten Texte im eigenen Sprachraum verkaufen. Dass Reinhard Mohn seine Unternehmensstruktur ausgerechnet in ein rückständiges faschistisches Land exportierte, war ein wohlüberlegter Zug. Sowohl aus politischer als auch aus wirtschaftlicher Sicht standen die Aussichten auf den Erfolg des Lesering-Konzepts in kaum einem anderen europäischen Land besser. Ende der Fünfzigerjahre begann sich die spanische Wirtschaft nach zwei Jahrzehnten Autarkie zu öffnen. Hebamme des Modernisierungsprozesses waren die USA, die das in selbst gewählter Isolation lebende, wirtschaftlich stagnierende Land als Bündnispartner gegen die Sowjetunion brauchten. Ökonomische Reformen unter der Ägide des US-dominierten Internationalen Währungsfonds leiteten 1957 den Transformationsprozess des damals noch weitgehend landwirtschaftlich geprägten, feudalkapitalistischen frankistischen Korporatismus in Richtung freie Marktwirtschaft neoliberaler Prägung ein. Eine zentrale Rolle bei diesen Reformen spielten damals auch zwei Mitglieder der katholischen Organisation Opus Dei, der Supernumerarier Mariano Navarro Rubio als Finanzminister und Laureano López Rodó als Reformstratege im Innenministerium. Die beiden Anhänger des Opus-Dei-Gründers Josemaría Escrivá hatten erkannt, dass sie ihre Sache als Reformer besser voranbringen konnten denn als Bremser.

Ein großes Hindernis der wirtschaftlichen Entwicklung Spaniens war der Analphabetismus: In ländlichen Gebieten konnte damals weniger als die Hälfte der Bevölkerung lesen und schreiben. Diesen Zustand wollte eine neue Generation junger Technokraten in den Ministerien Francos mit einer Bildungsreform überwinden, und dazu brauchten sie unter anderem ein nationales Leseförderungsprogramm und neue, interessante Bücher. Einer dieser Jungtechnokraten war Ricardo Díez-Hochleitner, frischgebackener Unterstaatssekretär im Bildungsministerium. Neben den faschistischen Jungtechnokraten gab es im Bildungsministerium allerdings auch eine starke Fraktion antiintellektueller Altfaschisten in der Tradition des José Millán Astray, eines frankistischen Generals, der dem Philosophen und Rektor der Universität Salamanca Miguel de Unamuno im Bürgerkrieg den Satz »Abajo la inteligencia! Viva la muerte!« – »Nieder mit der Intelligenz! Es lebe der Tod!« – entgegenschleuderte, als der anfänglich faschistenfreundliche Unamuno den verlangten Treueeid auf Diktator Franco verweigerte.

In diesem Disput zwischen Altfaschisten und faschistischen Modernisierern hat sich das Buchvertriebsmodell des Bertelsmann Leserings durchsetzen können. Die Altfaschisten konnten sich mit der eigentlich unerwünschten Idee aus dem Ausland abfinden, weil der Lesering auf einer festen Zahlungsverpflichtung basierte, was die Disziplin förderte, und die Auswahl des angebotenen Lesestoffes leicht zu kontrollieren und zu zensurieren war. Die Modernisierer bekamen ein vielversprechendes Leseförderungsprogramm mit inhaltlichen Impulsen aus Deutschland. Den Erfolg des Círculo de Lectores hat Reinhard Mohn später vor allem der Unternehmenskultur zugeschrieben: »Die Führungskräfte reagierten auf unser Konzept spontan positiv! Der ihnen angebotene große gestalterische Freiraum und die finanzielle Erfolgsbeteiligung stellten für diese unternehmerischen Kräfte einen großen Anreiz dar. – Später lernten wir, im Ausland rechtzeitig vor Beginn eines Investments Führungskräfte in dem jeweiligen Land zu suchen, sie sorgfältig einige Jahre mit unserer Arbeit vertraut zu machen und erst dann unter ihrer Verantwortlichkeit das Kapital einzusetzen.« Vom Erfolg seiner Unternehmenskultur in Spanien inspiriert, kaufte Reinhard Mohn auf der Insel Mallorca nahe der Stadt Alcúdia eine prächtige Finca, auf der er fortan seinen Urlaub verbrachte.

Im gleichen Jahr 1962, als der Círculo de Lectores gegründet wurde, erschien auch die spanische Übersetzung des Urtextes der Sozialen Marktwirtschaft, Alfred Müller-Armacks *Wirtschaftslenkung und Marktwirtschaft* von 1946. Mittlerweile Staatssekretär für europäische Angelegenheiten in der Adenauer-Regierung, empfahl Müller-Armack dem faschistischen Korporatismus Francos das gleiche Rezept, das Deutschland zum Wirtschaftswunder geführt hatte: Soziale Marktwirtschaft. Doch damit war ihm kein Erfolg beschieden. Der Finanzminister und Supernumerarier Mariano Navarro Rubio bevorzugte das neoliberale Programm des Internationalen Währungsfonds. Freie Marktwirtschaft statt Soziale Marktwirtschaft, hieß seine Devise. Wichtiger als die soziale Gerechtigkeit war ihm die Abschaffung der staatlichen Kreditkontrolle. Mit einer Bankenreform leitete er das Ende der staatlichen Kreditkontrolle im frankistischen Spanien ein, die er später mit einer Reform der Zentralbank Banco de España abschloss.

Der Erfolg des Círculo de Lectores in Spanien war der Auftakt zur Expansion des Leserings in weiteren europäischen Staaten. Nach Spanien kamen Österreich, einige südamerikanische Länder, die von Spanien aus bearbeitet wurden, und der deutschsprachige Teil der Schweiz an die Reihe. Während sich der Lesering in Österreich mit der 1966 erworbenen Minderheitsbeteiligung am größten Buchclub Donauland problemlos etablieren konnte, war dies in der Schweiz nicht der Fall. Hier stieß Bertelsmann auf einen Konkurrenten, der den Markteintritt verunmöglichte – nämlich den Buchclub Ex Libris, der zur Migros gehörte, dem größten Schweizer Detailhandelskonzern. Die Migros war eine Gründung des Selfmademans Gottlieb Duttweiler, der mit seinem »Sozialen Kapital« eine ähnliche Unternehmenskultur vertrat wie Reinhard Mohn bei Bertelsmann. Den von ihm aufgebauten Detailhandelskonzern reorganisierte er als gemeinnützige Genossenschaft und verschenkte die Anteile an seine Kunden. Zudem verfügte Duttweiler, dass Migros jährlich 1 Prozent des Umsatzes für soziale und kulturelle Zwecke einsetzen muss. 2006 war das Migros-Kulturprozent mit 116 Millionen Franken höher als der Etat der Bertelsmann Stiftung. Der Buchclub Ex Libris hatte Mitte der Sechzigerjahre einen Mitgliederbestand, der etwa acht Prozent der Schweizer Gesamtbevölkerung entsprach, während nur vier Prozent der deutschen Bevölkerung Mitglied beim Bertelsmann Lesering waren. Zahlenmäßig allerdings fiel der Flop des Leserings im kleinen Deutschschweizer Buchmarkt nicht ins Gewicht, die drei Sprachregionen des Landes werden seither direkt von Deutschland, Frankreich und Italien aus bearbeitet.

Während der Lesering Mitte der Sechzigerjahre erfolgreich

ins Ausland expandierte, stagnierte in Deutschland die Zahl der Lesering-Mitglieder bei etwa drei Millionen. Gleichzeitig geriet auch das Verlagsgeschäft von Bertelsmann in eine Durststrecke. Das belletristische Programm des alten C. Bertelsmann Verlags war 1960 vom neuen Sigbert Mohn Verlag mit dem Alleininhaber und Geschäftsführer Sigbert Mohn übernommen worden. Das religiöse Programm des alten C. Bertelsmann Verlags inklusive des Rufer Verlags führte das Gütersloher Verlagshaus Gerd Mohn weiter, das sein breites Angebot nur dank den Zuschüssen aus der Bertelsmann-Kasse aufrechterhalten konnte. Der von Rudolf Wendorff geleitete C. Bertelsmann Verlag schließlich war seit 1960 bloß noch für die Lexika, Atlanten, Jugendliteratur sowie Sach- und Fachbücher zuständig, die hauptsächlich über den Lesering vertrieben wurden. Nach verschiedenen gescheiterten Expansionsversuchen von C. Bertelsmann, etwa mit dem neu gegründeten Signum Verlag oder dem Kauf des Rütten & Loening Verlags, kam es nach jahrelangem Krebsgang schließlich 1968 zur Gründung der Verlagsgruppe Bertelsmann, die alle Verlage unter der zentralen Leitung von Rudolf Wendorff zusammenfasste. Der Sigbert Mohn Verlag, dessen Taschenbuchprogramm missraten war, wurde logistisch völlig von der Verlagsgruppe getrennt und machte noch einige Jahre als Kleinverlag weiter, bevor er einging. Das Gütersloher Verlagshaus von Gerd Mohn verlegte weiterhin theologische Schriften.

Um herauszufinden, welche Inhalte die Buchkäufer lesen wollten, hatte Bertelsmann bereits 1960 das Institut für Buchmarkt-Forschung in Hamburg gegründet. Dessen Leiter war der inzwischen zum Bertelsmann-PR-Chef avancierte frühere Lektor Wolfgang Strauß. Für dieses Institut erforschten junge Akademiker die Geschichte und soziale Funktion der europäischen

Unterhaltungsliteratur, um daraus die todsichere Bestsellerformel zu extrahieren. Wie hatte es der Schriftsteller Christian August Vulpius (1762–1827) mit seinem in viele Sprachen übersetzten Räuberroman *Rinaldo Rinaldini* geschafft, die Verkaufszahlen seines berühmten Schwagers Goethe x-fach zu übertrumpfen? Warum erreichten allein die Erstausgaben der 207 Romane von Hedwig Courths-Mahler eine Gesamtauflage von über 30 Millionen Exemplaren? Für Bertelsmann lautete die Fragestellung: Wie kann der Lesering aus einem vertraglich gebundenen unbekannten Zeilenknecht einen neuen Bestsellerproduzenten à la Johannes Mario Simmel, Willi Heinrich oder Heinz G. Konsalik machen? Diese geheime Bestsellerformel hat allerdings auch das Institut für Buchmarkt-Forschung vergeblich gesucht.

Obwohl die Wachstumsraten des Leserings im Vergleich zu den Fünfzigerjahren nur noch gering waren, geriet diese Form des Buchverkaufes in den Sechzigerjahren von verschiedenen Seiten zunehmend in die Kritik. Besorgte Akademiker, gelehrte Feuilletonisten und konservative Bildungsbürger beschuldigten die Buchfabrikanten von Gütersloh, sie würden mit ihrer Kommerzware das Volk verdummen. Zu diesen Bertelsmann-Kritikern gehörte auch die neomarxistische Frankfurter Schule. In ihrem 1947 erschienenen Werk *Dialektik der Aufklärung* hatten Max Horkheimer und Theodor W. Adorno bereits die US-amerikanische Kulturindustrie angeklagt, die Welt des Geistes profitgierig zu Markte zu tragen und die Menschen zu hirnlosen Sklaven der kapitalistischen Unterhaltungsindustrie zu machen. 1962 applizierte Adorno-Schüler Jürgen Habermas die These der destruktiven Kulturindustrie in seiner Habilitationsschrift *Strukturwandel der Öffentlichkeit* auf die real existierenden Verhältnisse in der Bundesrepublik. Diese kritische Schrift geißelte neben dem Boulevardjournalismus und den elektronischen Medien auch die Buchgemeinschaften als strukturell kulturfeindlich. Dagegen setzte sich Bertelsmann-PR-Chef Wolfgang Strauß zur Wehr. Er betonte den demokratischen und basisnahen Charakter des Leserings, der einen wesentlichen Beitrag zur Demokratisierung Deutschlands nach der Nazidiktatur geleistet habe. »Kein Verlag hat je gründlicher mit dem Gedanken aufgeräumt, dass das Buch nur für eine ausgewählte Bevölkerungsschicht da sei.« Strauß beauftragte den aufstrebenden Akademiker Peter Glotz von der Universität München, die Thesen des frischgebackenen kritischen Frankfurter Privatdozenten Habermas zu widerlegen. Im legendenumrankten Jahr 1968 hat Strauß Peter Glotz' Habermas-Kritik als Band 14 der Schriften des Instituts für Buchmarkt-Forschung veröffentlicht und später, unter dem Titel *Massenkultur, Literatur und Gesellschaft,* auszugsweise in den *Bertelsmann Briefen* nachgedruckt. Glotz ortet »den Grundfehler der Analyse von Habermas (darin), dass er für die Kluft zwischen Elite- und Massenkultur einfach pauschal den ›Kulturkonsum‹ und das System, das diesen vermeintlich erzwingt, verantwortlich macht.« Die Habermas'sche Kritik an den Mechanismen des »kapitalistischen Kommunikationssystems« greift für Glotz zu kurz, weil sie nur das System betrifft und dessen Agenten ignoriert. Die Argumentation von Glotz kulminiert in einem einzigen langen Satz: »Wollte man in einem Satz zusammenfassen, was an der Analyse von Habermas fehlerhaft ist, so müsste man sagen: Die Kluft zwischen Elite- und Massenkultur in den modernen westlichen Industriegesellschaften ist nicht allein auf das Wettbewerbssystem auf dem Sektor der Publikationsmittel und die Kommerzialisierung der Kulturgüter zurückzuführen, sondern ebenso auf die nichtkommunikative, esoterische Haltung der musisch-ästhetischen Eliten; konkreter noch:

auf ein zwar nicht generelles, aber doch weitverbreitetes Versagen der vermittelnden Intelligenz, also vor allem des Journalismus.« Als Gewährsmann seiner Kritik an Habermas und der Frankfurter Schule führt Glotz ein Diktum des Soziologen Arnold Gehlen ins Feld: »Die Kultur lässt das Volk im Stich.«

8. Die Übernahme von Gruner + Jahr

Der neue Geschäftsbereich, mit dem Mohn die Wachstumsschwäche im deutschen Buch- und Clubgeschäft schließlich zu kompensieren vermochte, war streng genommen so neu nicht. Zeitschriften waren bis Ende der Zwanzigerjahre der größte Ertragsbringer des C. Bertelsmann Verlags gewesen – auch wenn es sich dabei um religiöse Zeitschriften gehandelt hatte und nicht um Unterhaltungsware wie die erfolgreichen Massentitel des großen Hamburger Zeitschriftenverlags Gruner + Jahr, bei dem sich Mohn 1969 für 87 Millionen Mark mit 25 Prozent einkaufte.

Gruner + Jahr war ein noch junges Unternehmen, entstanden 1965 als Zusammenschluss des Großdruckers Richard Gruner mit den druckereilosen Großverlegern Gerd Bucerius und John Jahr. Für Gruner Druck in Itzehoe bekam Gruner 39,5 Prozent am neuen Unternehmen. Bucerius, der die Illustrierte *Stern* und die Wochenzeitung *Die Zeit* beisteuerte, bekam 28,25 Prozent, und Jahr bekam für seine vielen bunten Hefte, von *Brigitte* über *Capital* bis zu *Schöner Wohnen,* 32,25 Prozent. Da Gerd Bucerius keinen Wert darauf legte, seinen Namen in der Firmenbezeichnung verewigt zu sehen, erhielt das neue Unternehmen den Namen Gruner + Jahr. Obwohl die Fusion von Druck und Verlag betriebswirtschaftlich sinnvoll war, da so die Lancierung neuer Hefte auf die tatsächlichen Druckkapazitäten abgestimmt werden konnte, stand der neue Pressegigant von Anfang an auf tönernen Füßen.

Die persönliche Chemie von Bucerius, Gruner und Jahr stimmte nicht. Auch nachdem sie sich wirtschaftlich auf Gedeih und Verderb verbunden hatten, waren die drei Hamburger

Medienmogule allzeit bereit, sich gegenseitig über den Tisch zu ziehen, wenn es sich nur rechnete.

Wie Reinhard Mohn gehörten auch John Jahr, Gerd Bucerius und Richard Gruner zu den britischen Lizenzträgern im Printgeschäft nach dem Krieg. Bucerius und Jahr waren eine Generation älter als Mohn, Gruner um einige Jahre jünger. Alle drei hatten sie ein bewegtes Leben hinter sich, insbesondere der 1900 in bescheidenen Verhältnissen geborene John Jahr. Der Sohn eines Hamburger Feuerwehrmannes hatte 1915 eine kaufmännische Lehre begonnen, war 1918 noch für kurze Zeit Soldat und stieg dann 1920 in den Sportjournalismus ein. Wenig später war er weitsichtig genug zu erkennen, dass ihm der Journalismus keine anständige Zukunft bot. Er wechselte ins Annoncengeschäft und begann Inserate für die *Arbeiter Illustrierte Zeitung* und das Frauenblatt *Weg der Frau* zu akquirieren, zwei Massenprodukte aus dem Verlag des roten Pressezars Willi Münzenberg. Der *Arbeiter-Illustrierten,* die eine Auflage von 700 000 Exemplaren hatte, vermittelte Jahr Inserate der Zigarettenmarke Juno aus dem Reemtsma-Unternehmen. Nach dem Machtantritt Hitlers musste sich Jahr politisch repositionieren und zog von Hamburg nach Berlin. Im Mai 1933 trat Jahr der NSDAP bei. Statt für Münzenbergs Kommunistenblätter vermittelte er jetzt Anzeigenkunden an verschiedene NS-Blätter, produzierte für die Reichssportführung einen Olympiakalender und gründete einen politisch gleichgeschalteten Buchclub, die Heimbücherei John Jahr. Als wahrhaft zukunftsweisend erwies sich 1937 der Kauf der nationalsozialistischen Frauenzeitschrift *Die junge Dame:* Deren Chefredakteur Hans Huffzky konzipierte nämlich zehn Jahre später Jahrs ersten Erfolgstitel im Nachkriegsgeschäft, die Frauenzeitschrift *Constanze*. Die Lizenz für *Constanze* bekam Jahr im Oktober 1947 gemeinsam mit Axel Springer, den Jahr schon seit den Dreißigerjahren kannte, als Springer noch im mittelständischen Druck- und Verlagshaus seines Vaters Heinrich Springer gearbeitet hatte. Die Lizenz war umso erstaunlicher, als Jahr und Springer bereits 1946 eine Lizenz für eine Sportzeitschrift beantragt hatten und abgewiesen worden waren. Grund für die Rückweisung war der dritte Lizenznehmer, der legendäre Schwergewichts-Boxweltmeister Max Schmeling, den die britischen Presseoffiziere ablehnten, obwohl er im Unterschied zu Jahr nicht Mitglied der NSDAP gewesen war. 1948 wurden Jahr und Springer dank dem guten Start der *Constanze* reich, zwei Jahre vor Mohn. 1950 übernahm Jahr von Rudolf Augstein die Hälfte des damals beinahe bankrotten Nachrichtenmagazins *Der Spiegel* und verlegte dessen Redaktion von Hannover nach Hamburg. 1960 verkaufte Jahr seinen *Spiegel*-Anteil mit großem Gewinn je hälftig an seine späteren Partner Bucerius und Gruner, die sich jedoch mit Augstein verkrachten und ihre Anteile nach Rechtsstreiten wieder verkauften. 1965 war Jahr dann Mitbegründer von Gruner + Jahr.

Richard Gruner war gelernter Drucker und hatte die Druckerei seines Vaters 1947 als erst Einundzwanzigjähriger nach dessen Unfalltod übernommen. Der von Gruners Vater in den Zwanzigerjahren gegründete Betrieb im norddeutschen Itzehoe, der 1939 rund hundertdreißig Leute beschäftigte, war auf Tiefdruck für Massenauflagen spezialisiert. Gruner profitierte davon, dass die britischen Besatzer die Macht der Verleger von Anfang an begrenzen wollten und ihre Zeitschriftenkonzessionen an Unternehmer ohne Druckereien vergaben wie zum Beispiel John Jahr, Axel Springer, Rudolf Augstein, Henri Nannen und Gerd Bucerius. Diese wurden die besten Auftraggeber seiner Großdruckerei. 1949 bekam Gruner die Aufträge für Springers Programmzeitschrift *Hörzu* und Henri Nannens Illustrierte *Stern*.

Gleichzeitig übernahm er 12,5 Prozent der *Stern*-Herausgeberin Henri-Nannen-Verlag. Parallel zum Senkrechtstart dieser zwei Zeitschriften ging es auch mit Gruner Druck steil bergauf.

Der Dritte im Bunde mit Gruner und Jahr war Gerd Bucerius, Jahrgang 1906. Bucerius stammte aus dem Bürgertum, im Kaiserreich war sein Vater ein konservativer Jurist, hoher Verwaltungsbeamter und stolzer Träger des Eisernen Kreuzes 1. Klasse – Heinrich Mohn hatte es nur zum Eisernen Kreuz 2. Klasse gebracht. Nach dem Ersten Weltkrieg eröffnete Bucerius senior in Hamburg eine Anwaltskanzlei. Bucerius junior studierte ebenfalls Jura und trat im Frühjahr 1933 in die väterliche Kanzlei ein. Kurz zuvor, im Oktober 1932, hatte er die Berliner Jüdin Gretel Goldschmidt geehelicht. Sein Vater war strikte gegen diese Ehe, Gretel hatte ein Besuchsverbot in Wohnhaus und Kanzlei, und Walter Bucerius hat seine Schwiegertochter nie gesehen. Sohn Gerd akzeptierte dies, Gretel ebenfalls. Ab 1933 musste Gretel ein zurückgezogenes Leben führen und versteckte sich mehr oder weniger in der ehelichen Wohnung. Nach den Novemberpogromen 1938 schickte Bucerius seine Frau nach England. Dort hatte sie kein einfaches Leben und musste die kargen Geldüberweisungen ihres Mannes als Kellnerin und Dienstmädchen aufbessern. Nach dem Krieg schrieb Gretel einmal, sie habe immer gehofft, »dass es meinem arischen Manne irgendwie möglich gewesen wäre, meine Mutter zu retten«. Vergeblich. Gretels Mutter wurde zum Opfer des nationalsozialistischen Völkermords an den Juden.

Wie John Jahr und Axel Springer brachte auch Bucerius das Kunststück fertig, sich im Dritten Reich vor dem Armeedienst zu drücken. Im Juni 1940 kam der damals Vierunddreißigjährige in die sogenannte Ersatzreserve 2 und wurde nie eingezogen, selbst beim Volkssturm nicht. Bis Kriegsende arbeitete Bucerius in der Hamburger Anwaltskanzlei seines Vaters. Sein wichtigster Klient war Willy Möller, Chef der Diago-Werke, eines kriegswichtigen Unternehmens, das Sperrholzplatten, Luftschutztüren und zerlegbare Baracken produzierte. Barackenbau hatte damals Hochkonjunktur, Großabnehmer waren die SS-Konzentrationslagerverwaltungen. 1943 übernahm Bucerius die stellvertretende Betriebsleitung der Diago-Werke. Zur Zusammensetzung der Diago-Belegschaft schrieb Bucerius-Biograf Ralf Dahrendorf: »Im Frühjahr 1945 beschäftigten die Diago-Werke fünfzig Deutsche und zweihundertdreißig Ausländer. Das Los der Ausländer verschlimmerte sich von Monat zu Monat. Ende 1944 waren die meisten von ihnen jüdische Häftlinge aus der Tschechoslowakei.« Neben seiner Arbeit bei Diago spezialisierte sich Bucerius auf das Kriegsschadenrecht, und aus dem *Hamburger Fremdenblatt* ist der Artikel »Kriegsschädenrecht für die kaufmännische Praxis« vom 17. Juli 1944 überliefert. »Ich war einer, der sich bückte und sich drückte, aber nicht nachgab.« So fasste Bucerius 1986 sein privilegiertes Leben im Dritten Reich zusammen.

Der Untergang des Dritten Reiches markierte im Privatleben von Bucerius eine tiefe Zäsur. 1945 starb sein Vater, seine Mutter beging kurz darauf Selbstmord. Von seiner jüdischen Frau Gretel in England ließ er sich scheiden und heiratete Gertrud Ebel, eine ehemalige Diago-Angestellte, die er 1944 bei einer Exkursion ins besetzte Paris in der dortigen Diago-Filiale kennengelernt hatte. Im Berufsleben kam ihm nun zugute, dass er als »jüdisch versippter« Rechtsanwalt nicht der NSDAP hatte beitreten dürfen – ob er es ohne Gretel getan hätte, lässt sich nicht mehr eruieren. 1945 trat er der neu gegründeten Hamburger Christenpartei-Initiative bei, wurde kurzzeitig Hamburger Bausenator und später Hamburger Vertreter im Frankfurter

Bizonen-Wirtschaftsrat. Dort lernte er Alfred Müller-Armack und Ludwig Erhard kennen. Berufspolitiker wollte der Beamtensohn allerdings nicht werden. Nachdem die britischen Besatzer den politisch unbelasteten Rechtsanwalt Ende Mai 1945 zum Liquidator des Naziblattes *Hamburger Tageblatt* erkoren hatten, beantragte Bucerius im September 1945 mit drei Partnern eine Lizenz für eine Wochenzeitung. Daraus wurde schließlich *Die Zeit,* die im Februar 1946 erstmals erschien, noch vor der Tageszeitung *Die Welt,* welche die Briten in eigener Regie lancierten. Anfänglich war Bucerius bei der *Zeit* Ressortleiter für die Innenpolitik, wechselte jedoch bald vom Journalismus in die Verlagsleitung. *Die Zeit,* deren erster Chefredakteur Ernst Samhaber bis Kriegsende für das Naziblatt *Das Reich* geschrieben hatte, stand in ihren frühen Jahren rechts von der CDU. Kommerziell war das Blatt ein Verlustgeschäft und überlebte nur dank dem ansehnlichen Nachlass von Bucerius senior sowie den Diago-Kriegsgewinnen von Bucerius junior. 1949 kaufte Bucerius von der Essener Nationalbank, einer Mitbegründerin des *Sterns,* eine 50-Prozent-Beteiligung am Henri-Nannen-Verlag, und 1951 verkaufte ihm *Stern*-Chefredakteur Henri Nannen auch noch seine 37,5 Prozent. Die restlichen 12,5 Prozent hielt, wie bereits erwähnt, Richard Gruner. Der *Stern* wurde für Bucerius zum Huhn, das goldene Eier legt.

In den Fünfzigerjahren war es in Hamburg gang und gäbe, dass sich die Medienmogule kreuzweise paarten: Gruner mit Augstein, Bucerius mit Nannen, Augstein mit Jahr, Jahr mit Springer et cetera. So war es denn auch keine große Überraschung, als Gruner, Jahr und Bucerius ihre Unternehmungen 1965, nach anderthalbjährigen harten Verhandlungen, schließlich fusionierten. Der davon erhoffte Schub im Geschäft blieb allerdings aus. Schlimmer noch, Gruner + Jahr geriet gegenüber der Konkurrenz ins Hintertreffen und figurierte 1968 bloß noch auf Rang vier der westdeutschen Zeitschriftenverleger. Auf Rang eins mit 40 Prozent Marktanteil lag der Bauer Verlag mit den Titeln *Neue Revue*, *Quick* und *TV Hören & Sehen.* Auf Rang zwei mit 22 Prozent war der Burda Verlag mit der *Bunten Illustrierten* und *Burda Moden.* Sogar der Axel Springer Verlag, der sich als Zeitungsverleger mächtig ins Illustriertenbusiness drängte, lag mit seinen 19 Prozent Marktanteil, Flaggschiff *Hörzu,* noch vor den 18,5 Prozent von Gruner + Jahr.

Einmal abgesehen vom erfolgreichen *Stern* unter dem Chefredakteur Henri Nannen und der etwas weniger erfolgreichen Frauenzeitschrift *Constanze,* fehlten Gruner + Jahr weitere große Massentitel. Kam noch dazu, dass auch die Lancierung von neuen Titeln – etwa 1968 *Jasmin. Die Zeitschrift für das Leben zu zweit,* Startauflage eine Million Exemplare – wenig erfolgreich war. Gruner verlor den Glauben an die Zukunft der von ihm mitgeschaffenen Unternehmung und beschloss, sich aus dem Geschäft zurückzuziehen. Zuerst gab er Rudolf Augstein für etwa 40 Millionen Mark seinen 25-Prozent-Anteil am *Spiegel* zurück, den er wenige Jahre zuvor für 3 Millionen gekauft hatte. Dann stieß er 1969 einen Teil seiner Gruner + Jahr-Anteile an seine zwei Partner Bucerius und Jahr ab, sodass die beiden auf einen Anteil von je 37,5 Prozent kamen und er noch einen solchen von 25 Prozent hielt. Schließlich trug Gruner auch noch sein restliches Viertel zu Markte. Dieser Verkauf war nicht ganz einfach, denn die Position als Minderheitsgesellschafter bei den ausgekochten Verlagsprofis Bucerius und Jahr war problematisch. Trotzdem gab es verschiedene Interessenten, zum Handkuss kam schließlich nach einigen Windungen und Wendungen Reinhard Mohn für 87 Millionen Mark. Manche meinten damals, dies sei ein viel zu hoher Preis für einen Minderheitsanteil an einem instabilen Unternehmen, das bei Lichte betrachtet aus dem *Stern,* einigen mäßig einträglichen Zeitschriftentiteln sowie einer großen, aber modernisierungsbedürftigen Druckerei in Itzehoe bestand. Doch Mohn zahlte den hohen Preis, ohne mit der Wimper zu zucken. Er war entschlossen, den Geschäftsbereich Bertelsmanns in den Zeitschriftenbereich auszuweiten, und bei einem solchen strategischen Entscheid kam es ihm auf einige Millionen mehr oder weniger nicht an. Abgesehen davon konnte er sich berechtigte Hoffnungen auf den Anteil von Bucerius machen. Am 17. August 1970 notierte Bucerius: »Um die Zukunft des Unternehmens zu sichern, verfolge ich seit einem Jahr den Plan, die Stellung des Hauses Bertelsmann im Unternehmen zu festigen.« Der fast siebzigjährige Jahr wollte, »an dem überholten Gedanken der Familien-Gesellschaft festhaltend«, wie Bucerius schrieb, seinen Sohn John Jahr junior als Nachfolger installieren, dem Junior fehlten jedoch nach Bucerius' Ansicht die nötigen Führungsqualitäten.

Doch bevor es so weit war, folgte noch ein dramatisches Intermezzo zwischen Bertelsmann und Springer. Im Februar 1970 machte ausgerechnet das Gruner + Jahr-Flaggschiff *Stern* die Meldung publik, Bertelsmann habe für 300 Millionen Mark insgeheim ein Drittel des Axel Springer Verlags übernommen, mit der Option auf weitere 42 Prozent. Die ständigen Angriffe der Studenten und anderer Kreise hatten Springer, diese wundersame Mischung aus Verleger, Esoteriker, Erotiker und Kalten Krieger, zermürbt. Und genau wie im Vorjahr Richard Gruner wollte auch Axel Springer alles verkaufen, das erzielte Geld von einem Banker verwalten lassen und sich nur noch den Frauen und anderen schönen Dingen im Leben widmen. Die Enthüllung des *Sterns* schlug ein wie eine Bombe. Das war nun doch zu viel: Bertelsmann wollte nicht nur Gruner + Jahr, sondern auch noch Springer schlucken, womit der neue Pressekönig Reinhard Mohn das bundesdeutsche Politspektrum von der rechtslastigen *Bild* bis zum linksliberalen *Stern* vollständig abgedeckt hätte. Nach einem lauten Aufschrei der Empörung in Politik und Medien gab Springer schließlich bekannt, der Verkauf an Bertelsmann werde wegen der Schwierigkeiten rückgängig gemacht, »die sich aus der gleichzeitigen Beteiligung des Hauses Bertelsmann an den Häusern Axel Springer und Gruner + Jahr ergeben«.

Der geplatzte Springer-Deal kostete sowohl Reinhard Mohns Generalbevollmächtigten Manfred Köhnlechner als auch den Axel-Springer-Bevollmächtigten Christian Kracht den Job. Von Köhnlechner, der seit fünfzehn Jahren seine rechte Hand gewesen war, hatte sich Mohn bereits zuvor entfremdet. Dieser Führungskraft war der Erfolg in den Kopf gestiegen, er war eitel und überheblich geworden und wollte sich nicht mehr mit dem ihm von der Unternehmenskultur zugewiesenen Platz bescheiden. Nach seinem Abgang in Gütersloh ließ sich Köhnlechner zum Akupunkteur und Heilpraktiker weiterbilden. Zu seinen Patienten gehörte auch Bucerius, den er – erfolglos – von seinem chronischen Tinnitus zu heilen versuchte. Auf die Einnahmen aus seinem neuen Gewerbe war Köhnlechner nicht angewiesen, dank seinem langfristigen Vertrag kassierte er von Bertelsmann noch zehn Jahre lang eine Million Mark jährlich. Nachfolger von Köhnlechner als rechte Hand Reinhard Mohns war Manfred Fischer, der 1958 als Revisionsassistent in die Bertelsmann-Steuerabteilung eingetreten war.

Nach dem missratenen Springer-Geschäft konzentrierte sich Reinhard Mohn wieder auf den von ihm und Bucerius geplanten Ausbau seiner Beteiligung bei Gruner + Jahr. Anfang 1971 demissionierten Jahr wie auch Bucerius aus der Geschäftsleitung. Neuer Geschäftsleiter wurde der einstige Springer-Manager Ernst Naumann, mit John Jahr junior als Stellvertreter. Da Jahr senior wusste, dass Bucerius nichts von seinem Sohn hielt, versuchte er, den *Spiegel*-Verleger Rudolf Augstein als Gegengewicht zum Duo Bucerius/Mohn ins Boot zu holen. 1971 schlug Jahr senior vor, Augstein solle die Hälfte des *Spiegel*-Verlags gegen einen 20-prozentigen Anteil an Gruner + Jahr tauschen. Augstein war einverstanden, doch die *Spiegel*-Redaktion bockte, und die musste gemäß dem kurz zuvor etablierten Redaktionsstatut bei diesem Geschäft einverstanden sein. Daraufhin überschrieb der wütende Augstein statt 50 Prozent bloß 25 Prozent seines Verlags an Gruner + Jahr, und dies nicht gegen Gruner + Jahr-Anteile, sondern gegen 40 Millionen Mark in bar. Dagegen konnte die Redaktion nichts unternehmen. Als Bestandteil dieses Geschäfts gewährte Augstein der Käuferin auch eine Option auf den Druck der Auflage Nord des *Spiegels* bei Gruner Druck in Itzehoe, sobald der Druckauftrag bei der Druckerei Axel Springer in Ahrensburg auslief. Später kam auch die Auflage Süd des *Spiegels* zu Bertelsmann, zur Nürnberger Mohndruck-Tochter Maul und Belser.

Für die Entwicklung des *Spiegel*-Verlags als unabhängiges Unternehmen erwies sich der Wut-Verkauf Augsteins von 25 Prozent des *Spiegels* an Gruner + Jahr als Todeskuss für die zukünftige Entwicklung. So erfolgreich das Heft dieses Verlags bis heute geblieben ist und so erfolgreich der *Spiegel* seither ins Fernseh- und Internetgeschäft expandierte, so blieb dieser Verlag doch ein reines Ein-Produkt-Unternehmen. Der Tod des Gründers reduzierte den *Spiegel*-Verlag endgültig zur Cashcow seiner drei Aktionäre: zum Ersten die Mitarbeiter-Kommanditgesellschaft, an die Augstein 1974 die Hälfte seines Verlags überschrieb (später auf 50,5 Prozent aufgestockt) und in der

Festangestellte nach drei Jahren gewinnberechtigte stille Teilhaber werden; zum Zweiten die Augstein-Nachkommen mit 24 Prozent; und schließlich Gruner + Jahr mit 25,5 Prozent.

Nachdem der Plan von Jahr senior gescheitert war, Augstein bei Gruner + Jahr als Gegengewicht zu Mohn an Bord zu holen, hatten Bucerius und Mohn gewonnen – mit unfreiwilliger Schützenhilfe der *Spiegel*-Redaktion. Verloren hatte der mit allen Wassern gewaschene Verlagsprofi, der in seinem Leben das Kunststück fertiggebracht hatte, sowohl für den kommunistischen Pressezar Willi Münzenberg als auch für Hitlers Propagandaminister Goebbels zu arbeiten. Jahr senior beschuldigte seinen ehemaligen Geschäftspartner Bucerius des Verrats und fügte sich schließlich ins Unvermeidliche. Im Juni 1972 verkaufte er 9,9 Prozent seines Gruner + Jahr-Anteils an Bertelsmann. Die restlichen 25 Prozent behielt Jahr und vererbte sie später seinen vier Kindern. Tochter Angelika Jahr verblieb im Gruner + Jahr-Aufsichtsrat.

Im Sommer 1973 schickte Mohn seine rechte Hand Manfred Fischer, der zwei Jahre zuvor Manfred Köhnlechner an der Spitze der Bertelsmann-Hauptverwaltung abgelöst hatte, zu Gruner + Jahr nach Hamburg. Anfang Januar 1974 übernahm Fischer dort die operative Führung vom bisherigen Vorstandsvorsitzenden Ernst Naumann. Auch auf den Topjob bei Gruner Druck in Itzehoe kam ein erprobter Bertelsmannianer, nämlich Mohndruck-Geschäftsleiter Gerd Schulte-Hillen. Mit Fischer und Schulte-Hillen zog außerdem eine kleine Gruppe von Managern von Gütersloh nach Hamburg, deren Aufgabe es war, Gruner + Jahr getreu der Unternehmenskultur von Reinhard Mohn weiterzuentwickeln. Zuerst und vor allem war es notwendig, für dieses Vorhaben Chefredakteur Henri Nannen zu gewinnen, Kopf, Herz und Seele des *Sterns,* des publizistischen

Flaggschiffs und Goldesels von Gruner + Jahr, der damals in einer wöchentlichen Auflage von 1,5 Millionen Exemplaren erschien.

Henri Nannen hatte eine bewegte Vergangenheit. Jahrgang 1913, begann er 1933 ein Kunstgeschichtestudium in München und bekam 1936 dank seiner sonoren Stimme einen Job als Sprecher bei Leni Riefenstahls zweiteiligem Dokumentarfilm *Olympia*. Mitglied der NSDAP war Nannen nicht. Hingegen sind 1939 drei Artikel des verkrachten Studenten in der Zeitschrift *Die Kunst und das schöne Heim* dokumentiert, die im NSDAP-Parteiverlag Eher erschien. Darin hat Nannen den Führer in zeittypischer Manier idealisiert: »Die Erneuerung des deutschen Menschen ist das Werk des Führers. Er hat ihm den neuen und doch ewig alten Glauben an sich selbst und an das Schicksal seines Volkes zurückgegeben. Er allein hat ein Volk wieder zum Erleben und damit zur Darstellung des eigenen Wesens geführt. Und wie der Führer aus unserer innersten Mitte gleichsam als Verdichtung unseres ganzen Volkes wunderhaft heraufgestiegen ist, so hat er unser Volk wieder fest gegründet auf dem unerschütterlichen Grund der Herkunft und des Blutes, aus dem letzten Endes auch die Kunst ihre Nahrung empfängt.« Nachdem Nannen im Printjournalismus trotz bewiesenem Willen zur Gleichschaltung auf keinen grünen Zweig gekommen war, landete er schließlich als Aushilfssprecher beim Reichssender München. Dort erhielt er jedoch bereits nach kurzer Zeit aus unklaren Gründen Sprechverbot. Seine hitlerfreundlichen Artikel hat Nannen vierzig Jahre später in einem Interview mit dem US-amerikanischen Nacktmagazin *Playboy* damit entschuldigt, dass er diese »Nazischeiße« geschrieben habe, um überhaupt wieder arbeiten zu können.

Im Krieg diente Nannen als Texter in einer Propagandakampftruppe, wo er Durchhalteparolen und Siegesfanfaren textete – zunächst an der Ostfront, später an der Südfront. Seinen Vorgesetzten beim Propagandakampftrupp Südstern im Italieneinsatz, SS-Obersturmführer Hans Weidemann, stellte Nannen 1960 beim *Stern* ein, wo dieser die erfolgreichen Leserbindungsaktionen, für die der *Stern* damals bekannt war, konzipierte, beispielsweise »Jugend forscht«.

1947 beantragte Nannen bei der britischen Besatzungsbehörde eine Lizenz für eine »politische illustrierte Zeitung für jedermann«. Gemäß Lizenzantrag wollte er ein Blatt mit »ganz klarer politisch-sozialpädagogischer Tendenz« machen, das sich umso besser verkaufe, »je mehr man den *Stern* für eine reine Unterhaltungs-Illustrierte hält«. Nicht mit verbiesterten Propagandaparolen, sondern auf lockere Art wollte Nannen seinen Lesern die nach dem Untergang der Hitlerdiktatur angesagte Demokratie verkaufen. Inhaltlich präsentierte sich Nannen den Briten im Lizenzantrag mit der Parole: »Der Nationalismus muss durch die Demokratie erobert werden.« Er bekam die Lizenz, und seine Formel erwies sich als sehr erfolgreich: 1950 hatte der *Stern* bereits eine Druckauflage von einer halben Million Exemplaren. Gekauft wurde das Blatt wegen seiner großen Bildreportagen, mit denen die Redaktion blitzschnell auf Ereignisse in allen Ecken der Welt reagierte, aber auch wegen seiner legendären Fortsetzungsromane. Im Spektrum der etwa dreißig Illustrierten, die nach Abschaffung des Lizenzregimes in Westdeutschland entstanden, gehörte das Nannen-Blatt zu den eher unpolitischen. Essen, Trinken, Konsumieren war Nannens Credo – zur Freude von Bucerius, dem diese redaktionelle Linie die Kasse füllte. Die Politisierung des *Sterns* erfolgte zu Beginn der Sechzigerjahre, als sich die Adenauerzeit zu Ende neigte. Langsam sammelte sich die Redaktionstruppe, die das Blatt

Mitte der Sechzigerjahre nach links steuern sollte. Ab 1966 engagierte sich der *Stern* gegen den Krieg in Vietnam und für die Studentenbewegung. Während die westdeutsche Regierungs- und Parteipolitik im Zeichen der Großen Koalition in Langweiligkeit versank, waren Außerparlamentarische Opposition und Medien umso lebendiger. Der *Stern* geißelte die Amerikaner wegen des Vietnamkriegs und griff die Springer-Presse an, die aus allen Federn gegen die Studenten hetzte. Im Gegenzug stufte das Springer-Flaggschiff *Bild* den *Stern* als linksradikal ein. Weil die Kasse stimmte, tolerierten die damaligen drei eher rechts stehenden Verleger Gruner, Jahr und Bucerius den Linksdrall des *Sterns.* Dazu kam, dass der einstige CDU-Bundestagsabgeordnete Bucerius, genau wie Nannen, Willy Brandts Ostpolitik befürwortete. Weil sich Gruner + Jahr vom Springer-Konzern unterscheiden wollte, gaben Gruner, Jahr und Bucerius dem *Stern* 1969 ein Redaktionsstatut. Das Statut sollte die Unabhängigkeit der Redaktion von den Eigentümern und dem Management sichern und enthielt auch ein Mitbestimmungsrecht in Personalfragen, insbesondere bei der Wahl des Chefredakteurs. Ein ähnliches Statut, ebenfalls als politische Aussage gegen die reaktionäre Springer-Presse gedacht, gab Rudolf Augstein damals auch dem *Spiegel.* Die Redaktionsstatute bildeten ein sinnstiftendes Element in der Arbeit der linksliberalen Mehrheit in den Redaktionen. Und bevor John Jahr senior, wie bereits geschildert, Reinhard Mohn 1972 einen 9,9-Prozent-Anteil an Gruner + Jahr verkaufte, hatte Mohn das Redaktionsstatut anerkennen müssen. Im August und November 1972 kam es zu zwei Aussprachen mit der Redaktion, bei denen Mohn das Statut akzeptierte und versicherte, der *Stern* könne nur im liberalen Sinne pluralistisch und mit einem weiten Toleranzspielraum gegenüber politischen Meinungen geführt werden. Ein Jahr später, nach der Übernahme der Mehrheit von Gruner + Jahr sagte Mohn: »Es entspricht nicht meiner Führungsauffassung, mich in Einzelfragen einzumischen. Wenn sich aber Meinungsverschiedenheiten darüber ergeben sollten, was objektiver und richtiger Journalismus, was unter fortschrittlich, liberal und sozial zu verstehen sei, werde ich mich darüber mit der Redaktion unterhalten.« Und tönte damit an, dass ein Statut mit einer *Stern*-Redaktion als gleichberechtigter Partnerin des Verlegers Reinhard Mohn mit der Bertelsmann-Unternehmenskultur nicht kompatibel war.

Die Abschaffung des *Stern*-Redaktionsstatus sollte sich allerdings für Reinhard Mohn als harte Nuss erweisen. Henri Nannen stand voll hinter dem Statut, und ohne sein Plazet war an die Abschaffung nicht zu denken. 1976 beim großen Streik in der Druckerei Itzehoe hatte die *Stern*-Redaktion verbal Solidarität mit den Streikenden bekundet. Nachdem Gruner + Jahr-Chef Manfred Fischer und Druckereichef Gerd Schulte-Hillen das Zentrum der Streiksolidarität beim stellvertretenden *Stern*-Chefredakteur Manfred Bissinger ausgemacht hatten, forderten die beiden Manager den Chefredakteur Nannen auf, seinen Stellvertreter zu entlassen. Gemäß Redaktionsstatut hatte der Chefredakteur das letzte Wort in Personalfragen der Redaktion. Doch Nannen lehnte ab. Bissinger, der seit 1967 für den *Stern* schrieb, galt als »Schoßkind des Chefredakteurs«, wie der langjährige linke *Stern*-Redakteur Erich Kuby einmal schrieb. Als Antwort verschlechterte Fischer einseitig die Konditionen von Bissingers Arbeitsvertrag im Vergleich mit den beiden anderen Nannen-Stellvertretern. Der Streit eskalierte. Nannen drohte zurückzutreten, falls der Verlag das Redaktionsstatut missachte. Darauf bot Fischer dem missliebigen Bissinger eine Million Mark versteuertes Geld an, wenn er sofort den Hut nehme, doch Bissinger ließ sich nicht kaufen. Schließlich musste Fischer nachgeben: Nannen blieb, und Bissinger behielt den gleichen Vertrag wie die zwei anderen Stellvertreter. Mohns erste Attacke auf das Redaktionsstatut war fehlgeschlagen. Doch er hatte nur eine Schlacht verloren, nicht den Krieg.

Ein Jahr nach dem großen Streik standen im Dezember 1977 bei Gruner Druck als Folge der Investitionen in neue Satz- und Druckereitechnologie neuerlich zahlreiche Entlassungen an. In einem Schreiben an alle fünftausend Mitarbeiter von Gruner + Jahr rechtfertigte Chefredakteur Nannen die Entlassungen – und reiste dann ab auf die Ferieninsel Sylt. In der nächsten Ausgabe des *Sterns* (52/1977), die unter der Verantwortung von Stellvertreter Bissinger produziert wurde, fand sich ein Text mit dem Titel: »... und morgen die ganze Welt«. Darin geißelte Bissinger zweiundfünfzig deutsche Superreiche wegen Steuerhinterziehung durch Kapitalflucht, darunter auch den einstigen *Stern*-Mitbesitzer Richard Gruner und – was dem Fass den Boden ausschlug – Reinhard Mohn. Mohn ein Steuerdefraudant – das war zu viel. Mohn eilte nach Hamburg und sagte in der ihm eigenen Sprache: »Meines Erachtens stellt sich hier zum wiederholten Male die Frage nach der Qualifikation der Stellvertretung.« Es kam zu einem längeren Hin und Her, das schließlich damit endete, dass Nannen sein einstiges Schoßkind verriet und entließ. Dabei missachtete Nannen in krasser Weise das Redaktionsstatut: Die Entlassung des Stellvertreters Bissinger war nach Artikel 6 des Statutes nur mit Zustimmung von zwei Dritteln des Redaktionsbeirates möglich, diese Zustimmung lag jedoch nicht vor. Kurz darauf setzte Nannen das Redaktionsstatut im Namen des Verlags außer Kraft. Nach fünf Jahren war es Verleger Mohn gelungen, Chefredakteur Nannen auf seine Seite zu ziehen. Damit war das knapp zehnjährige Intermezzo der Gleichberechtigung von Redaktion und Verleger Geschichte. In der Folge verließen Erich Kuby und einige andere linke Schreiber den *Stern,* während Nannen und Fischer 1979 die G+J Journalistenschule gründeten, um dort den gewünschten hauskonformen Karrierennachwuchs heranzuziehen. Die Strafe für ihre Meucheltat am Redaktionsstatut sollte Mohn, Fischer, Schulte-Hillen und Nannen dann einige Jahre später ereilen. Nicht zuletzt weil die Verlagsmanager der *Stern*-Redaktion das Rückgrat gebrochen hatten, konnte es 1983 zum Abdruck der gefälschten Hitler-Tagebücher im *Stern* kommen.

9. Hart am Markt

Die Übernahme von Gruner + Jahr führte im ersten Jahr 1973/74 – der Beginn des Geschäftsjahres war neu auf den 1. Juli gelegt worden – zu einer Verdoppelung des Umsatzes von 950 Millionen Mark auf 1,8 Milliarden Mark, die Belegschaft stieg von 11 500 auf 17 900 Personen. Anders als bei heutigen Fusionen kam es damals zu keiner Entlassungswelle. 19 200 Bertelsmannianer setzten zwei Jahre später, 1975/76, 2,4 Milliarden Mark um. Davon waren bereits ein Viertel oder 600 Millionen Auslandumsatz, vor allem in Spanien, Frankreich und Italien generiert. Drei Viertel oder 1800 Millionen waren Inlandumsatz. Spartenmäßig gliederte sich der Inlandumsatz wie folgt: 800 Millionen Gruner + Jahr, davon die Hälfte Anzeigenerlöse; gut 400 Milionen Buchclubs und Verlage; 200 Millionen Schallplattenring und Musik; 120 Millionen Druck; 80 Millionen Schallplattenherstellung und Mediendienstleistungen für Dritte.

Auch in der zweiten Hälfte der Siebzigerjahre wuchs Bertelsmann trotz Ölkrise und Rezession ungebrochen weiter. Bis zum Geschäftsjahr 1980/81 war der Umsatz auf 5,6 Milliarden Mark gestiegen, die Zahl der Mitarbeiterinnnen und Mitarbeiter lag bei rund 30 000. Mit Ausnahme einer einzigen Abteilung, von der noch die Rede sein wird, lief alles auf Hochtouren. Der von Manfred Fischer geleitete Gruner + Jahr-Verlag hatte im hart umkämpften deutschen Zeitschriftenmarkt neben dem *Stern* mit *GEO, P.M.* oder *Art* mehrere erfolgreiche neue Produkte lanciert, und der Betrieb in Itzehoe war eine der größten und modernsten Tiefdruckereien Europas. Zudem hatte Gruner + Jahr 1976 als erster deutscher Zeitschriftenverlag erfolgreich nach Spanien und Frankreich expandiert.

Der von Mark Wössner geleitete Technikbereich lief gut. Mohndruck und Sonopress hatten technologisch Schritt halten können. Beim Lesering waren die Hollerithmaschinen durch die elektronische Datenverarbeitung abgelöst worden. Die neuen Möglichkeiten erlaubten eine bessere Feinabstimmung zwischen Planung, Produktion, Auslieferung und Marketing. Die für den Eigenbedarf erarbeiteten Lösungen konnten weltweit als Mediendienstleistungen für Drittkunden verkauft werden.

Der von Ulrich Wechsler geleiteten Bertelsmann-Buchverlagsgruppe, die 1972 von Gütersloh nach München umgezogen war, war es trotz Schwierigkeiten gelungen, die im In- und Ausland zahlreich zugekauften Verlage zusammenzuhalten. Die von New York über Mailand bis Barcelona als Profitcenter arbeitenden Einheiten lieferten ihren Erfolgsbeitrag an die Kasse nach Gütersloh ab. Auch der Eintritt ins deutsche Taschenbuchgeschäft mit dem Kauf des Wilhelm Goldmann Verlags 1977 war erfolgreich, nachdem diese Diversifikation zu Beginn der Sechzigerjahre mit dem Sigbert Mohn Taschenbuch noch misslungen war. Im Geschäftsjahr 1980/81 überstieg der gesamte Auslandumsatz der Verlagsgruppe mit 354 Millionen Mark erstmals den Buch-Binnenumsatz von 280 Millionen Mark.

Die von Hans Zopp geleiteten Buchclubs – von Lesering war mittlerweile nicht mehr die Rede– wuchsen allerdings nur im Ausland, während die Zahl der Neumitglieder in der Bundesrepublik stagnierte. Im Auslandgeschäft waren zu Spanien, Österreich und Frankreich nach und nach auch Holland, Großbritannien, Italien und Israel hinzugekommen, die Gesamtzahl der Mitglieder im Ausland war zwischen 1970 und 1980 von 1,8 Millionen auf 10 Millionen gestiegen. Zwar kletterte in der Bundesrepublik die Mitgliederzahl im gleichen Zeitraum von 3,9 Millionen auf 4,9 Millionen, dies jedoch nur dank dem Kauf des Deutschen Bücherbundes vom Holtzbrinck Verlag. Während Holtzbrinck die Flinte ins Korn warf und sein serbelndes Buchclubgeschäft verkaufte, hielt Bertelsmann an seinem Bekenntnis zum Buchclub fest. Holtzbrincks Deutscher Bücherbund war von Anfang an der größte Konkurrent des Leserings gewesen. Der 1909 geborene Georg von Holtzbrinck, seit 1933 Parteigenosse in der NSDAP, kontrollierte seit 1937 die Bücherbund-Vorgängerin Bibliothek der Unterhaltung und des Wissens in Stuttgart. Nach dem Krieg kaufte dann Holtzbrinck genau wie Mohn weitere Verlage, allerdings solche mit literarischem Renommee: 1963 den S. Fischer Verlag, später Beteiligungen am Kindler Verlag, am Rowohlt Verlag mit dem Drucker Clausen & Bosse und an Droemer Knaur. 1968 expandierte Holtzbrinck mit dem Kauf der Hälfte der Düsseldorfer Tageszeitung *Handelsblatt* ins Zeitungsgeschäft. Wenig später kam noch die *Saarbrücker Zeitung* dazu. 1970 fusionierte das *Handelsblatt* mit dem *Industriekurier*, dem Herausgeber der *Wirtschaftswoche*.

Das von Egmont »Monti« Lüftner geleitete Bertelsmann-Musikgeschäft, das seit 1977 zusammen mit der Filmabteilung einen eigenen Vorstandsbereich mit Sitz in München bildete, lief in den Siebzigerjahren besonders gut. Als einstiger Lesering-Vertreter trug Lüftner noch den Stallgeruch der berühmtberüchtigten Drückerkolonnen der Fünfzigerjahre. Monti hat das Bertelsmann-Label Ariola zur Königin der deutschen Schlagermusik gemacht mit Interpreten wie Udo Jürgens, Peter Alexander, Heintje, Rex Gildo und Mireille Mathieu. Die Kritik gewisser marxistischer Professoren an der spätkapitalistischen Musikindustrie kümmerte Monti wenig; Ariola-Platten hören hieß deutsche Gemeinschaftlichkeit leben. Das freute seinen Chef und spülte erst noch Millionen in die Kasse.

Das erwähnte große Sorgenkind von Bertelsmann in den Siebzigerjahren war das Film- und TV-Geschäft. Nachdem das zu Beginn der Sechzigerjahre erhoffte Privatfernsehen nicht Realität geworden war und sich die kommerzielle westdeutsche Kinofilmproduktion gegen Hollywood nicht entwickeln konnte, waren die von Bertelsmann 1964 gekaufte Universum-Film und die 1965 übernommene Constantin Film in die Krise geraten. Anfang der Siebzigerjahre hat Bertelsmann beide verkauft. 1976 kam es zu einem Zusammenprall mit dem erfolgreichen Filmrechtehändler Leo Kirch. Damals steckte Kirch, der finanziell stets von Bankkrediten abhängig war, wieder mal in der Klemme. Die Zinsen stiegen und das Bankenkonsortium unter der Führung der Bayerischen Landesbank sorgte sich, ob Kirch seine Verpflichtungen noch würde erfüllen können. Nachdem die Banker Kirch das Messer an den Hals gesetzt hatten, kam dieser am 24. Juni 1976 nach Gütersloh zu Reinhard Mohn, laut Kirch auf Einladung durch Mohns Mittelsmänner. Dort habe ihm Mohn gedroht, sagte Kirch, wenn er ihm seine Firmengruppe nicht verkaufe, werde er ihm einen Konkurrenzkampf unter Einsatz aller Mittel liefern. Kurz danach geißelte der *Stern* in einem Artikel Kirchs Quasimonopol als Großlieferant von Filmabspielrechten der öffentlich-rechtlichen TV-Stationen ARD und ZDF. Kirch schlug zurück und bezichtigte Bertelsmann des Missbrauchs der Pressefreiheit zwecks unfairer Bekämpfung eines Konkurrenten. Was sich Mohn wiederum nicht gefallen lassen wollte – der Kauf der Kirch-Firmengruppe sei im Gespräch mit Kirch nie zur Debatte gestanden, gab er zu Protokoll: »Hier muss ich Sie der glatten Lüge bezichtigen.« Nach diesem Zusammenprall musste Gruner + Jahr ein erfolgreiches kleineres Joint Venture mit Kirch im Filmrechtegeschäft mit Sportsendungen und Spielfilmen begraben.

10. Unternehmenskultur II

Die Übernahme von Gruner + Jahr 1970/71 markierte für Bertelsmann nicht nur den Übergang vom Großverlag zum Medienkonzern, sondern läutete gleichzeitig auch einen Entwicklungsschritt der Bertelsmann-Unternehmenskultur ein. 1970 hatte Reinhard Mohn den kinderlosen Gerd Bucerius, wenn auch gegen gute Bezahlung, in gewisser Weise beerben können, weil Bucerius die von ihm mitaufgebaute Firma den Kindern seines Partners John Jahr senior missgönnte. Bezahlt hatte Mohn den Bucerius-Anteil an Gruner + Jahr wie bereits geschildert mit 11 Prozent von Bertelsmann, was den Hamburger Verleger in Gütersloh zum ersten familienfremden Teilhaber machte. Die juristische Umsetzung der Beteiligung von Bucerius machte eine gesellschaftsrechtliche Umstrukturierung nötig.

Die bisherige Bertelsmann-Dachgesellschaft, die Offene Handelsgesellschaft C. Bertelsmann Verlag mit Reinhard Mohn als Alleingesellschafter (die 1959er-GmbH hatte er inzwischen durch eine OHG ersetzt), wurde in die Aktiengesellschaft Bertelsmann AG umgewandelt mit Gerd Bucerius als Aufsichtsratsvorsitzendem und Reinhard Mohn als Vorstandsvorsitzendem. Die neue Bertelsmann AG hatte drei Aktionäre und ein Kapital von 469,2 Millionen Mark: Gerd Bucerius hielt 11 Prozent, die Johannes Mohn GmbH und die Reinhard Mohn Verwaltungsgesellschaft mbH zusammen 89 Prozent. Für seinen Mehrheitsanteil von 89 Prozent am Aktienkapital schrieb Mohn die strikte Trennung von Kapitalrechten und Stimmrechten fest. Die Kapitalrechte lagen größtenteils bei der Johannes Mohn GmbH, die er im Namen seines gerade zweiundzwanzigjährig gewordenen Sohnes eröffnet hatte. Die gesamten Stimmrechte und wenige Kapitalrechte lagen bei der Reinhard Mohn Verwaltungsgesellschaft mbH mit ihm selbst als Alleingesellschafter. Mit den an ihn gebundenen Stimmrechten der Verwaltungsgesellschaft kontrollierte er die Hauptversammlung der Bertelsmann AG, bestimmte die Höhe der Ausschüttungen und setzte Aufsichtsrat und Vorstand ein. Bucerius und die Johannes Mohn GmbH kassierten die Dividenden. Dass sich Bucerius in einem solchen Konstrukt mit der Rolle des rechtlich einflusslosen Minderheitsaktionärs zufrieden gab, bewies sein völliges Vertrauen in Reinhard Mohn und dessen Unternehmenskultur.

Die Besonderheit der 1971 gegründeten Bertelsmann AG lag weniger in der Trennung von Kapitaleigner und Unternehmensleiter – diesen Entwicklungstrend des Kapitalismus hatten die zwei US-Ökonomen Adolf Berle und Gardiner Means bereits in ihrem Klassiker von 1932, *The Modern Corporation and Private Property,* beschrieben. Nein, das Neue an der Bertelsmann AG war die Trennung der Kapitalrechte in Stimmrecht und Vermögensrecht. Obwohl die Trennung noch jahrzehntelang keine konkreten Auswirkungen hatte – de facto blieb Reinhard Mohn der starke Mann des Hauses –, war dies ein wichtiger Entwicklungsschritt für die Unternehmenskultur.

Betriebswirtschaftlich umfasste Bertelsmann vor dem Zusammenschluss mit Gruner + Jahr etwa hundert operative Teilgesellschaften, die – entsprechend der Unternehmenskultur des Hauses – im Rahmen der Vorgaben und Kontrollen der Hauptverwaltung als dezentralisierte Profitcenter arbeiteten. Gruner + Jahr brachte noch einige Dutzend operative Gesellschaften dazu. Es war vorauszusehen, dass die Hauptverwaltung mit der Steuerung und Kontrolle des neuen Großunternehmens überfordert sein würde. Die einzelnen Gesellschaften wurden in vier Unternehmensbereiche zusammengefasst, ohne jedoch ihre

Verantwortung als Profitcenter zu verlieren. Die Leiter der vier Unternehmensbereiche bildeten mit dem Chef der Hauptverwaltung und dem Vorsitzenden Reinhard Mohn die Geschäftsleitung. Erster Leiter des Bereiches der technischen Betriebe wurde Herbert Multhaupt, Chef der Verlagsgruppe Rudolf Wendorff, Chef der Buchclubs Hans Zopp und Chef des Bereiches Gruner + Jahr Manfred Fischer.

Anfang 1971 veranstaltete die Bertelsmann-Personalabteilung in Zusammenarbeit mit dem Betriebsrat eine Vortrags- und Diskussionsreihe mit dem Titel »Ordnungsprinzipien in der modernen Industriegesellschaft«, zu der auch namhafte externe Referenten eingeladen waren, vom Präsidenten der Bundesanstalt für Arbeit Josef Stingl bis zu Friedhelm Fahrtmann vom Bundesvorstand des Deutschen Gewerkschaftsbundes. Gewerkschaftsboss Fahrtmann sprach über »Selbstverständnis und Aufgaben der Gewerkschaften in der Gesellschaft«. Er forderte im Einklang mit dem Programm des Deutschen Gewerkschaftsbundes die paritätische Mitbestimmung für Arbeiter und Angestellte in der Unternehmensleitung und Gewinnbeteiligung für alle. Fahrtmann tat dies nicht ohne den anwesenden Großkapitalisten Mohn zu beruhigen: »Im Zuge dieser Reformen ist nicht beabsichtigt, die bestehende Gesellschaftsordnung umzustürzen (…) ein revolutionärer Auftrag ist jedenfalls für die deutschen Gewerkschaften nicht mehr aktuell.« In der Diskussion zu Fahrtmanns Referat meldete sich auch Mohn zu Wort und führte unter anderem Folgendes aus: »Ich habe den Eindruck, dass wir nicht weit voneinander entfernt sind. (…) Bezüglich der Evolution und Notwendigkeit der permanenten Reform der Gesellschaftsordnung stimme ich mit Ihnen überein. Allerdings würde ich einen Angriff auf das kapitalistische System nicht so stark akzentuieren. Jede Festlegung dieser Art, jegliche Ideologie ist von Übel, ob diese Ideologie Marxismus heißt oder Sozialismus, Liberalismus oder Kapitalismus. (...) Die Praxis lehrt, dass die Steuerung der Wirtschaft durch das Interesse am Gewinn ein ganz gutes System ist. Auch östliche Länder versuchen, den Maßstab des Profits, der Rentabilität, einzuführen.« Die gewerkschaftliche Forderung nach paritätischer Mitbestimmung der Arbeit im Unternehmen wies Mohn zurück. In seinem längeren Votum an dieser Veranstaltung argumentierte er wie folgt: »Was für den politischen Raum richtig ist, zum Beispiel demokratisches Wahlverfahren, muss nicht notwendigerweise auch für die Wirtschaft richtig sein. Schon in der Personalauswahl ergeben sich ganz andere Kriterien. Die Motivation der Führungskräfte in der Wirtschaft ist eine andere. Die Wirtschaft ist einem ständigen Wettbewerb ausgesetzt und muss dementsprechend flexibel sein. Der personelle Ausleseprozess, die Notwendigkeit des Erfolgsnachweises sind schärfer akzentuiert. Unternehmerische Entscheidungen können nicht von allen Mitarbeitern gleichermaßen beurteilt werden. Bei Bejahung des marktwirtschaftlichen Wettbewerbes ist die Forderung nach Demokratisierung im parlamentarischen Sinne vom System her nicht begründet. Es ist Sache des demokratisch gewählten Gesetzgebers, die Spielregeln der Wirtschaft so zu fassen, dass keine Verhärtungen oder Missbräuche eintreten. Dies geschieht durch Wettbewerbs- und Kartellgesetze. Es ist auch einleuchtend, wenn gesagt wird, dass die gesellschaftlich-soziale Komponente in der Unternehmensleitung stärker berücksichtigt werden soll, sei es über das Betriebsverfassungsgesetz zur Stärkung der Betriebsratsarbeit oder durch eine entsprechende Vertretung im Aufsichtsrat. Bei der paritätischen Mitbestimmung sehe ich die Gefahr, dass wirtschaftliche Entscheidungen von Personen herbeigeführt werden, denen ein entsprechender Leistungsnachweis nicht abgefordert wurde. Auch die Gefahr der Monopolisierung der Wirtschaft durch die Gewerkschaft ist nicht zu verkennen. Wenn die Großindustrie in Deutschland zu 50 Prozent von einer Stelle aus beeinflusst werden könnte, dann wäre der größte Monopolist und Kapitalist entstanden, den man sich überhaupt vorstellen könnte.«

In einem Satz zusammengefasst sagte Mohn: Paritätische Mitbestimmung nein, geregelte Mitberücksichtigung der gesellschaftlich-sozialen Komponente ja.

Mit der Forderung nach Gewinnbeteiligung rannten die Gewerkschaften bei Mohn offene Türen ein. »Wohlstand für alle«, »Eigentum für jeden«, das waren die alten Parolen der Sozialen Marktwirtschaft von Ludwig Erhard und Alfred Müller-Armack, denen Mohn sich 1948 angeschlossen hatte – lange vor den Gewerkschaften und den Sozialdemokraten. Doch die Übereinstimmung existierte nur in der Theorie. Die konkreten Vorschläge der Gewerkschaften schienen Mohn »ebenso wenig praktikabel wie die zahlreichen anderen bisher bekannt gewordenen Modelle«. Damals hatten die Gewerkschaften einen großen öffentlichen Fonds vorgeschlagen, der aus dem Gewinnanteil der Arbeit am Unternehmenserfolg gespiesen werden sollte: ein Kapitalsammelbecken wie eine Bank, Versicherung oder ein Investmentfonds. Zwar sei die Industrie auf solche Kapitalsammelbecken angewiesen, doch Mohn bezweifelte, dass ein öffentlich kontrollierter Fonds in der Lage wäre, seine Investitionsentscheide nach den geforderten kapitalistischen Profitkriterien zu fällen: »Ich sehe die Gefahr der mangelnden unternehmerischen Qualifikation in der Leitung und auch die Gefahr, dass bei der Verteilung der Mittel ganz andere als wirtschaftliche Interessen ausschlaggebend sein werden, etwa rein politische oder sozialpolitische.« Zusammenfassend hielt Mohn zur konkreten Ausgestaltung der Gewinnbeteiligung der Mitarbeiterinnen und Mitarbeiter am Unternehmensgewinn fest: »Für diese Problematik sehe ich noch keine Lösung.«

Allerdings ließ Mohn für Mitarbeiter, die mindestens drei Jahre bei Bertelsmann waren, bei der neu gegründeten Bertelsmann AG als dreijähriges Experiment ein neues Gewinnbeteiligungsmodell erproben. Demnach wurde der Unternehmensgewinn folgendermaßen verteilt: Zuerst bekamen die beiden Kapitalgeber Johannes Mohn GmbH und Gerd Bucerius eine angemessene Verzinsung des Aktienkapitals plus einen variablen Risikozuschlag. Was dann noch übrig blieb, wurde je hälftig auf die Mitarbeiter und die Kapitalgeber aufgeteilt. Diese Gewinnbeteiligung war nicht als Sozialmaßnahme gedacht, sondern als Risikoprämie. Die absolute Höhe des individuellen Gewinnanteils wurde entsprechend dem jeweiligen Gehalt festgelegt. Denn wer beim freiwilligen Gewinnbeteiligungsplan mitmachte, durfte nur drei Viertel seines Jahresbetrags in bar beziehen, 25 Prozent seines Gewinnanteiles mussten bei Bertelsmann reinvestiert werden. Dies geschah durch eine Vermögensverwaltungsgesellschaft mit den Mitarbeitern als stillen Gesellschaftern.

Das komplizierte Gewinnbeteiligungsmodell des Jahres 1971 wurde später durch neue Modelle ersetzt, die ebenfalls wieder verschwanden, genauso wie Mohns erstes Gewinnbeteiligungsmodell von 1951. Die konkrete Ausgestaltung der Mitarbeiterbeteiligung änderte sich laufend, nur die Idee der Eigenfinanzierung durch gebundene Gewinnbeteiligung der Mitarbeiter blieb bestehen. Für Mohn blieb diese Idee ein wichtiger Faktor seines unternehmerischen Erfolgs: die Gewinnbeteiligung als finanzielle Betriebsgemeinschaft, welche die Unternehmenssteuern senkt und die Motivation und damit Kreativität der Mitarbeiter stärkt.

Mohns Vorstellungen über die positive Rolle der Eigenfinanzierung für Wachstum und Innovation in der Unternehmung stehen diametral gegen das sogenannte Irrelevanztheorem der beiden Wirtschaftsnobelpreisträger Franco Modigliani und Merton Miller, ein grundlegendes Konzept des angloamerikanischen Finanzkapitalismus neoliberaler Prägung. Ihre genau genommen zwei Theoreme publizierten Modigliani/Miller in zwei Aufsätzen 1958 und 1963, zuerst das Kapitalstruktur-Irrelevanztheorem und fünf Jahre später das Dividenden-Irrelevanztheorem. Im Prinzip postulieren die beiden Wirtschaftsnobelpreisträger, dass die Finanzstruktur der Unternehmung bloß die Verteilung des Gewinns beeinflusst, nicht aber dessen Höhe. Demnach ist das Verhältnis von Eigenkapital und Fremdkapital für den Aktionärswert einer Unternehmung nicht von Bedeutung. Die Dividende auf das Aktienkapital erzeugt keinen Aktionärswert, neudeutsch Shareholder-Value, weil der Aktionär durch eine Kapitalmarktanlage der ausbezahlten Dividende grundsätzlich keine höhere Rendite erzielen kann als die Firma durch Reinvestition des betreffenden Betrages auf dem Finanzmarkt. Modigliani und Miller gelten zusammen mit Wirtschaftsnobelpreisträger Milton Friedman als die drei Pfeiler der neoliberalen These vom Shareholder-Value, welche die Leistung des als Aktiengesellschaft organisierten Großunternehmens ausschließlich an der in Geldwerten gezählten Eigenkapitalrendite misst. Reinhard Mohn hat Modigliani und Miller nie explizit kritisiert, Friedman hingegen schon, nämlich in seinem Buch *Die gesellschaftliche Verantwortung des Unternehmers*: »Der amerikanische Milton Friedman formulierte die provokante These: ›Alles, was ein Unternehmen für seine Mitarbeiter mehr tut, als tariflich vereinbart ist, bedeutet einen Betrug an den Aktionären!‹ – Ich dagegen behaupte: Investitionen in die Motivation von Führungskräften und Mitarbeitern gehören zur vordringlichsten unternehmerischen Aufgabenstellung in unserer Zeit. Sie sind eine gut verzinsliche Anlage.«

Neben der ökonomischen und sozialen Dimension der betrieblichen Reorganisation gab es noch einen dritten Bereich, der geregelt werden musste, bevor Bertelsmann das Zeitschriftengeschäft von Gruner + Jahr integrieren konnte: die publizistische Dimension. Erstmals seit den gescheiterten Zeitungsprojekten in den 1830er-Jahren und in den 1880er-Jahren kontrollierte Bertelsmann mit der Illustrierten *Stern* wieder ein wöchentliches Organ der direkten politischen Meinungsbildung.

Zwei Jahrzehnte lang hatte Reinhard Mohn in den nationalen Medien bewusst ein niedriges Profil gesucht, doch seit dem Einstieg bei Gruner + Jahr 1969 und besonders nach dem gescheiterten Versuch der Übernahme von Springer 1970 häufte sich die Kritik. Zwar standen damals der Zeitungsverleger Axel Springer und besonders der berüchtigte Fertigmacher-Journalismus von *Bild* im Fadenkreuz linker Kritiker. Heinrich Böll nannte die *Bild* wegen ihrer Hetze gegen die Studenten öffentlich »faschistisch«. Doch dann und wann geriet auch die unkontrollierte Medienmacht von Bertelsmann in die Schusslinie radikalisierter Gewerkschafter und revolutionärer Studenten.

1972 gab sich Bertelsmann erstmals in seiner Geschichte eine allgemeine publizistische Grundordnung. In seinem Aufsatz *Der Großverlag und seine gesellschaftliche Verantwortung* definierte Reinhard Mohn das Leitmotiv für die inhaltliche Ausrichtung der publizistischen Produkte seiner Unternehmung. Ein Großverlag wie Bertelsmann müsse im Rahmen der übergeordneten Unternehmensziele für alle gesellschaftlichen Strömungen offen sein, die Diversität fördern und nicht einer bestimmten politischen

Tendenz verpflichtet sein; das dürfe nur ein Verleger, der zugleich Inhaber und Programmgestalter sei. Mohn verkündete den Binnenpluralismus im Dienste der freien Meinungsbildung in der demokratischen Gesellschaft. Die Gewähr für den Ausdruck unterschiedlicher Auffassungen in den einzelnen Buch- und Zeitschriftenverlagen sah er in der dezentralisierten Programmverantwortung in den einzelnen Verlagen, die von Managerverlegern im Rahmen des Unternehmensbereiches Buchverlage oder des Bereiches Gruner + Jahr als Profitcenter geführt wurden. Unterstützt wurde Mohn bei der Ausarbeitung der publizistischen Grundsätze Bertelsmanns von seinem Assistenten Ulrich Wechsler, den er 1967 von der Bayerischen Vereinsbank abgeworben hatte. 1972 übernahm Wechsler als Nachfolger des in die Konzernleitung aufgerückten Rudolf Wendorff die Geschäftsführung der nach München verlegten Verlagsgruppe.

Seither sind über dreißig Jahre vergangen, und wann immer Kritik von links an der unkontrollierten privaten Medienmacht kommt, antwortet Bertelsmann mit dem Verweis auf den parallel zur Integration von Gruner + Jahr eingeführten organisierten Binnenpluralismus im Rahmen der dezentralisierten Profitcenter-Struktur. Im Vergleich mit anderen Medienkonzernen, etwa Springer oder auch Rupert Murdochs News Corporation und Silvio Berlusconis Mediaset, hat der publizistische Binnenpluralismus alles in allem gut funktioniert. Seine gesellschaftliche Macht übt Bertelsmann weniger mit seinen Medienprodukten aus als mit seiner Stiftung.

Die 1977 gegründete Bertelsmann Stiftung war in gewisser Weise nachträglicher Abschluss des Sozialvertrags von 1971. Das komplizierte firmenrechtliche Konstrukt der Bertelsmann

AG mit der Trennung von Stimmrechten und Kapitalrechten in die Reinhard-Mohn-Verwaltungsgesellschaft und die Johannes-Mohn-Kapitalgesellschaft hatte die Nachfolgeregelung offengelassen. Doch was sollte mit dem Unternehmen und der Unternehmenskultur geschehen, wenn Reinhard Mohn nicht mehr da war? Die Stiftung sollte dafür sorgen, dass seine Erben die Unternehmenskultur nicht über Bord werfen konnten. In einem komplizierten Vertragswerk regelte Mohn das Prozedere für den Fall seines Todes. Nach seinem Ableben sollte das bei ihm persönlich liegende Stimmrecht der Verwaltungsgesellschaft wieder mit den Kapitalrechten der Johannes Mohn GmbH vereinigt werden. Eine Testamentvollstreckungsgesellschaft im Rahmen der Stiftung sollte fünf Jahre nach seinem Tod über die Eignung seines Sohnes Johannes als Nachfolger an der Spitze des Unternehmens entscheiden. Sohn Johannes war ebenfalls Mitglied dieser Vollstreckungsgesellschaft. Erachtete ihn die Mehrheit der Vollstreckungsgesellschaft als fähig, sollte er allein über die Stimmrechte der Verwaltungsgesellschaft verfügen können. Er könne in die Firma eintreten, sagte damals Reinhard Mohn in einem Interview, müsse sich aber bewähren und werde nicht automatisch der Chef. Die Familie Mohn müsse nicht zwingend in die Führung eingebunden sein. Johannes Mohn war damals siebenundzwanzig Jahre alt und steckte mitten im Abschluss seines Wirtschaftsstudiums.

Neben der Nachfolgeregelung war auch die Steueroptimierung eine wichtige Triebkraft bei der Gründung der Stiftung. Stiften und Steuern sparen war die Devise. In dieser komplizierten Materie konnte sich ein junger Buchhalter profilieren, der es bei Bertelsmann noch weit bringen sollte: der spätere Finanzvorstand Siegfried Luther. In ihren Anfangsjahren blieb die Stiftung ein passives juristisches Vehikel mit dem alleinigen Zweck der

Kontinuitätssicherung und Steueroptimierung. Eigentum an Bertelsmann-Aktien besaß sie nicht. Das erste konkrete Projekt der Stiftung ließ noch einige Jahre auf sich warten: die 1984 eröffnete neue Bibliothek von Gütersloh.

Als seine Mutter Agnes Mohn-Seippel 1978 starb, zählte Reinhard Mohn siebenundfünfzig Jahre. Man darf annehmen, dass der Tod seiner Mutter und auch die Regelung seiner eigenen Nachfolge mit der Gründung einer Stiftung dazu beigetragen haben, sein durchaus anarchisches Privatleben nach und nach in bürgerliche Bahnen zu lenken. Seitdem er den gemeinsamen Haushalt mit Ehefrau Magdalene und den drei mittlerweile erwachsenen Kindern Johannes, Susanne und Christiane verlassen hatte, lebte er allein in einem Haus am Stadtrand von Gütersloh. Susanne und Christiane hatten kein Interesse an einem Einstieg in die Firma gezeigt, während Sohn Johannes, den er 1971 mit zweiundzwanzig Jahren als Pro-forma-Eigner der Johannes Mohn GmbH installiert hatte, nach Abschluss seines Wirtschaftsstudiums in die väterliche Firma eingetreten war. Mohns zweite Familie mit Elisabeth Scholz-Beckmann, den gemeinsamen drei Kindern Brigitte (geboren 1964), Christoph (1965) und Andreas (1968) sowie dem Scheinehemann Joachim Scholz lebte nach Stationen in Stuttgart und Bielefeld wieder in Gütersloh, wo Elisabeth als seine Sekretärin arbeitete. Es war ein offenes Geheimnis, dass sie auch seine Geliebte war, und manche munkelten sogar, ihre drei Kinder seien von ihm. Bei der Sanierung seines Privatlebens ging Mohn mit der ihm eigenen Umsicht vor. Zuerst ließ er sich nach dreißig Ehejahren von der getrennt lebenden Ehefrau Magdalene scheiden. »Unsere Ehe war ein Missverständnis«, sollen seine letzten Worte zu Magdalene gewesen sein, mit der er seither nicht mehr gesprochen hat. Dann veranlasste er die Scheidung der Ehe von Elisabeth und Joachim Scholz-Beckmann und anerkannte seine Vaterschaft an Brigitte, Christoph und Andreas Scholz. 1980 wurden die Kinder über ihren richtigen Vater aufgeklärt. Der damals zwölfjährige Andreas hatte damit große Schwierigkeiten: »Ich liebte Herrn Scholz, er hat mich aufgezogen«, sagte er mehr als zwei Jahrzehnte später der US-amerikanischen Zeitung *The Wall Street Journal*. Liz Mohn äußerte sich später in einem Interview mit der Illustrierten *Bunte* zum Problem von Andreas. Auf die Frage »Ihr jüngster Sohn Andreas arbeitet als einziges Ihrer Kinder nicht bei Bertelsmann, er ist Künstler, gilt in der Öffentlichkeit aber auch als Problemkind« gab sie zur Antwort: »Andreas ist hochintelligent und hochbegabt. Als junger Mensch war er schwer krank – wir wissen bis heute nicht, was es war, und es hat sich bis heute noch nicht gegeben. Ich bin froh, dass er im Augenblick sein Leben so gestalten kann.« Das Kind war schon immer krank, das ist das Problem, sagt die Mutter. Krank mag Andreas ja schon immer gewesen sein. Wer wüsste das besser als die Mutter? Doch diese Krankheit ändert nichts daran, dass Liz und Reinhard Mohn ihren drei Kindern die große Lüge und seelische Grausamkeit zumuteten, während Kindheit und Jugend einen bezahlten Betreuer als leiblichen Vater vorgesetzt zu bekommen. Brigitte und Christoph haben den Eltern, im Unterschied zu Andreas, verziehen.

In ihrer Autobiografie *Liebe öffnet Herzen*, die sich Liz Mohn von einer Ghostwriterin schreiben ließ, steht kein Wort von den zwanzig Jahren als offiziell verleugnete Nebenfrau eines verheirateten Ehrenmannes. Nichts vom Leiden, das Reinhard Mohn ihr und den Kindern zugemutet hat. Was nicht ins romantisierte Bild der Liebe passt, blendet Liz Mohn völlig aus. »Wann immer es ging, versuchte mein Mann (der damals noch anderweitig verheiratete geheime Geliebte) abends bei uns zu sein, wenn die

Kinder ins Bett gingen. Dann hatten wir eine halbe Stunde ›Kinderzeit‹ – er spielte mit den Kindern, erzählte Geschichten, denn das kann er ganz wunderbar. Er war ein richtiger ›Kindermann‹. Das glaubt kaum jemand, der ihn nicht so erlebt hat.«

Geheiratet haben Reinhard Mohn und Liz Beckmann 1982. Zusammengezogen sind sie nicht.

11. Fälschungen und Legenden

Ende Juni 1981, im Alter von sechzig Jahren, demissionierte Reinhard Mohn als Vorstandsvorsitzender der Bertelsmann AG und wechselte ins Präsidium des Aufsichtsrates. Als Nachfolger im Vorstandsvorsitz installierte er Manfred Fischer, den Vorstandsvorsitzenden von Gruner + Jahr. Fischers Nachfolger an der Spitze von Gruner + Jahr war Gerd Schulte-Hillen. Nach diesem Wechsel stand erstmals in der Geschichte Bertelsmanns kein Mitglied der Eigentümerfamilie mehr an der operativen Spitze des Unternehmens. Das neue Amt als Vorsitzender des Aufsichtsrates verstand Reinhard Mohn als Vollzeitjob, seine Arbeitszeit blieb gleich, sein Büro blieb am selben Ort, es wurde lediglich ein neues Schild angebracht. Rasch stellte sich heraus, dass die persönliche Chemie zwischen Mohn und Fischer nicht mehr stimmte. Acht Jahre Glanz und Glitter in Hamburg hatten Fischer von den Gepflogenheiten in Gütersloh entfremdet. Zudem gab es auch gravierende sachliche Differenzen. Fischer wollte das Unternehmen nach über drei Jahrzehnten des Wachstums auf einen Konsolidierungskurs führen, die weitere Expansion in den USA erschien ihm vor dem Hintergrund der damaligen Rezession allzu riskant. Seine Skepsis gegenüber den USA war nicht zuletzt eine Folge der Ertragsprobleme, die Gruner + Jahr im US-Zeitschriftengeschäft plagten. Im November 1982 gab Bertelsmann völlig überraschend den Rücktritt des Vorstandsvorsitzenden Manfred Fischer auf Ende März 1983 bekannt. Genaueres über ihre Differenzen haben weder Mohn noch der mit einer hohen Abfindung versehene Fischer je verlauten lassen. Da sich Mohn stets um die Führungsreserve gekümmert hatte, stand der Nachfolger bereits in den Startlöchern: Mark Wössner. Der promovierte Ingenieur und Chef des Bereiches Druck und Industrie war 1969 gleichzeitig mit Gerd Schulte-Hillen und Dieter Vogel bei Bertelsmann eingetreten und hatte als Druckereimanager Karriere gemacht. Als Wössner die 1976 übernommenen großen US-Taschenbuchdruckereien in den Bertelsmann-Druckbereich integrieren musste, lernte er die USA-Strategie des Chefs kennen. Wössner war die Idealbesetzung für den Vorstandsvorsitz, und wenn der geschasste Manfred Fischer in Hamburg nicht ein gigantisches Kuckucksei hinterlassen hätte, wäre die Welt bei Bertelsmann mit dem Amtsantritt Wössners im April 1983 wieder in Ordnung gewesen.

Das besagte Kuckucksei hatte Fischer seinem Chef am 9. März 1981 auf das Pult gelegt. An jenem Tage kam er in Mohns Büro und legte ihm drei Hefte mit den Worten »Das sind die Tagebücher. Hier sind sie« andächtig auf den Schreibtisch. »Er war fasziniert, wie wir alle«, berichtete Fischer später, und Mohn sagte: »Das ist das unglaublichste Manuskript, das je meinen Schreibtisch passiert hat. Das ist die Sensation des Jahrhunderts. Es ist unglaublich, wenn es stimmt.« Dann gab Mohn dem Gruner + Jahr-Chef grünes Licht für das Projekt »Grünes Gewölbe« – was er später noch schwer bereuen sollte. An jenem Märztag sanktionierte Mohn den Deal mit dem anonymen Lieferanten der Hitler-Tagebücher. Es war ein Tiefpunkt in der Karriere des Medienunternehmers Reinhard Mohn.

»Grünes Gewölbe«, so nannten die zu jenem Zeitpunkt fünf Eingeweihten bei Gruner + Jahr das Projekt der Publikation der Hitler-Tagebücher im *Stern.* Der Ursprung des Projekts ging auf den *Stern*-Starreporter Gerd Heidemann zurück, der auf Nazistoffe spezialisiert war. Nazithemen waren seit den Fünfzigerjahren ein redaktioneller Grundbaustein aller westdeutschen

Massenillustrierten. In der Adenauerzeit haben schreib- und lügengewandte einstige Propagandakämpfer aus dem Reichsministerium für Volksaufklärung und Propaganda die Verbrechen des Nationalsozialismus systematisch geschönt und eine Art Illustrierten-Erinnerungskultur etabliert. Die vielen Millionen Opfer des deutschen Angriffskriegs in ganz Europa und den Völkermord an den Juden blendete dieses Geschichtsbild weitgehend aus. Besonders profilierte sich in diesem Geschäft die reaktionäre Springer-Illustrierte *Kristall* unter den Chefredakteuren Ivar Lissner und Horst Mahnke. Lissner, *Kristall*-Chefredakteur seit 1949, war überzeugter Rassist, NSDAP- und SS-Mitglied, Buchautor und Journalist. Sein Vater Robert Hirschfeld war in Riga als Jude zur Welt gekommen, konvertierte später zum Christentum und änderte seinen Namen in Robert Lissner – doch das wusste man auf der SS-Junkerschule, die Sohn Ivar besuchte, nicht. Ivar Lissner wurde Korrespondent des *Völkischen Beobachters* im Fernen Osten und arbeitete gleichzeitig als Spion. 1942 verhafteten ihn die Japaner als Mitarbeiter des Sowjetspions Richard Sorge, für den er jedoch nie tätig gewesen war. Lissner hatte Glück und überlebte; 1945 kehrte er nach Deutschland zurück. Sein Nachfolger als *Kristall*-Chefredakteur war der vom *Spiegel* eingewechselte einstige SS-Scherge Horst Mahnke. In *Kristall* meldeten sich zahleiche Nazi-Edelfedern zurück zum Dienst, beispielsweise Starschreiber Paul Carell, mit richtigem Namen Paul Karl Schmidt. Schmidt/Carell war NSDAP-Mitglied seit 1931, ab 1940 Gesandter 1. Klasse und Chef der Presseabteilung des Auswärtigen Amtes. Nach dem Krieg schrieb Schmidt/Carell in *Kristall, Zeit, Spiegel* und *Welt*. Zudem war er ein enger Berater von Axel Springer bis zu dessen Tod im Jahre 1985. Mit seiner viel beachteten *Kristall*-Serie »Operation Barbarossa« stellte er den Angriff auf die Sowjetunion als heldenhaften Kampf der Wehrmacht gegen den Bolschewismus dar.

Da die erste Garde der Altnazi-Journalisten für die Springer-Presse arbeitete, musste der *Stern* nehmen, was noch übrig blieb: zum Beispiel Jochen von Lang, der – was sich jedoch nicht einwandfrei belegen lässt – unter dem Namen Joachim Piechocki im Krieg als Verbindungsoffizier der SS beim Reichsministerium für Volksaufklärung und Propaganda gedient haben soll. Wie auch immer, sicher ist, dass von Lang seinen *Stern*-Kollegen Gerd Heidemann seit Anfang der Siebzigerjahre ins Thema Drittes Reich eingeführt hat. Der gelernte Elektriker Heidemann war 1951 als Fotograf zum *Stern* gekommen und hatte sich bald zu Nannens Starreporter hochgeknipst. Zum leidenschaftlichen Nazinostalgiker war der einstige Hitlerjunge Heidemann mit Jahrgang 1931 verhältnismäßig spät geworden, doch nachdem es ihn gepackt hatte, wurde es ernst. Er entwickelte einen regelrechten Göring-Fimmel, betrog seine Ehefrau mit Görings jüngster Tochter Edda und kaufte 1973 Görings Motorjacht *Carin II,* um darin dem verblichenen Reichsmarschall des großdeutschen Reiches nach und nach eine Gedenkstätte einzurichten, komplett mit Aschenbecher, Tafelgeschirr und Galauniform.

In der Folge brachte von Lang immer wieder alte Nazis an Bord der *Carin II,* die Heidemann mit gutem Essen, deutschem Sekt und Zigarren bewirtete. So auch Karl Wolff, SS-Obergruppenführer im Ruhestand. Als Obergruppenführer war Wolff der ranghöchste überlebende SS-Scherge in ganz Deutschland. In die Geschichte eingegangen ist er im Zusammenhang mit der »Operation Sunrise«, bei der er im März/April 1945 mit Allan Dulles vom US-Geheimdienst einen Separatfrieden der USA und Großbritanniens mit der deutschen Heeresgruppe Süd aushandelte, hinter dem Rücken der Sowjetunion. Die »Operation Sunrise« wird von Historikern als Beginn des Kalten Krieges interpretiert. Nach wenigen Jahren Haft war Wolff 1949 freigesprochen worden, lebte bis 1962 unbehelligt in Köln und kam im Gefolge des Eichmann-Prozesses erneut vor Gericht und war bereits 1971 wieder auf freiem Fuß. 1975 lernte er *Stern*-Reporter Heidemann kennen. Dabei entstand die Idee, Wolffs Erinnerungen als *Stern*-Buch unter das Volk zu bringen. Gesagt, getan, an einem lauen Sommerabend des Jahres 1976 lud Heidemann Henri Nannen zum Essen auf die *Carin II*. Er machte ihm die Wolff-Story schmackhaft. SS-Obergruppenführer Wolff und US-Oberspion Allan Dulles gemeinsam im Kampf gegen Stalin und die Bolschewisten – das war der Stoff, aus dem man *Stern*-Bestseller machte.

Nazithemen waren auch beim *Stern* Chefsache, und so sprach Nannen bei Manfred Fischer vor und machte sich dafür stark, dass Heidemann für die Wolff-Geschichte einen Buchvertrag ohne Termin für die Lieferung eines Manuskriptes, einen anständigem Vorschuss plus 60 000 Mark Zugabe für den teuren Unterhalt der *Carin II* bekam; Arbeitstitel »Bordgespräche«. Sein Gehalt von über 100 000 Mark pro Jahr plus Dienstmercedes bezog Starreporter Heidemann weiterhin. Finanziell gestärkt und ideell ermuntert durch die Unterstützung von seinem Chefredakteur und Verleger, schritt Heidemann auf dem Weg weiter, der zur Publikation der gefälschten Hitler-Tagebücher führte.

Während beim Arbeitskampf in der Druckerei in Itzehoe und auf der Hamburger Redaktion die Funken stoben und Fischer und Nannen den Buchvertrag ohne Liefertermin vergaßen, kamen sich Heidemann und seine Altnazis an Bord der *Carin II* näher. Doch das Buchrojekt bewegte sich nicht vom Fleck.

Nachdem die »Bordgespräche« endgültig gescheitert waren, konnte Heidemann den teuren Unterhalt der *Carin II* nicht mehr auf Kosten von Gruner + Jahr finanzieren und war gezwungen, die Jacht zu verkaufen. Dabei kam er mit dem Stuttgarter Nazidevotionaliensammler Fritz Stiefel in Kontakt. Stiefel kaufte nicht, hingegen zeigte er ihm stolz das Glanzstück seiner Sammlung: ein Tagebuch Hitlers von Januar bis Juni 1936. Das Tagebuch sei kurz vor Kriegsende aus dem eingeschlossenen Berlin ausgeflogen worden, erzählte Stiefel dem sprachlosen Heidemann. Das Flugzeug sei jedoch in der späteren Sowjetzone abgestürzt, das Wrack sei von Bauern gefunden worden. Das Tagebuch habe er von einem gewissen Fischer gekauft, der Verwandtschaft in der DDR haben solle, wo es noch weitere Hitler-Tagebücher gebe. Vornamen, Adresse und Telefonnummer dieses Fischer nannte ihm der Sammler Stiefel nicht. Stiefel mochte den *Stern* nicht, er war ihm zu links.

Hitler-Tagebücher, endlich hatte Heidemann den Scoop, der den Flop mit den »Bordgesprächen« vergessen machen konnte. Er eilte zurück nach Hamburg, wo Henri Nannen sich vom Tagesgeschäft in der Chefredaktion auf die Position des Herausgebers zurückgezogen hatte. »Bleib mir vom Leib mit deinem Nazischeiß«, soll Nannen Heidemann abgewiesen haben. Auch der neue *Stern*-Ko-Chefredakteur Peter Koch, der die Illustrierte zusammen mit Felix Schmidt und Rolf Gillhausen leitete, wollte nichts von Hitler-Tagebüchern wissen.

Der Einzige auf der Redaktion, der sich für die Hitler-Tagebücher interessierte, war Thomas Walde, Ressortleiter Zeitgeschichte, studierter Historiker und Reservemajor der Bundeswehr. Walde und Heidemann beschlossen, in der DDR nach dem abgeschossenen Flugzeug zu suchen. In der DDR kannten sich beide aus. Heidemann, der bereits in den Fünfzigerjahren mit der Stasi zusammengearbeitet hatte, wurde von der Stasi unter dem Decknamen »Rose« geführt, Walde als »Kiefer«. Im Sommer 1980 reisten »Kiefer« und »Rose« öfters in die DDR. Eine gefälschte Gehaltsliste des westdeutschen Bundesnachrichtendienstes (BND), welche »Kiefer« und »Rose« von der Abteilung Desinformation West der Stasi bekommen hatten, verwerteten sie im Juli 1980 zu einem *Stern*-Artikel mit dem Titel »Ein Maulwurf wird gesucht«. Die Stasi war begeistert und versprach Hilfe bei der Suche nach der abgestürzten Ju 352. Doch DDR-Recherchen waren im Kalten Krieg ein äußerst sensitiver Bereich, dafür brauchten Heidemann und Walde eine Rückversicherung. Da ihre unmittelbaren Vorgesetzten, die Ko-Chefredakteure Peter Koch und Felix Schmidt sowie Herausgeber Henri Nannen, unmissverständlich zu verstehen gegeben hatten, dass sie vom »Nazischeiß« des »Nazispinners Heidemann« nichts wissen wollten, konnte das Plazet für die DDR-Reise in Sachen Hitler-Tagebücher nur vom Verlagsmanagement kommen. Walde weihte den stellvertretenden *Stern*-Verlagsleiter Wilfried Sorge ein, der ein Schulfreund von ihm war. Sorge war Feuer und Flamme für das Projekt und rapportierte stracks seinem Chef, dem Leiter des Zeitschriftengeschäftes Jan Hensmann. Zu viert beantragten Heidemann, Walde, Sorge und Hensmann einen Termin bei Gruner + Jahr-Boss Manfred Fischer. Auch dieser ließ sich mitreißen von der Sache und gab Walde und Heidemann grünes Licht für die DDR-Reise, ohne dass Herausgeber Nannen und die Chefredaktion informiert worden wären.

Im November 1980 recherchierten Heidemann und Walde in der DDR: Volltreffer. Sie fanden die Absturzstelle der Ju 352 in Börnersdorf bei Dresden. Zeitzeugen, die noch in Börnersdorf lebten, erzählten von großen Kisten, die damals aus dem

Wrack abtransportiert worden seien. Zurück im Westen berichteten sie an die drei Eingeweihten Fischer, Hensmann und Sorge im Topmanagement von Gruner + Jahr. Überschlagsmäßig kalkulierten sie, was die Publikation der Hitler-Tagebücher finanziell bringen könnte, und kamen zum Schluss, für den Ankauf könnten bis 2 Millionen Mark bezahlt werden. Heidemann wurde beauftragt, die Ware bis maximal zu diesem Preis zu kaufen. Doch das war schneller gesagt als getan. Sammler Stiefel verschwieg hartnäckig den Namen des Mannes, der ihm einen Band der Hitler-Tagebücher verkauft hatte. Dann machte Heidemann den ehemaligen SS-Mann Jakob Tiefenthäler ausfindig, der gegen Provision Vornamen und Telefonnummer des geheimnisvollen Antiquitätenhändlers und Tagebuchlieferanten herausrückte: Konrad Fischer, Telefonnummer 07152 41981. Am 15. Dezember 1980 rief Heidemann an, und eine Stimme, die sich Fischer nannte und als Antiquitätenhändler bezeichnete, bestätigte ihm die Existenz weiterer Hitler-Tagebücher in der DDR. Zudem gebe es noch zahlreiche weitere Schriften und Bilder des Führers. So *Mein Kampf* dritter Teil und die Oper *Wieland der Schmied,* die der junge Hitler mit seinem Freund August Kubizek komponiert habe. Die Dokumente habe er von seinem Bruder bekommen, einem General der Nationalen Volksarmee der DDR.

Heidemann bot Fischer auf der Stelle 2 Millionen für das ganze Set der angeblich 26 Tagebücher sowie *Mein Kampf* Band 3 und die Oper. Fischer war einverstanden. Die Chefs von Gruner + Jahr würden den *Stern* weltweit in die Schlagzeilen bringen, und das Blatt konnte glänzend beweisen, dass es trotz des Rückzugs von Altmeister Nannen auf den Posten des Herausgebers immer noch die Nummer eins in Deutschland war. Dass Henri Nannen und die neuen Ko-Chefredakteure Peter

Koch, Felix Schmidt und Rolf Gillhausen nicht ins Projekt eingeweiht waren, störte Manfred Fischer nicht, auch nicht, dass nur Reporter Heidemann den Namen des Lieferanten der Hitler-Tagebücher kennen durfte. Im Januar 1981 gab Gruner + Jahr-Boss Fischer grünes Licht. Den vom Tagebuch-Lieferanten geforderten Vorschuss von 200 000 Mark bekam Heidemann in bar ausgehändigt. Er flog noch am selben Abend nach Stuttgart und traf sich am nächsten Morgen erstmals mit dem geheimnisvollen Lieferanten. Die beiden besiegelten den Zwei-Millionen-Deal. Heidemann zahlte den Vorschuss und sicherte Geheimhaltung zu. Der Lieferant versprach, bei seinem Bruder, dem NVA-General, die erste Lieferung zu beschaffen und sich dann wieder zu melden. Am 17. Februar 1981 lieferte er die ersten drei Hitler-Tagebücher persönlich nach Hamburg. Tags darauf präsentierte Heidemann die drei Hefte der Tagebuch-Truppe bei Gruner + Jahr: Fischer, Hensmann, Sorge und Walde. Alle waren begeistert. Später sprach Fischer dann von einer Art Kollektivwahn, der ihn und die anderen erfasst habe.

Am 9. März reiste Manfred Fischer nach Gütersloh und informierte Reinhard Mohn. Anfang April 1981 wurden fünf weitere Bände der Tagebücher geliefert. Zur Feier des Tages lud Heidemann seine Chefs an Bord der *Carin II.* Manfred Fischer war zum ersten Mal auf der Göring-Jacht. Heidemann demonstrierte der andächtig staunenden Herrenrunde das mit Chromstahl verstärkte Spezialklo des Reichsmarschalls. So bekam die Bertelsmann-Führungskraft Fischer seine ganz persönliche Begegnung mit Görings Klo, nachdem Heinrich Mohn mit der Aufrüstungspolitik des Luftmarschalls viel Geld verdient und Reinhard Mohn sich im Ausbildungsregiment der Göring-Division den Leutnantsgrad geholt hatte.

Anfang Mai 1981 informierte Manfred Fischer den *Stern*-

Herausgeber und die drei Ko-Chefredakteure erstmals über die Hitler-Tagebücher, doch die vier protestierten nicht. Ende Juni 1981 verließ Fischer dann Gruner + Jahr und trat Reinhard Mohns Nachfolge im Vorstandsvorsitz von Bertelsmann an. Neuer Chef bei Gruner + Jahr wurde Gerd Schulte-Hillen. Er übernahm das Projekt der Hitler-Tagebücher von seinem Vorgänger – warum sollte er auch nicht, schließlich war ja alles abgesegnet von Reinhard Mohn persönlich. Als Heidemann im Sommer 1981, nach der Lieferung von einem guten Dutzend weiterer Hitler-Bände, mitteilte, der Lieferant habe inzwischen in der DDR statt der bisher versprochenen einundzwanzig Bände deren einundvierzig ausfindig gemacht, brauche jedoch statt der bisher 85 000 Mark neu 200 000 Mark pro Band, da verschiedene Stellen bei der Stasi und der NVA bestochen werden müssten, stimmte Schulte-Hillen der massiven Verteuerung ohne Diskussion zu. Während der Fälscher Fischer einen Band nach dem anderen lieferte, beschlichen Schulte-Hillen Zweifel, allerdings nicht wegen der Echtheit der Tagebücher, sondern wegen der ständig steigenden Kosten. Im Oktober 1982 war die Zahl der Tagebücher bei über vierzig Stück angelangt, die erst den Zeitraum bis Ende 1941 abdeckten und für die der anonyme Lieferant fast 8 Millionen Mark in bar bezogen hatte. Kalkuliert hatte Gruner + Jahr mit Beschaffungskosten von 2 Millionen für einundzwanzig Tagebücher, jetzt sollten es sechzig Bände werden. Da der Fälscher ständig neues Material versprach, befürchteten Heidemann und Walde, die Quelle in der DDR könnte versiegen, sobald die Existenz der Tagebücher öffentlich bekannt geworden war. Deshalb schlugen sie vor, zuerst eine Serie über den Englandflug von Rudolf Hess zu machen, ohne die Existenz der Tagebücher zu erwähnen. Doch Schulte-Hillen hatte Bedenken und versammelte alle, die von den Tagebüchern wussten, in seinem Büro. Nannen sagte, es sei Schwachsinn, die Hitler-Tagebuch-Story mit einer sechsteiligen Hess-Serie zu beginnen, in der gar nichts Neues drinstehe. Diese Story müsse mit der sensationellen Fundgeschichte aufgemacht werden, mit Dokumenten, Gutachten, historischen Betrachtungen. Es brauche Begleittexte erstklassiger Autoren – Sebastian Haffner, Joachim Fest. Zudem wollte Nannen eine Metaebene in die ganze Geschichte einbringen: Wenn Hitler Tagebücher geschrieben habe, dann könne dies nur zur Rechtfertigung seiner Verbrechen vor sich selbst und der ganzen Welt geschehen sein, das müsse kritisch beleuchtet werden. Auf diesen Gedanken war bislang noch keiner gekommen. Ebenfalls gegen die Hess-Geschichte war Ko-Chefredakteur Felix Schmidt. Trotz dieser Kritik sanktionierte Schulte-Hillen die Hess-Serie ohne Erwähnung der Hitler-Tagebücher.

Dann kam eine eiskalte Dusche. Als Schulte-Hillen der US-amerikanischen Bertelsmann-Tochter Bantam Books die englischen Rechte an der Hess-Serie anbot, war diese ganz und gar nicht interessiert. »Who cares about Hess?«, meinte Bantam-Boss Alberto Vitale. Um des Führers Stellvertreter scherten sich die Amerikaner einen Teufel. Seit dem Großerfolg des TV-Vierteilers *Holocaust* von 1978 seien die Amerikaner vor allem an der Geschichte des Judenmords interessiert. Dieses Desinteresse war für Schulte-Hillen fatal, der gewiefte Verlagsmanager wusste, dass er die enormen Vorlaufkosten des Projektes »Grünes Gewölbe« nur auf globalen Märkten würde einspielen können, zuallererst in den USA. Nun blieb ihm nichts anderes übrig, als die Hess-Serie mit der Enthüllung der Tagebücher zu koppeln. Als Tag X wurde der 5. Mai 1983 festgelegt. In der Folge begann Verlagsmanager Sorge, den internationalen Großverlagen die fremdsprachigen Rechte an den Tagebüchern anzubieten.

News Corporation von Rupert Murdoch und das Magazin *Newsweek* bissen an.

Nachdem die Experten von Murdoch und *Newsweek,* der Cambridge-Historiker Hugh Trevor-Roper und Gerhard Weinberg von der University of North Carolina, die Hitler-Tagebücher für echt befunden hatten, begann am 15. April 1983 der Poker um die englischsprachigen Rechte. Murdoch bot 2,5 Millionen Dollar, *Newsweek* bot 3 Millionen, Schulte-Hillen gab *Newsweek* den mündlichen Zuschlag und sagte Murdoch ab. Darauf erhöhte Murdoch auf 3,75 Millionen und Schulte-Hillen zog die Zusage an *Newsweek* zurück. Als sich nun Murdoch und *Newsweek* zusammentaten und die 3,75 Millionen je hälftig übernehmen wollten, war wiederum Schulte-Hillen nicht einverstanden und erhöhte den Preis für die beiden auf 4,25 Millionen. Unter Fluchen und Protest verließen darauf Murdoch und der Vertreter von *Newsweek* samt ihren zahlreichen Anwälten den Saal.

Drei Tage später flogen Schulte-Hillen und Ko-Chefredakteur Koch nach New York, wo ihnen Murdoch nach anfänglichem Hinhalten erklärte, *Newsweek* sei nicht mehr interessiert und er biete 1,2 Millionen Dollar, mehr nicht. Schulte-Hillen hatte hoch gepokert und verloren. Zusammen mit den anderssprachigen Rechten kassierte Gruner + Jahr aus dem Verkauf der weltweiten Lizenzen an den Hitler-Tagebüchern insgesamt 1,975 Millionen Dollar – viel weniger als erhofft, trotzdem war es das größte internationale Geschäft in der Geschichte von Gruner + Jahr.

Da Murdoch die Hitlergeschichte in der *Sunday Times* bereits am 24. April groß aufgemacht publizieren wollte, musste Schulte-Hillen den Tag X beim *Stern* auf eine Sondernummer von Montag, dem 25. April vorziehen. Nachdem ihm zu Ohren gekommen war, dass die *Times* die Existenz der Hitler-Tagebücher bereits am Samstag, dem 23. April zu melden gedachte, mit einem Kommentar des Experten Trevor-Roper, der die Echtheit bestätigte, ließ Gruner + Jahr schließlich die Katze am Freitag, dem 22. April 1983 aus dem Sack. In einer Presseerklärung erfuhr die Welt von der Existenz der Hitler-Tagebücher. Am Montag folgte dann die *Stern*-Spezialausgabe: »Hitlers Tagebücher entdeckt. – Die Geschichte des Dritten Reiches muss teilweise umgeschrieben werden«.

Zur Präsentation der Weltsensation veranstaltete die *Stern*-Redaktion eine Pressekonferenz. Was als Siegesfeier gedacht war, endete im Desaster. Die Mehrzahl der Fragen kreisten um die Echtheit der Tagebücher, und der *Stern*, der sich zuvor um diese Frage kaum gekümmert hatte, musste den Beweis schuldig bleiben. Trevor-Roper, der in seinem *Times*-Artikel zwei Tage zuvor noch felsenfest von der Echtheit überzeugt gewesen war, schien aus seiner Betäubung erwacht und meldete Zweifel an. Auch der *Newsweek*-Experte Weinberg schien plötzlich unsicher. Die anwesenden Journalisten griffen die ambivalenten Historikerstatements auf und fragten: Warum fehlt die forensische Prüfung des Materials, aus dem die Tagebücher hergestellt worden waren? Weshalb wurde der Inhalt der Tagebücher von keinem maßgeblichen Historiker des Dritten Reiches geprüft? Weil die *Stern*-Redaktion diese Fragen nicht zu beantworten vermochte, entschied Schulte-Hillen, dem deutschen Bundesarchiv drei Exemplare der Tagebücher zu geben zur Überprüfung der Echtheit nach allen Regeln der Kriminaltechnik. Dies würde allerdings einige Tage in Anspruch nehmen.

Am 1. Mai 1983 kam der *Spiegel* in seiner Titelgeschichte »Fund oder Fälschung« nach sachlicher Abwägung der bis dahin bekannten Fakten zum Schluss, die Tagebücher seien gefälscht.

Bei Schulte-Hillen trafen gleichzeitig die ersten Resultate der forensischen Untersuchung des Bundesarchivs ein: Das Papier aller drei Hefte enthielt synthetische Substanzen, die entweder erst nach dem Krieg erfunden oder, wenn bereits früher bekannt, erst nach dem Krieg in der industriellen Papierproduktion eingesetzt worden waren. Trotzdem verteidigte Ko-Chefredakteur Koch am 5. Mai die Echtheit der Tagebücher. Noch am Morgen des 6. Mai beantwortete sein Kollege Schmidt kritische Fragen aus den Reihen der Redakteure mit dem Satz »Die Echtheit der Tagebücher ist heute Morgen gewisser den je«. Zur gleichen Stunde hielten die Gruner + Jahr-Anwälte die definitiven Resultate des forensischen Gutachtens des Deutschen Bundesarchivs in den Händen: Zweifelsfreie Fälschung. Im Papier fand sich ein erst 1955 erfundenes synthetisches Bleichmittel, die benutzte Tinte war neuesten Datums, die Schreibmaschinentexte waren zwar auf einem zeitgenössischen Modell geschrieben, doch anhand des Schriftbildes mussten die angeblich aus der Zeit zwischen 1933 und 1941 stammenden Schriftproben in sehr kurzem zeitlichem Abstand getippt worden sein. Inhaltlich identifizierten die Historiker des Bundesarchivs das zweibändige Werk des Archivars Max Domarus *Hitler – Reden und Proklamationen 1932 bis 1945* als Hauptquelle, dessen Text der Fälscher Wort für Wort kopiert hatte, inklusive inhaltlicher Fehler und Druckfehler. Das Bundesarchiv hatte gleichzeitig auch den deutschen Innenminister Friedrich Zimmermann informiert, der sich als strammer CDU-Mann die Gelegenheit nicht entgehen ließ, noch am gleichen Morgen eine Pressekonferenz einzuberufen, um die verhasste Linkspostille *Stern* schadenfroh zu demütigen.

Bei Gruner + Jahr war die Hölle los. Auf der unverzüglich einberufenen Redaktionskonferenz versprachen Schulte-Hillen und Nannen die Bestrafung aller Schuldigen. Der auf den Itzehoer Druckmaschinen gerade laufende Andruck des dritten Teils der Hess-Serie wurde gestoppt und durch den Artikel »Geburt ohne Risiko« aus dem Stehsatz ersetzt. Aus Gütersloh eilten Reinhard Mohn und sein Vorstandsvorsitzender Mark Wössner nach Hamburg. Schulte-Hillen bot seinen Rücktritt an, doch Mohn lehnte ab: »Das stehst du durch, du bist nicht der Hauptschuldige.« Bestraft hat Mohn ausgerechnet die Ko-Chefredakteure Peter Koch und Felix Schmidt, also jene, die Heidemann von Anfang an misstraut hatten und erst ins Projekt »Grünes Gewölbe« eingeweiht wurden, als alles aufgegleist war. Reinhard Mohn hat Koch und Schmidt entlassen, obwohl er wissen musste, dass es den Skandal mit den gefälschten Hitler-Tagebüchern nie gegeben hätte, wenn es nach ihnen gegangen wäre. Ein großzügiges Schweigegeld von je 3 Millionen Mark half den beiden darüber hinweg.

Nach der Entlassung der Ko-Chefredakteure geriet der *Stern* in eine schwere Krise. Als Herausgeber sollte neu das Triumvirat Henri Nannen, Peter Scholl-Latour und Johannes Groß zeichnen, mit Scholl-Latour und Groß als neuen Ko-Chefredakteuren, obwohl beide keinerlei Erfahrung mit Illustrierten hatten und mit ihrer bürgerlichen und wirtschaftsfreundlichen Gesinnung schlecht ins linksliberale *Stern*-Biotop passten. In einer bis dahin beispiellosen Personalunion sollten Scholl-Latour und Groß auch in den Gruner + Jahr-Vorstand einziehen. Reinhard Mohn hatte die Gunst der Stunde genutzt. Als er den *Stern* übernommen hatte, gab es dort eine autonome Redaktionskommission auf Augenhöhe mit dem Verleger. Zehn Jahre später hatte der Verleger die Redaktion erobert, auch wenn es noch einige Scharmützel zu überstehen galt, bevor die Arbeit vollendet war.

Der hartnäckige Widerstand der Redaktion gegen Scholl-Latour und Groß zwang Reinhard Mohn dazu, ein Stück weit nachzugeben – frontal gegen die Redaktion konnte selbst ein Reinhard Mohn den *Stern* nicht machen. Groß demissionierte im Sommer 1983, während Scholl-Latour die Redaktion einige Monate länger nerven durfte, bevor auch er im Januar 1984 wieder abtrat. Parallel dazu ging die Tagebuch-Führungsriege: Henri Nannen trat Ende 1983 als *Stern*-Herausgeber zurück, Zeitschriftenchef Hensmann ging im November 1983. Ko-Chefredakteur Gillhausen wurde per Jahresende frühpensioniert, *Stern*-Verlagschef Sorge kündigte im Frühjahr 1984. Ressortleiter Walde verließ den *Stern* ebenfalls und bekam einen Job bei der neuen Hamburger Privatradiostation von Bertelsmann. Schadlos überstanden hat das ganze Tagebuchdebakel nur einer: Gerd Schulte-Hillen.

Im August 1984 begann in Hamburg der Prozess gegen Reporter Heidemann und den Fälscher Konrad Kujau alias Konrad Fischer, der bis zum Juli 1985 dauerte. Außer Reinhard Mohn hatten alle Protagonisten ihren Auftritt. Ein jeder schob die Schuld auf Heidemann und Kujau. Lediglich Walde übernahm »in gewissem Maße« Mitverantwortung. Staatsanwalt Dietrich Klein sah Gruner + Jahr und den *Stern* als Opfer und forderte sieben Jahre Gefängnis für Heidemann und sechs für Kujau. Die beiden Angeklagten hätten dem *Stern* mit einem »ungeheuren Potenzial an krimineller Energie« erheblichen Schaden zugefügt. Und weiter: »Die öffentliche Meinung, man hätte die Fälschung schnell bemerken müssen, trifft nicht zu. (…) Alle sind reingefallen: renommierte Gutachter, kompetente Wissenschaftler und auch staatliche Stellen.«

Im Juli 1985 sprach das Gericht sein Urteil: Vier Jahre acht Monate für Heidemann, vier Jahre sechs Monate für Kujau.

Gemäß Urteil hatte Heidemann dem Fälscher Kujau nur gut 2 Millionen Mark bezahlt, über 6 Millionen sind bis heute nicht wieder aufgetaucht. Total zahlte Gruner + Jahr 9,34 Millionen Mark für 61 Tagebücher. Das Gericht war der Darstellung des Staatsanwaltes vom *Stern* als Opfer nicht gefolgt und hatte ein erhebliches Mitverschulden des geschädigten Hauses Gruner + Jahr festgestellt – die Fälschungen seien Kujau geradezu aus der Hand gerissen worden. Für Heidemann akzeptierte das Gericht als strafmildernd, dass er selbst von der Echtheit der Tagebücher ausgegangen war und die Redaktion wiederholt zur Überprüfung durch Experten angehalten hatte. Heidemann und Kujau wurden 1988 aus dem Gefängnis entlassen. Kujau starb 2000, Heidemann lebt in Hamburg von Sozialhilfe.

Trotz dieser Einschränkungen machte das Hamburger Urteil den Fälscher Kujau und den Reporter Heidemann zu Sündenböcken. Die Richter halfen mit, dass der Skandal der gefälschten Hitler-Tagebücher beim *Stern*, bei Gruner + Jahr und bei Bertelsmann nur einen geringen Reputationsschaden hinterließ.

Während in Hamburg der Hitler-Tagebuch-Prozess zu Ende ging, folgte der zweite Tiefpunkt der Verarbeitung der Geschichte des Dritten Reiches im Hause Bertelsmann: die Firmenchronik *150 Jahre Bertelsmann 1835–1985*. Bezahlte Jubelschriften von Großunternehmen sind keine kritische Geschichtsschreibung, das versteht sich von selbst, doch Geschichtsfälschung zu betreiben wie in dieser Chronik, wagten nur wenige. Die Festschrift kolportierte die im Mai 1945 in die Welt gesetzte Legende vom evangelischen Widerstandsverlag, der von den Nazis aus politischen Gründen schikaniert, 1944 geschlossen und dessen Führungspersonal unter fadenscheinigen Vorwänden verhaftet worden sei. Dies obwohl die vielen noch lebenden Zeitzeugen und auch Reinhard Mohn selbst wussten, dass die Verlagsschließung keine gegen Bertelsmann gerichtete Einzelmaßnahme, sondern ein Teil der allgemeinen Einstellung sämtlicher nicht kriegswichtigen Wirtschaftszweige gewesen war und dass nur der Verlag, nicht aber die Druckerei geschlossen worden war.

Eine wichtige Rolle als Koordinator bei der Entstehung der gezinkten Festschrift spielte ebenjener Historiker Dirk Bavendamm, der als freier *Stern*-Mitarbeiter 1980 ein von Tagebuchfälscher Kujau angefertigtes Hitler-Gedicht mit Zeichnungen publiziert hatte. Sein Artikel erschien im November 1980 unter dem Titel »Gereimtes vom Gefreiten H.« mit der Stoßrichtung, Hitler war auch nur ein Mensch. Der *Stern* hat die Falschmeldung nie korrigiert. Nach seinem Weggang vom *Stern* hatte Bavendamm 1983 das Buch *Roosevelts Weg zum Krieg* publiziert. Darin vertritt er die These, der größte Kriegstreiber sei in den Dreißigerjahren weniger Hitler als der US-Präsident Franklin D. Roosevelt gewesen. Roosevelt habe die globale Hegemonie der USA angestrebt, das Britische Empire noch ganz abwracken und die Achsenmächte Deutschland, Japan und Italien vernichten wollen. Den Kampf gegen den Kommunismus und die Sowjetunion habe Roosevelt nur auf Sparflamme weitergeführt. Als Vorwand für den Kriegseintritt habe er den japanischen Angriff auf Pearl Harbour provoziert, um die isolationistisch gesinnte US-Bevölkerung auf Kriegskurs zu bringen. Später edierte Bavendamm die Briefe von Hitler-Stellvertreter Rudolf Hess, zu denen er schrieb: »Die nun schon einige Jahre zurückliegende Veröffentlichung der falschen ›Hitler-Tagebücher‹ durch eine Hamburger Illustrierte erschwert auch heute noch jeden ernsthaften Versuch, unser in vielfacher Hinsicht verzerrtes Bild von der jüngeren deutschen Geschichte mithilfe neuer Dokumente zurechtzurücken. (…) Zwar gehe ich nicht so weit wie die, die seinerzeit behaupteten, nun müsse die Geschichte des Dritten Reichs umgeschrieben werden. Die hier erstmals veröffentlichte Korrespondenz erlaubt aber an dem Bild, das wir uns von Rudolf Hess, Adolf Hitler und der Entstehung des Nationalsozialismus gemacht haben, manche Korrektur.« Nach seinem Roosevelt-Buch bekam Bavendamm von Reinhard Mohn den Auftrag zu einer historischen Studie über die Gründerväter des Hauses Bertelsmann, die 1984 mit einem zustimmenden Vorwort von Reinhard Mohn in den *Bertelsmann Briefen* erschien. 1986 schließlich schrieb Bavendamm im Auftrag Mohns die Familiengeschichte *Bertelsmann, Mohn, Seippel. Drei Familien – Ein Unternehmen.*

Die Widerstandslegende aus der Festschrift haben die Bertelsmänner bis Ende 1998 aktiv verbreitet, so zum Beispiel Reinhard Mohn 1992 in der ZDF-Sendung »Zeitzeugen des Jahrhunderts« oder Bertelsmann-PR-Chef Manfred Harnischfeger 1993 gegenüber den zwei US-Buchautoren Richard J. Barnet und John Cavanagh. Wieder einmal hatte sich eine Rechtfertigungslegende zur vermeintlichen historischen Wahrheit verfestigt. Als Thomas Middelhoff im November 1998 Bertelsmann-Chef wurde, meldete die Londoner Wirtschaftszeitschrift *The Economist:* »Bertelsmann wurde während des Krieges von den Nazis geschlossen, weil der damalige Chef Heinrich Mohn ein strenggläubiger Christ war.« Doch bereits einen Monat später war Middelhoff gezwungen, eine vom Unternehmen finanzierte Unabhängige Historische Kommission »Bertelsmann im Dritten Reich« einzusetzen, die vom Historiker Saul Friedländer präsidiert wurde.

Going global

12. Quantensprung im US-Geschäft

1986 kaufte Bertelsmann für 1,7 Milliarden Mark den Buchverlag Doubleday Dell und die Musikfirma RCA Records. Der bislang größte Zukauf in der Geschichte des Unternehmens machte Bertelsmann bis zur Fusion von Time Warner mit CNN zum größten Medienunternehmer der Welt. Umsatzmäßig rückten die USA auf den ersten Platz, knapp vor der Bundesrepublik, Spanien und Frankreich.

Unerfahren war Bertelsmann 1986 auf den US-Medienmärkten nicht, ganz im Gegenteil. Sein erstes US-Unternehmen hatte Reinhard Mohn bereits ein Jahrzehnt zuvor gestartet. Die Ziele seines Engagements in den USA erläuterte er 1976 in einem Referat vor der Deutsch-Amerikanischen Handelskammer New York: »Nach der Zielvorstellung unseres Hauses wollen wir nicht nur als Investor tätig werden, sondern vielmehr als Unternehmer. Wir wollen also nicht nur eine gute Verzinsung des eingesetzten Kapitals erzielen, sondern wir möchten unternehmerisch und gestaltend tätig sein. Dabei betrachten wir das Kapital lediglich als eins von verschiedenen notwendigen Werkzeugen.«

Im Unterschied zu Europa exportierte Bertelsmann nicht sein Lesering-Konzept in die USA, sondern übernahm 51 Prozent von Bantam Books, einem führenden Taschenbuchverlag mit Sitz in New York. Bantam war 1945 von einigen großen US-Verlagen zur Zweitverwertung von Hardcover-Ausgaben gegründet worden und betrieb auch spezialisierte Großdruckereien für Taschenbücher. Später kam Bantam dann ins Portefeuille der italienischen IFI (Istituto Finanziario Industriale), einer Beteiligungsgesellschaft der italienischen Fiat-Familie Agnelli. Statthalter der Agnellis im US-amerikanischen Buchgeschäft war Alberto Vitale, ein jüdischer Italiener, der seine Jugend in Ägypten verbracht hatte, später die Wharton School, die Business-Schule der University of Pennsylvania, absolviert hatte und schließlich in die Dienste der Familie Agnelli trat. Bevor er zu Bantam kam, arbeitete Vitale für Fiat und für die Agnelli-Familienholding IFI. Vitale blieb auch unter dem neuen Mehrheitseigner Bantam-Geschäftsleiter und avancierte zum ersten Juden im oberen Führungspersonal von Bertelsmann. Ein Jahr nach dem Bantam-Deal kaufte Bertelsmann von Agnelli auch noch den Mailänder Verlag Fratelli Fabbri.

Gleichzeitig mit der Übernahme von Bantam öffnete 1976 auch Ariola America Inc. in Beverly Hills ihre Tore. Das war keine Überraschung, die Ariola-Auslandexpansion war stets parallel zum Buchgeschäft gelaufen: Holland, Spanien, Frankreich, Österreich, die Schweiz und Italien – immer auf den Spuren des Leserings. Doch was in Europa funktionierte, hatte im US-Musikbusiness nicht den Hauch einer Chance. Bereits ein Jahr nach der Gründung verschwand der deutsche Outsider sang- und klanglos von der Bühne. Der Flop machte klar, dass Bertelsmann im geschlossenen Kreis des US-Musikbusiness einen lokalen Partner brauchte, den die Bosse der eng mit dem Hollywood-Filmbusiness verflochtenen Branche akzeptierten. Mit Clive Davis, dem Gründer und Leiter des Labels Arista Records, war dieser Partner schließlich gefunden und Bertelsmann bekam einen Fuß in die Tür des damals noch sehr lukrativen US-Musikgeschäftes. Davis gehörte dazu und kannte sie alle. Als der Entdecker der Rocklegende Janis Joplin war er ein mit allen Wassern gewaschener Branchenprofi. Er hatte CBS Records geleitet, bis er 1973 einen Karriereknick verkraften musste, als publik wurde, dass er sich an der Firmenkasse vergriffen hatte. Darauf gründete Davis mit Elliot Goldman ein eigenes Plattenlabel mit dem Namen Arista, das er 1978 zu 50 Prozent und 1980 ganz an Bertelsmann verkaufte.

Entsprechend dem Buchgeschäft machte 1986 auch das Bertelsmann-Musikgeschäft einen Quantensprung. RCA Records hatte Anfang des 20. Jahrhunderts mit Enrico Caruso, Sergej Rachmaninow, Arturo Toscanini begonnen. In den Zwanzigerjahren fusionierte RCA-Boss David Sarnoff das Schallplattengeschäft mit der Werbung zum Kommerzradio, später diversifizierte er erfolgreich ins Film- und Fernsehbusiness. Robert Sarnoff, der Sohn von David Sarnoff, verpasste allerdings in den Sechzigerjahren den Anschluss an den ewigen Rivalen CBS Records und die britische Popmusik. Hätte Sarnoff einige Jahre zuvor nicht einen talentierten Jüngling mit Brillantine im Haar unter Vertrag genommen, wäre RCA Records wohl pleite gegangen, doch Elvis Presley rettete die Plattenfirma, zumindest fürs Erste. Ende der Siebzigerjahre geriet das Musikbusiness in eine Krise, und auch Bertelsmanns Label Arista begann Verluste zu schreiben. Konsolidierung war angesagt. 1983 tauschte Bertelsmann schließlich die Hälfte von Arista gegen ein Viertel an RCA Records. Etwa gleichzeitig nahm Clive Davis für Arista die neunzehnjährige Whitney Houston unter Vertrag, die 1985 ihren ersten Nummer-eins-Hit lieferte. Houston soll total 100 Millionen Dollar Gewinn in die Arista-Kasse gespült haben. 1986 übernahm Bertelsmann von General Electric für 333 Millionen Dollar auch noch die restlichen 75 Prozent von RCA Records. Der junge Richard Sarnoff, Urenkel von RCA-Gründer David Sarnoff, wechselte ins Bertelsmann-Führungspersonal, fand den Anschluss an die Mohn'sche Unternehmenskultur und machte in der Folge bei Reinhard Mohn Karriere; heute sitzt Richard Sarnoff als Führungskräftevertreter im Aufsichtsrat der Bertelsmann AG.

1978 expandierte auch Gruner + Jahr in die USA und kaufte dort die Elternzeitschrift *Parents,* 1979 folgte die Lancierung von *GEO USA*. Allerdings erwies sich der US-Zeitschriftenmarkt als ähnlich schwierig wie der Musikmarkt. Der Misserfolg von *GEO USA* verursachte Gruner + Jahr gegen zehn Millionen Dollar Verlust. Auch der Versuch, das Lesering-Konzept doch noch in die USA zu exportieren, endete zu Beginn der Achtzigerjahre im Fiasko. Im Großraum Chicago hatte man mit achtzig Vertretern erfolglos versucht, den American Circle Book Club aufzubauen. Ein weiterer Misserfolg war der 1984 missratene Kauf des Magazins *U.S. News & World Report.* Bertelsmann bot 130 Millionen Dollar, den Zuschlag bekam ein anderer, nämlich der Immobilienhändler und Zeitschriftenverleger Mortimer Zuckerman.

Auf der Aktivseite des US-Geschäftes verbuchte Bertelsmann das erfolgreiche Geschäft von Bantam Books. Dort konnte Vitale schalten und walten, wie er wollte. Solange die Kasse stimmte, redete ihm Ulrich Wechsler von der Münchner Verlagsgruppe nicht drein – getreu dem pluralistischen Verlagskonzept und der dezentralisierten Führungstechnik. Dank dem Erfolg von Bantam und anderen internationalen Verlagen übertraf der gesamte Auslandsumsatz der Verlagsgruppe Bertelsmann 1980/1981 mit 354 Millionen Deutsche Mark erstmals den Binnenumsatz von 280 Millionen. 1984/1985, dem letzten Geschäftsjahr vor der Übernahme von Doubleday Dell, belief sich der Inland-Verlagsumsatz auf rund 350 Millionen Mark, der Auslandsumsatz auf rund 550 Millionen Mark, erbracht von total 28 Verlagen in einem guten Dutzend Ländern und mit 2700 Mitarbeitern. Die zugekaufte Doubleday-Dell-Gruppe ergänzte Bantam ideal. Vitale bekam einen ganzen Stall voller Bestsellerautoren unter Vertrag: Kurt Vonnegut, Joseph Heller, James Clavell, James Baldwin, Danielle Steel und Norman Mailer. Mit seinen diversen Verlagen, Buchclubs und Druckereien machte Doubleday Dell einen Gesamtumsatz von 480 Millionen Dollar, was für Bertelsmann nach damaligem Wechselkurs auf eine Verdoppelung der Verlagsumsätze von 900 Millionen Mark auf 1,8 Milliarden hinauslief. Vitale blieb weiterhin Chef, nun von Bantam Doubleday Dell.

Um der ganzen Welt zu zeigen, was es in Gütersloh geschlagen hatte, verlegte Vorstandschef Mark Wössner nach dem Kauf von RCA und Doubleday Dell 1986 sein Büro eine Zeit lang offiziell nach New York in den US-Hauptsitz von Bertelsmann. Mitgereist war auch seine rechte Hand Michael Dornemann, der eine wichtige Rolle bei den Zukäufen gespielt hatte. Dornemann war einstmals Wössners kaufmännischer Bereichsvorstand der Druck- und Industriebetriebe gewesen und wechselte 1983 zu Monti Lüftners Unternehmensbereich Musik/Film/Fernsehen nach München. 1985 kam Dornemann in den Bertelsmann-Vorstand mit dem Auftrag, die Expansion in den USA voranzutreiben.

Die Eingliederung der zwei gekauften US-Unternehmen führte zur Reorganisation des Verlags- und Musikgeschäfts bei Bertelsmann. Schlagerkönig und Drückerkolonnenveteran Lüftner ging in Pension. Das zuvor von München aus gemeinsam mit dem Film- und TV-Bereich geführte Musikbusiness wurde vom Film- und TV-Bereich getrennt, in Bertelsmann Music Group BMG umfirmiert, und der neue BMG-Hauptsitz zog in den Bertelsmann-Wolkenkratzer nach New York. BMG besetzte hinter Warner/PolyGram, CBS und EMI den vierten Rang der internationalen Majors im Musikbusiness. BMG-Chef Michael Dornemann residierte voll amerikanisiert im Eckbüro im 44. Stock am Times Square. Gerade rechtzeitig für die kommenden zehn fetten Jahre im Musikgeschäft hatte sich BMG als Major Player im US-Musikbusiness etabliert – zwei Jahre bevor Sony CBS Records übernahm. Im ersten vollen Geschäftsjahr 1987/1988 schrieb BMG einen Umsatz von 2,6 Milliarden Mark. Zehn Jahre zuvor hatte Bertelsmann im Musikbereich noch etwa 200 Millionen Mark Umsatz gemacht.

Schwieriger als der Zusammenschluss im Musikgeschäft erwies sich die Integration von Doubleday Dell in die Verlagsgruppe. Nach einigem Hin und Her zwischen New York, München und Gütersloh demissionierte schließlich 1988 der für die Verlage zuständige Ulrich Wechsler. Neuer Chef der Verlagsgruppe wurde Frank Wössner, der Bruder von Mark Wössner. Im Tagesgeschäft war Wössner nur für die deutschsprachigen Verlage zuständig, operativer Leiter der Auslandverlage wurde Bernhard von Minckwitz, der im New Yorker Bertelsmann-Hauptsitz einzog. Die Neuorganisation des US-Verlagsgeschäftes lief de facto auf eine verstärkte Kontrolle durch die Zentrale hinaus. Das beschnitt Alberto Vitales Spielraum, der in der Folge Bertelsmann nach über zehn erfolgreichen Jahren bei Bantam verließ.

Gemanagt wurde das US-Business vom Vorstandsvorsitzenden Mark Wössner, dessen rechte Hand Michael Dornemann zwischen Gütersloh und New York pendelte. Vor Ort bauten Wössner und Dornemann eine Amerikazentrale auf, zu der 1989 Peter Olson stieß.

Olson, ein US-Staatsbürger mit deutscher Mutter, der in

Harvard Jura studiert, den MBA erworben und einige Jahre im Investmentbanking der Dresdner Bank in Tokio gearbeitet hatte, war bereits ein Jahr zuvor zu Bertelsmann gekommen. Mit seiner russischen Frau und den fünf Kindern – drei eigenen und zwei adoptierten – zog er nach Gütersloh, wo man den fließend Deutsch sprechenden Deutsch-Amerikaner ein Jahr lang in der frommen Milch der Mohn'schen Unternehmenskultur badete. Das gefiel dem Mann aus La Grange, Illinois, so gut, dass es ihn schon beinahe beunruhigte: »I was disturbingly at home« – »Ich fühlte mich erschreckend zu Hause«, sagte Olson gegenüber einer Reporterin der *New York Times* über seine Lehrzeit in der Zentrale. 1989 schickte Wössner Olson nach New York, wo er die Administration verstärkte und nach einiger Zeit zum Finanzchef und später zum Geschäftsleiter von Bantam Doubleday Dell aufstieg. Als er den Verlag sanieren musste, sagte Olson, damals nach eigenem Bekunden ein stolzer Zyniker und Atheist: »Ich habe nach dem Motto geschossen: Selbst wenn es einen Unschuldigen trifft, ist es auch nicht schade. Denn es musste sich etwas bewegen.« Ein Satz, den ein geläuterter Olson später, als er kein Zyniker und Atheist mehr sein wollte, bereute.

Als dann die Mauer fiel, der Kalte Krieg endete und die Sowjetunion unterging, da war Bertelsmann in den USA ideal positioniert, um vom kommenden Globalisierungsschub zu profitieren. 1945, zu Beginn der Epoche, die nun zu Ende ging, war Reinhard Mohn auf der Seite der Verlierer gewesen, 1989 fand er sich im Lager der Sieger. Bertelsmann war in den USA der zweitgrößte Buchverleger, ein großer Drucker, der drittgrößte Musik-Major und ein mittelgroßer Zeitschriftenverleger.

13. Unternehmenskultur III

1986 publizierte Reinhard Mohn im Bertelsmann-eigenen Siedler Verlag sein erstes Buch *Erfolg durch Partnerschaft.* Dass das Buch bei Siedler und nicht im C. Bertelsmann Verlag erschien, muss als politisches Statement von Reinhard Mohn verstanden werden. Verlagschef Wolf Jobst Siedler war ein intellektuelles Schwergewicht aus dem konservativen Lager und besetzte im Rahmen des organisierten Pluralismus der Bertelsmann-Publizistik den rechten Rand. Bevor Siedler den Verlag gründete, hatte er fast zwanzig Jahre lang die zwei führenden konservativen Verlage der Bundesrepublik, Propyläen und Ullstein, geleitet, die damals zum Axel-Springer-Konzern gehörten. Siedlers größte verlegerische Leistung waren zwei Bücher von Hitlers liebstem Architekten und späterem Rüstungschef Albert Speer: *Erinnerungen* und *Spandauer Tagebücher.* Als Speer, der im Nürnberger Prozess zu zwanzig Jahren Zuchthaus verurteilt worden war, 1966 freikam, half der Journalist Joachim Fest dem Naziverbrecher im Auftrag des Verlegers Siedler, seine Geschichte in Buchform aufzuarbeiten. Beide Bücher wurden zu Bestsellern mit einer Verkaufsauflage von über einer halben Million Exemplaren und rehabilitierten Speer in breiten Kreisen, obwohl er, wie Historiker später belegten, in Tat und Wahrheit ein aktiver Mitorganisator des Judenmords gewesen war.

Erfolg durch Partnerschaft war 1986 die erste Gesamtdarstellung der Bertelsmann-Unternehmenskultur aus der Feder von Reinhard Mohn. Zuvor hatte er in seinen Reden, Aufsätzen und Beiträgen für die *Bertelsmann Briefe* jeweils bloß einzelne Aspekte davon abgehandelt. Das neue Buch war gewissermaßen das Lehrbuch des Chefs zur Erläuterung der »Bertelsmann Grundsatz- und Betriebsordnung«, die 1960 erstmals festgeschrieben und 1971 neu gefasst worden war. Auf über dreihundert Seiten legte Mohn seine Unternehmenskultur dar und weitete darüber hinaus den Blick vom rein wirtschaftlichen Ordnungssystem auf Politik und Gesellschaft. In verschachtelten, ja man könnte sagen legasthenischen Sätzen, bei denen noch das Leiden seiner Schulzeit durchschimmert, schildert er seine Kultur der Kooperation von Arbeitskraft, Führung und Kapital im Unternehmen.

So schreibt Reinhard Mohn: »Heute muss die Rangfolge der Wirkungsfaktoren lauten: erstens: Führung, zweitens: Mitarbeiter, drittens: Kapital! Dazu ist es zuerst einmal erforderlich, die früher hilfsweise gewählte Zieldefinition der ›Gewinnmaximierung‹ zu ersetzen durch die Forderung nach dem ›bestmöglichen Leistungsbeitrag des Unternehmens für die Gesellschaft‹.« Konkret formulierte Mohn diesen Leistungsbeitrag in drei Punkten: Erstens muss das Unternehmen seinen Mitarbeiterinnen und Mitarbeitern sozialverträgliche Verhältnisse gewähren. Zweitens muss das Unternehmen Gewinn erzielen, um seine Existenz und die Arbeitsplätze zu sichern; der Ertrag dient der Bildung neuen Kapitals, der Zahlung von Dividenden und der Erfolgsbeteiligung der Mitarbeiter. Und drittens muss das Unternehmen durch Steuerzahlung den Staat in seinen Funktionen fördern. »Der Ausgleich der Interessen zwischen Kapital und Arbeit und die Harmonisierung mit den Anforderungen der Leistungsbereitschaft des Unternehmens obliegt dem Management. Die Finanzierung des Unternehmens geschieht mehr und mehr durch die Kapitaleinlagen der Mitarbeiter. Die Aktionäre sind mit vergleichsweise niedrigen Dividenden zufrieden. Daher stehen der Bertelsmann AG mehr Möglichkeiten für Zuwendungen an die Bertelsmann Stiftung zur Verfügung. Diese Stiftung verfolgt gemäß ihrer Satzung Aufgaben, die im gemeinnützigen

Interesse liegen. Dabei wird im Unternehmen erarbeitetes Know-how zugleich mit den Finanzbeiträgen zur Wirkung gebracht.«

Das Neue im Buch *Erfolg durch Partnerschaft* war die feste Einbindung der Bertelsmann Stiftung in die Unternehmenskultur. Bei der Stiftungsgründung zehn Jahre zuvor hatte die Sicherung der Unternehmenskontinuität im Vordergrund gestanden, die Stiftung sollte nach dem Tode Reinhard Mohns steuerfrei die Vermögensrechte am Kapital der Familie Mohn übernehmen. Diese Bestimmung der Stiftung erweiterte Mohn nun in Richtung eines Engagements in der Gesellschaft: »In einer Demokratie ist es Sache aller Bürger, einen Beitrag zur Ausgestaltung ihres Staates zu leisten. Dazu ist jedermann nach seinem Vermögen aufgefordert. In einer Zeit, in der wir die begrenzte Leistungsfähigkeit unserer staatlichen Organe immer häufiger kritisieren, sollten wir jede Gelegenheit nutzen, zu beweisen, wie man es besser handhaben kann. Die Bertelsmann Stiftung versteht sich daher als operative, konzeptionell arbeitende Einrichtung.«

Konkret hatte die Entwicklung der Stiftung vom Rechtsvehikel zur operativ tätigen Einrichtung bereits in der ersten Hälfte der Achtzigerjahre begonnen. Die beiden ersten größeren Projekte waren 1984 die Beteiligung der Stiftung am Neubau der Stadtbibliothek Gütersloh und ein Multimediaprojekt des Evangelisch-Stiftischen Gymnasiums gewesen. Das Bibliothekswesen ist seither ein Arbeitsfeld der Stiftung geblieben, so entstand eine Modellbibliothek in Kairo, die den Namen des ägyptischen Präsidenten Mubarak trägt. 1985 gründete die Stiftung den gleichnamigen Verlag, der mittlerweile zu einem wichtigen wissenschaftlichen Verlag geworden ist, und 1988 den Carl Bertelsmann-Preis.

Nach dem Bibliothekswesen definierte Stratege Mohn nach und nach auch die anderen Themenbereiche, in denen sich die Stiftung heute bewegt. Der Bereich Europapolitik, in dem die Stiftung seit Mitte der Achtzigerjahre tätig war, brachte ihn dabei mit dem Mainzer Politologen Werner Weidenfeld in Kontakt, der später zum wichtigen Führungsmann bei der Stiftung aufsteigen sollte. Der 1947 geborene Weidenfeld hatte sich mit einer Arbeit über Deutschlands Europapolitik unter Konrad Adenauer habilitiert und dabei auch die Arbeit von Adenauers Staatssekretär für europäische Angelegenheiten Alfred Müller-Armack kennengelernt, dem geistigen Vater der Sozialen Marktwirtschaft als deutscher Sonderweg des Kapitalismus. Zu Beginn der Achtzigerjahre beriet der Mainzer Professor den rheinland-pfälzischen Ministerpräsidenten Helmut Kohl, der ihn später als Bundeskanzler 1987 zum Koordinator der Bundesregierung für die deutsch-amerikanische Zusammenarbeit berief. 1988 dann erhielt Weidenfeld einen Anruf von Reinhard Mohn, der ihn zu einem Gespräch nach Gütersloh einlud. Mohn suchte einen Leiter für sein Projekt »Strategien und Optionen für die Zukunft Europas«. Die beiden verstanden sich glänzend und Mohns Europaprojekt konnte angeschoben werden. Zuerst hielten Weidenfeld und seine Mitarbeiter den Stand der Debatte fest, dann machten sie Einzelstudien und entwickelten Strategievorschläge, auch ein Netzwerk von Experten wurde aufgebaut. Mohn war zufrieden und berief den umtriebigen Weidenfeld 1990 in den Vorstand der Stiftung, in dem er seit 1977 allein geamtet hatte. Als dann die Mauer fiel, der Ostblock sich auflöste und die Sowjetunion implodierte, war das Europaprojekt der Bertelsmann Stiftung bereits fest etabliert. Die luxuriösen Bankette, Tagungen und Konferenzen, die Weidenfeld für die Stiftung organisierte, waren für Staatssekretäre, Minister und Präsidenten zu einem Fixpunkt im Agendasetting der europäischen Staatenwelt geworden.

Aus dem Europaprojekt heraus entstand auch eine Mittelmeerinitiative, welche den mediterranen Raum als südliche Grenzregion der Europäischen Gemeinschaft zu Nordafrika, dem Nahen Osten, der Türkei und dem Balkan thematisierte. 1991 veranstaltete die Stiftung in Barcelona eine große Mittelmeerkonferenz, an der Vertreter zahlreicher Anrainerstaaten vom Maghreb bis zur Levante teilnahmen und die Zukunft des Mittelmeerraumes diskutierten. »Für die internationale wie die gesellschaftspolitische Arbeit des (Stiftungs-)Bereiches Politik«, schrieb Werner Weidenfeld später, »war die Konferenz in Barcelona Ausgangspunkt einer Kette weiterer Initiativen, darunter die jährlich stattfindenden ›Kronberger Gespräche‹ zur Entwicklung im Nahen Osten und im Mittelmeerraum und der ›Deutsch-Jüdische Dialog‹ führender Vertreter des jüdischen Lebens mit den Spitzen von Staat, Politik und Wirtschaft in Deutschland.«

Die große Ausweitung der Stiftungstätigkeiten des Jahres 1991 kam nicht von ungefähr. Im gleichen Jahr nämlich gab Reinhard Mohn den Aufsichtsratsvorsitz seines Unternehmens ab und die Stiftung eröffnete ihren Neubau gegenüber der Konzernzentrale am künstlichen Rundteich in Gütersloh. Mohn berief Horst Teltschik zum Geschäftsführer der Stiftung, der zuvor genau wie Weidenfeld ein Berater Helmut Kohls gewesen war. Der eigentliche Take-off zu den heutigen Dimensionen erfolgte im September 1993, als Mohn 68,8 Prozent der Nutznießung seiner Kapitalrechte an der Bertelsmann AG auf die Stiftung übertrug. Rund zwanzig Prozent verblieben bei der Familie Mohn und rund 11 Prozent bei der Zeit-Stiftung. Die Stimmrechte blieben bei der Verwaltungsgesellschaft. Damit war die zuvor auf Spenden der Unternehmensgruppe angewiesene Projektarbeit der Stiftung stabil finanziert.

In finanzieller Hinsicht reihte sich Mohn damit ein in die Reihe von Milliardenstiftern wie früher Rockefeller, Carnegie oder Ford und heute Bill Gates, George Soros und Warren Buffett. Während die Stiftungen US-amerikanischer Philanthropen jedoch vor allem Geld im Sinne des Stifters verteilen und, mit der Ausnahme von Soros, kaum eigene Projekte durchführen, spendet die Bertelsmann Stiftung nicht Geld an Dritte, sondern ist selbst im Sinne des Stiftungszweckes tätig. Mit ihren eigenen Projekten soll sie die Werte der Unternehmenskultur überall in der Gesellschaft verbreiten und dabei die gleiche Kultur pflegen wie die Unternehmung, von deren Erträgen sie lebt. Die Stiftung soll Politik und Wirtschaft in Deutschland und der ganzen Welt im Sinn und Geist der Mohn'schen Unternehmenskultur beeinflussen.

Mit einem Jahresetat von damals etwa 50 Millionen Mark konnte die Stiftung wachsen und neben den Bereichen Politik und Bibliotheken auch ihre Projektarbeit in den Bereichen Staat und Verwaltung, Hochschule, Wirtschaft, Stiftungswesen, Medizin und Medien verstärken, die bis heute die wichtigsten Aktionsfelder der Stiftung geblieben sind. Einige Projektbereiche haben seither institutionell verselbstständigte Ableger gebildet: etwa der Bereich Medizin das Centrum für Krankenhaus-Management, der Bereich Hochschule das Centrum für Hochschulentwicklung und Weidenfelds Politikbereich das Centrum für angewandte Politikforschung an der Universität München. 1998 kam der Medienbereich mit der Medienakademie Köln und dem MCM Institute in St. Gallen hinzu.

Im Jahr 1998 setzte Mohn nicht Weidenfeld, sondern seinen gerade sechzig gewordenen Vorstandsvorsitzenden Mark Wössner an die Spitze der Stiftung – getreu dem Bertelsmann-Grundsatz, das oberste Führungspersonal mit sechzig in Pension zu schicken. Als Nachfolger im Vorstandsvorsitz der Stiftung wollte Reinhard Mohn keinen Professor, sondern einen pensionierten Manager aus seiner Firma, einen wettbewerbsgestählten Führungsmann, der die Bertelsmann-Unternehmenskultur auch in anderen Bereichen der Gesellschaft zur Anwendung bringen sollte.

14. RTL wird europäisch

Der schrittweise Rückzug Reinhard Mohns vom Aufsichtsratspräsidium in die Stiftungsarbeit bedeutete nicht, dass er die strategische Führung seiner Firma aus den Händen gegeben hätte. Das zeigt sich nirgends besser als bei der Entwicklung des TV-Geschäfts, wo Bertelsmann nach mehreren gescheiterten Vorstößen ab 1985 eine Wachstumsexplosion erlebte.

Während die Bertelsmann-Geschäftsbereiche Bücher, Druckereien, Musik, Zeitschriften und Mediendienstleistungen jahrzehntelang kontinuierlich wuchsen, war das TV- und Filmgeschäft nach einem Strohfeuer Anfang der Sechzigerjahre weitgehend erloschen. Mitte der Siebzigerjahre rechnete Mohn nicht mehr damit, dass die Politiker je privates Verlegerfernsehen zulassen würden, und verkaufte Constantin Film und die Ufa. Einen Fuß behielt er allerdings im Filmgeschäft mit einer Werbefilmproduktion in Düsseldorf und einer TV-Filmproduktion in Berlin. Als dann 1980 einige experimentelle Versuche mit lokalen Kabelfernsehprogrammen das Monopol der öffentlich-rechtlichen Sender ARD und ZDF erstmals unterliefen, reagierte Mohn rasch. Zusammen mit Leo Kirch und einigen Zeitungsverlegern entwickelte Bertelsmann das Projekt eines privaten Kabelkanals, das zur Keimzelle des späteren Privatsenders Sat1 werden sollte. Da sich Bertelsmann mit dem alten Rivalen Kirch nicht vertrug, stiegen sie nach kurzer Zeit wieder aus dem Joint Venture mit Kirch und den Zeitungsverlegern aus.

Nach ihrem Wahlsieg 1982 forcierte die Kohl-Regierung den Aufbau eines landesweiten Kabelnetzes zur Übertragung von Radio- und Fernsehprogrammen durch die Deutsche Bundespost, konzessionierte ein privates Fernmeldesatellitensystem und begann, private Radio- und TV-Experimente zu fördern. Die teuren öffentlichen Investitionen in die Infrastruktur boten Bertelsmann und anderen privaten elektronischen Medienveranstaltern optimale Rahmenbedingungen zum Einstieg ins Geschäft. Wenn das TV-Geschäft nach über zwanzig erfolglosen Jahren endlich auf einen grünen Zweig kommen sollte, brauchte Bertelsmann nach dem Flop mit Kirch dringend einen neuen Partner, der schließlich in der Compagnie Luxembourgeoise de Télédiffusion (CLT) gefunden wurde. Die 1931 gegründete private Luxemburger Rundfunkgesellschaft hatte seit den Fünfzigerjahren unter dem Namen RTL französisch- und englischsprachige werbefinanzierte Radioprogramme und französischsprachige TV-Programme produziert. Später kamen deutschsprachige werbefinanzierte Radioprogramme dazu, die zu wichtigen Abspielstellen von Monti Lüftners Ariola-Label wurden. Starker Mann bei der CLT war der belgische Financier Albert Frère. 1926 in mittelständischen Verhältnissen im belgischen Fontaine-l'Évêque geboren, hatte Frère nach dem Krieg eine Karriere als Eisen- und Schrotthändler gemacht und nach der belgischen Eisen- und Stahlkrise Ende der Siebzigerjahre mit der Investitionsgesellschaft CLT/Audiofina in den Mediensektor diversifiziert. Die Bereitschaft der Kohl-Regierung, neben den öffentlich-rechtlichen TV-Kanälen ARD und ZDF auch private Veranstalter zuzulassen, lockte die CLT über den Rhein. Ende 1983 gründeten Bertelsmann und CLT eine neue Gesellschaft unter dem Namen RTLplus, die Privatfernsehen für ganz Westdeutschland plante. CLT hielt einen Anteil von 60 Prozent, Bertelsmann 40 Prozent. Chef von RTLplus wurde der langjährige CLT-Manager Helmut Thoma. Am 2. Januar 1984 ging RTLplus auf Sendung, fast gleichzeitig mit Leo Kirchs Konkurrenzprogramm Sat1. Gesendet wurde ein sechsstündiges werbefinanziertes Gratis-TV-Programm vom 330 Meter hohen Luxemburger CLT-Sendemast, das in weiten Teilen des Saarlandes, in Rheinland-Pfalz und in Nordrhein-Westfalen empfangen werden konnte. Wenig später wurde RTLplus auch auf einen französischen TV-Satelliten sowie einige lokale deutsche Kabelnetze geschaltet.

Während der gemütliche Österreicher Thoma mit zwei Dutzend Mitarbeitern in einer Luxemburger Garage das neue Billig-TV-Programm produzierte, fasste Bertelsmann Anfang 1984 seine Film-, Radio- und TV-Aktivitäten, die zuvor der Musikabteilung in München zugeordnet gewesen waren, in einem eigenen Geschäftsbereich Elektronische Medien mit Sitz in Gütersloh zusammen. Geschäftsführer wurden Bernd Schiphorst und Manfred Harnischfeger. Zum Geschäftsbereich mit einem Umsatz von etwa 100 Millionen Mark gehörten neben dem 40-Prozent-Anteil an RTLplus noch eine 33,3-Prozent-Beteiligung am Bezahlfernsehen Teleclub mit den gleichberechtigten Partnern Leo Kirch und Axel Springer, ferner stern TV, Geo-Film, die Werbespot-Produzentin UFA sowie einige kommerzielle Lokalradios. Bereits ein Jahr später, 1985, unterstrich Bertelsmann die strategische Bedeutung der elektronischen Medien und reorganisierte diese Sparte zu einem separaten, von einem Vorstandsmitglied geleiteten Unternehmensbereich. Neuer Chef des TV- und Radiobereiches und Bertelsmann-Vorstand wurde Manfred Lahnstein. Dieser war kein altgedienter Mitarbeiter, ganz im Gegenteil. Lahnstein war kaum zwei Jahre zuvor im September 1983 nach Gütersloh gekommen, wo er den neuen Vorstandsvorsitzenden Mark Wössner an der Spitze des Bereiches Druck und Industrie ersetzte. Lahnstein hatte nach einem Abschluss zum Diplom-Kaufmann Karriere beim Deutschen Gewerkschaftsbund gemacht. Dann wechselte er als Funktionär zur SPD, wurde 1980 zum Kanzleramtschef von Helmut Schmidt berufen und im September 1982 für die letzten Wochen von Schmidts Amtszeit noch zum Bundesfinanzminister befördert. Dass Reinhard Mohn an die Spitze seiner Offensive im TV-Business einen verdienten Gewerkschaftskollegen und hochrangigen SPD-Genossen stellte, der über keinerlei Leistungsausweis in der Marktwirtschaft verfügte, war politisch motiviert: Zum Aufbau eines nationalen Privat-TV-Senders brauchte Mohn einen politischen Insider. Sein alter Konkurrent, der Bayer Leo Kirch, der seit je seine Spezis bei der Münchner CSU hatte, galt auch als Freund des CDU-Politikers Helmut Kohl. Nach dem Wahlsieg der CDU/CSU 1982 hatte Kirch dadurch einen direkten Draht nach Bonn, was seinem Sat1-Projekt einen strategischen Vorteil verschaffte. In dieser Konstellation blieb Reinhard Mohn gar nichts anderes übrig, als mit Lahnstein die SPD-Karte zu spielen, umso mehr als Nordrhein-Westfalen, damals Hauptempfangsgebiet von RTLplus, eine fest im Sattel sitzende sozialdemokratische Landesregierung hatte.

Nach dem Grundsatzurteil des Bundesverfassungsgerichts 1985, das die rechtlichen Grundlagen für das Privatfernsehen schuf, kam es im September 1986 in Gütersloh zur Gründung der RTLplus Deutschland Fernsehen GmbH und Co. KG. Hauptgesellschafter waren Bertelsmann und die CLT von Frère mit je knapp 40 Prozent, Mitgesellschafter waren der westfälische Regionalverleger WAZ-Gruppe mit gut 10 Prozent, später stießen auch noch die FAZ und Burda zu RTLplus, denen CLT kleinere Anteile abgab. Chef von RTLplus Deutschland blieb weiterhin Helmut Thoma, seine Studios verlegte RTLplus von Luxemburg nach Köln.

Mit dem Genossen Lahnstein im Vorstand und der WAZ als

Allianzpartner war RTLplus sozusagen zum Haussender in der damaligen SPD-Hochburg Nordrhein-Westfalen geworden. Wohl nicht zufällig bekam RTLplus denn auch 1988 von der Landesregierung des bevölkerungsreichsten Bundeslandes eine sogenannte Erstfrequenz, was die Reichweite auf 11 Millionen Haushalte vergrößerte und den Kanal bei der Werbewirtschaft zum Basismedium für die Konsumproduktewerbung machte.

Da RTLplus im Gegensatz zu Sat1 nicht auf Leo Kirchs großen Filmrechtefundus zurückgreifen konnte, musste sich Helmut Thoma etwas einfallen lassen, um die vielen Stunden Sendezeit zu füllen. Softporno wurde zur Trumpfkarte im RTLplus-Nachtprogramm mit *Liebesgrüße aus der Lederhose, Auf der Alm da gibt's koa Sünd* und ähnlichen Grabsch- und Tittenfilmen aus den Siebzigerjahren. Neben Softpornos, Billigserien und selbst produzierten Shows war der Sport der wichtigste Programmbaustein von RTLplus. 1988 kaufte der Sender vom Deutschen Fußball-Bund für 135 Millionen Mark die Übertragungsrechte für drei Jahre Bundesligaspiele – fünf Jahre zuvor hatte die ARD dafür noch 10 Millionen bezahlt. Dazu kamen Tennis, Leichtathletik, Boxen, Formel 1, Radsport und anderes mehr.

Volle Kommerzialisierung, dies war Thomas RTLplus-Programmphilosophie. Das bedeutete Programmschienen mit möglichst hohen Einschaltquoten spezifischer Zuschauergruppen, damit die Werbekunden ihre Spots gezielt auf die gewünschten Käufersegmente richten konnten. Aus den USA wurde die Barbarei der Unterbrecherwerbung importiert.

Abgekupfert hat Helmut Thoma nicht nur die Werbemethoden, sondern auch das Strickmuster einer ganzen Reihe von industriell produzierten Billigshows wie Hugo Egon Balders unvergessliche Oben-ohne-Show »Tutti Frutti«. Der Bereich

Information war bei RTLplus ein Programmsegment von zweitrangiger Bedeutung.

Medienpolitisch machte sich Manfred Lahnstein in den damaligen Diskussionen um die Zulassung von privaten Radio- und TV-Veranstaltern für das sogenannte duale System stark, das neben den öffentlich-rechtlichen Sendern ARD und ZDF mit den privaten Betreibern ein neues zweites Standbein schaffen sollte. Den Kritikern, die darin ein unerwünschtes Duopol von privaten TV-Kapitalisten und öffentlich-rechtlichen Bürokraten sahen, hielt Lahnstein entgegen, der Wettbewerb mit den Öffentlich-Rechtlichen einerseits und den verschiedenen Privaten andererseits werde eine unerwünschte Machtballung verhindern. Zudem solle bei Bertelsmann das im Buch- und Zeitschriftenbereich geltende Prinzip des Binnenpluralismus auch auf die elektronischen Medien angewandt werden. Den Vorwurf der Verdummung des Publikums durch anspruchslose kommerzielle Programminhalte wies Lahnstein zurück, und zwar mit den gleichen Argumenten, die Peter Glotz zwanzig Jahre zuvor gegen Lesering-Kritiker Jürgen Habermas ins Feld geführt hatte. Fernsehen ist Massenkultur für das Volk, sagte Lahnstein: »Es gibt auch Kultur im Amüsement.«

Die Kritik an der fortschreitenden Senkung des Niveaus im gewalt- und sexlastigen RTLplus-Programm blockte damals neben Lahnstein auch UFA-Manager Rolf Schmidt-Holtz ab. Der einstige *Stern*-Chefredakteur, der damals die UFA von der reinen Werbespot-Produzentin zur Serienproduzentin und Zulieferin von RTLplus umbaute, meinte, es sei nicht die Aufgabe einer Privatfernsehstation, die Zuschauer zu erziehen oder zu bilden; der Staat müsse durch Medienpädagogik dafür sorgen, dass mündige Zuschauer selbst entscheiden könnten, was sie sehen wollten. Eine zynische Argumentation: RTLplus verdirbt den Geschmack des Volkes und verdient sich dabei eine goldene Nase, während der Staat die sozialen Kosten der Geschmacksreparatur tragen muss.

1992 war RTLplus im Bereich des werbefinanzierten Gratisfernsehens mit einem Umsatz von 2,6 Milliarden Mark vor dem Kirch-Sender Sat1 fest als Marktführer etabliert. Daran partizipierte Bertelsmann mit 40 Prozent oder gut einer Milliarde – drei Jahre zuvor hatte die Sparte Elektronische Medien bei Bertelsmann erst 240 Millionen Umsatz gemacht. Bis 1994 entwickelte sich RTLplus umsatzmäßig zum größten Kommerzsender Europas, größer als ARD und ZDF. Allerdings gab es auch ein gravierendes Problem bei RTL: Erfolgsarchitekt und Senderchef Helmut Thoma vertrug sich nicht mit Manfred Lahnstein von der Minderheitsaktionärin Bertelsmann. Das war zwar von Anfang an so gewesen, doch als Bertelsmann begann, unabhängig von RTL noch zwei andere TV-Projekte voranzutreiben, eskalierte das Problem zur Krise. Das eine Lahnstein-Projekt war das Bezahlfernsehen mit dem Namen Premiere, ein Joint Venture mit dem französischen Pay-TV-Sender Canal+, das mit dem Abonnentensender Teleclub von Leo Kirch, Silvio Berlusconi und Rupert Murdoch konkurrierte. Das andere Projekt war ein werbefinanziertes Premium-Gratisfernsehen mit dem Projektnamen »Westschiene«, später VOX genannt, als anspruchsvolles Kontrastprogramm zum RTL-Tittytainment: seriöse News, intelligente Shows und niveauvolle Dokumentarfilme für mittlere bis höhere Bildungsschichten mit entsprechendem Einkommen. Westschiene/VOX war der Versuch, neben RTL und Sat1 eine ausschließlich von Bertelsmann kontrollierte dritte Kraft im werbefinanzierten Bereich aufzubauen. Lahnstein und auch die nordrhein-westfälische Landesregierung, mit dem zuständigen Minister Wolfgang Clement, sowie die Westdeutsche Landesbank WestLB machten sich für das neue Projekt stark und holten noch das Verlagshaus Holtzbrinck und den Süddeutschen Verlag als Minderheitsteilhaber ins Boot. Doch das Konzept funktionierte nicht. VOX konnte seine Qualitätsversprechen nicht einlösen, das Programm fand keinen Anklang. Schon bald nach Sendebeginn im Januar 1993 schrumpften die Quoten dramatisch bis zum Nullquotenfernsehen.

Mit VOX hatte Bertelsmann nicht nur einige hundert Millionen Mark in den Sand gesetzt, sondern sich auch RTL-Senderchef Helmut Thoma und RTL-Mehrheitsaktionär Albert Frère zum Feind gemacht. Ende 1993 wurde das VOX-Debakel zur Chefsache erklärt, und Mark Wössner übernahm die Verantwortung. Lahnstein bekam die Rolle des Sündenbocks und musste Bertelsmann wenig später verlassen. Als Präsident der Zeit-Stiftung, in der der inzwischen kinderlos verstorbene Gerd Bucerius seinen 10-Prozent-Anteil an Bertelsmann aus dem Verkauf von Gruner + Jahr 1971 geparkt hatte, organisierte Lahnstein später den Rückverkauf dieses Anteils an Reinhard Mohn. In der Folge zogen sich die WestLB, Holtzbrinck und der Süddeutsche Verlag von VOX zurück, dafür beteiligten sich Canal+ und Rupert Murdoch. Programmlich wurde VOX den übrigen werbefinanzierten Bezahlfernsehstandards angeglichen.

Das VOX-Debakel hatte die unternehmerischen Widersprüche zwischen den beiden RTLplus-Hauptaktionären CLT und Bertelsmann akzentuiert. Finanzinvestor Frères Ziel war die Steigerung der RTL-Eigenkapitalrendite, während Reinhard Mohn langfristig ins Programm investieren wollte und dafür auch eine tiefere Rendite in Kauf nahm. Um die Bertelsmann-Linie im RTL-Management zu stärken, konzentrierte Mark Wössner mit Michael Dornemann und Rolf Schmidt-Holtz zusätzliches Führungspersonal in der Leitung des TV-Geschäftes. Dornemann blieb gleichzeitig Chef der Musiksparte BMG; zu seiner Entlastung stellte Wössner 1994 den US-Amerikaner Strauss Zelnick als Chef von BMG-USA ein. Die Zielvorgabe für das neue TV-Führungspersonal kam, wie immer, wenn es wichtig war, von Reinhard Mohn: Anteilsmehrheit bei RTL Deutschland für Bertelsmann. Bei der Gründung von RTLplus 1984 hatte Frères CLT 60 Prozent übernommen und hatte bei der Gründung von RTL Deutschland 1986 insgesamt 10,1 Prozent an WAZ, Burda und FAZ abtreten müssen, da ein Ausländer keine Mehrheit an einem deutschen Privatsender besitzen durfte. Getreu der alten Volksweisheit, viele Hunde sind des Hasen Tod, fassten nun Dornemann und Schmidt-Holtz die deutschen Minderheitsaktionäre von RTL Deutschland zusammen. Erst poolten Bertelsmann und WAZ ihre Beteiligungen in der sogenannten westfälischen Allianz, dann überzeugte Dornemann die Teilhaber Burda und FAZ, ihre Minibeteiligung von je einem Prozent der WAZ zu verkaufen, womit die westfälische Allianz mit 50,1 Prozent der RTL Deutschland Kapital und Stimmrechte kontrollierte. Frère war wütend über Mohn und klagte gegen den Verkauf der Burda- und FAZ-Anteile, er verlor jedoch den Prozess.

Knapp ein Jahr später, im Juni 1996, verkündeten Mohn und Frère die Fusion von CLT und UFA, in der Bertelsmann seinen RTL-Anteil hielt, zur neuen CLT-UFA Holding, an der Bertelsmann und die Frère-Gesellschaft Audiofina je 50 Prozent bekamen. In das neue Joint Venture brachten Bertelsmann und CLT auch ihre sämtlichen anderen TV-Beteiligungen ein, Bertelsmann zahlte zusätzlich ein Aufgeld von 1,6 Milliarden Mark. Die Leitung der neuen Holding übernahmen der Frère-Manager Rémy Sautter und die Mohn-Führungskraft Rolf Schmidt-Holtz. Gestern noch vor dem Richter und heute schon wieder im gleichen Bett? Da staunten die Laien und manche Fachleute wunderten sich, allerdings nur jene, die Mohns Auslandstrategie nicht kannten und nicht wussten, dass Mohn bereits vor fünfunddreißig Jahren seine geschäftliche Zukunft im Ausland erkannt hatte. Das erkleckliche Aufgeld hatte Mohn bezahlt, weil er damit die Hälfte von Frères europaweitem Radio- und TV-Imperium bekam.

CLT-UFA wurde zum Erfolg. Das Konzept des werbefinanzierten Gratisfernsehens funktionierte Ende der Neunzigerjahre in Deutschland und anderen europäischen Ländern besser als das Bezahlfernsehen. Folgerichtig verkaufte Bertelsmann 1998 seinen Minderheitsanteil an Leo Kirchs Bezahlsender Premiere. Dann fusionierte die CLT-UFA mit der britischen Mediengesellschaft Pearson, einer großen Produzentin von TV-Filmen, zur RTL Group.

An der im April 2000 gegründeten neuen Gesellschaft erhielt Bertelsmann eine Beteiligung von 37 Prozent, Frères Investmentgesellschaft Groupe Bruxelles Lambert (GBL) 30 Prozent und Pearson TV 22 Prozent. Die restlichen 11 Prozent der in London börsenkotierten RTL Group waren für den Streubesitz vorgesehen. Geschäftsführer der neuen Gesellschaft wurde Didier Bellens, bisher Chef von CLT-UFA. Mit einem Umsatz von etwa 8 Milliarden Mark war damit der größte europäische Radio- und TV-Konzern im Sektor der werbefinanzierten Gratisprogramme entstanden, vor Berlusconis Mediaset, dem französischen TF1 und Kirch Media. Die RTL Group überrundete auch die europäischen Giganten des Bezahlfernsehens, Canal+ und British Sky Broadcasting BSkyB.

In der Folge schlug der neue Bertelsmann-Vorstandsvorsitzende Thomas Middelhoff vor, den 30-Prozent-Anteil der GBL an der RTL Group gegen Bertelsmann-Aktien zu tauschen und so zur Mehrheitseignerin der RTL Group zu werden. Im Oktober 2000 gab Mohn seine Zustimmung zu dem Aktientausch, allerdings nur unter der Bedingung, dass ein neuer Gesellschafter maximal 25 Prozent der Stimmrechte der Bertelsmann AG erhalten dürfe, damit die Verwaltungsgesellschaft mit ihren 75 Prozent den Kurs Bertelsmanns weiterhin allein würde bestimmen können. Der Aktientausch verminderte neben der Reduktion der Stimmrechte der Verwaltungsgesellschaft auf 75 Prozent auch die Kapitalrechte der Altgesellschafter. Der Anteil der Bertelsmann Stiftung sank von 71,2 auf 57,6 Prozent, jener der Familie Mohn von 21,4 auf 17,3 Prozent. Mohn war auch mit Frères Forderung einverstanden, die Aktien der Bertelsmann AG an der Börse kotieren zu lassen, etwas, was seit der Umwandlung in eine Aktiengesellschaft 1971 nie zur Diskussion gestanden hatte. Die Kotierung war nötig, damit Frère seinen Bertelsmann-Anteil an der Börse würde verkaufen können. Doch das war schneller gesagt als getan, erst musste Bertelsmann hinsichtlich Rechnungslegung und Transparenz von einer Familien-AG zu einer Publikums-AG werden, was eine mehrjährige Übergangszeit erforderte. Frère stimmte dem Vorgehen trotzdem zu. Er tauschte seinen 30-Prozent-Anteil an der RTL Group gegen 25 Prozent an Bertelsmann, mit dem verbrieften Recht, diesen Anteil nach einer Frist von fünf Jahren an die Börse zu bringen – wobei sich Bertelsmann das Vorkaufsrecht reservierte.

Nachdem Pearson davon Wind bekommen hatte, verkauften die Briten ihren 22-Prozent-Minderheitsanteil an der RTL Group, mit dem sie zuvor das Zünglein an der Waage zwischen Bertelsmann und Frère gewesen waren, für 1,5 Milliarden Euro an die neue Mehrheitseignerin aus Gütersloh.

Als der Aktientausch zwischen der Bertelsmann AG und der

GBL am 5. Februar 2001 öffentlich bekannt gemacht wurde, war das Erstaunen groß: Hatte da einer seine eigene Unternehmenskultur über Bord geworfen? War Reinhard Mohn vom Familienkapitalisten zum Finanzkapitalisten geworden?

15. Globalisierung heißt Amerikanisierung

Im Unterschied zur TV-Sparte, die erst im Laufe der Neunzigerjahre von einem rein deutschen zu einem europäischen Geschäft wurde, war das übrige Geschäft Bertelsmanns bereits seit dem Quantensprung in den USA 1986 voll globalisiert. Es erstaunt daher wenig, dass sich der Sog der internetgetriebenen New Economy in Gütersloh schon früh bemerkbar machte. Die größten Promotoren der schönen neuen Wirtschaftslehre waren allerdings nicht die beiden Amerikafreunde, der Vorstandsvorsitzende Mark Wössner und sein BMG-Chef Michael Dornemann, sondern der aufstrebende junge Druckereimanager Thomas Middelhoff. Der promovierte Münsteraner Betriebswirtschafter war 1986 als Assistent der Geschäftsleitung bei Mohndruck Gütersloh eingetreten und musste, wie alle Führungsaspiranten, die im gleichen Jahr erschienene Bertelsmann-Unternehmenskultur-Fibel *Erfolg durch Partnerschaft* studieren. Mit der gelernten Mohn'schen Führungstechnik sanierte Middelhoff dann erfolgreich die angeschlagene Berliner Druckerei Elsnerdruck und erreichte als Geschäftsführer von Mohndruck bereits 1989 die mittleren Ränge im Führungspersonal. Ein Jahr später saß er im Bertelsmann-Vorstand, zuständig für den Bereich Druck und Industrie. In knapp vier Jahren hatte er die klassische Karriere im Druckbereich hingelegt, für die Mark Wössner noch doppelt so lange gebraucht hatte.

1993, während Wössner sich mit dem VOX-Debakel herumschlagen musste und Dornemann mit der Krise im internationalen Musikbusiness, avancierte Middelhoff zum Leiter Multimedia des Bereiches Druck und Industrie, also zum Spezialisten der Integration digitalisierter Text-, Bild- und Tondaten.

Allein – was in Gütersloh als topmodern galt, war 1993 in New York und Kalifornien bereits Schnee von gestern. Dort sprach man nicht mehr von Multimedia, sondern nur noch vom Internet. »Bis wir kamen, hatte niemand in Gütersloh das Internet überhaupt auf dem Schirm. Aber hinterher hieß es dann: Ich (Middelhoff) bin der große Manager, und die kleinen Jungs haben überhaupt keine Rolle gespielt.« Das sagte zumindest Jan Henric Buettner, ein deutscher Online-Pionier, der zusammen mit seinem Partner Andreas von Blottnitz ab 1990 die Hamburger Internetfirma Leo aufgebaut hatte. Anfang 1994 verkauften Buettner und von Blottnitz die Firma an Bertelsmann, wo ihnen eine Beteiligung an einer neu zu gründenden Internet-Zugangsgesellschaft versprochen wurde. Im November 1994 diskutierte Middelhoff erstmals mit Steve Case, dem Gründer des US-amerikanischen Internetproviders AOL. In den USA war AOL damals der größte Anbieter von Software für den Internetzugang per Modem über die Telefonleitung; nun wollte man nach Europa expandieren. 1995 gründeten Bertelsmann und AOL das Unternehmen AOL Europe als 50:50-Partnerschaft. Die beiden Jungs aus Hamburg waren daran nicht beteiligt. Der ganze Glanz des viel bewunderten AOL-Deals fiel auf Multimediachef Middelhoff, den die beiden nach eigenen Angaben in die Geheimnisse des Internets initiiert hatten. Buettner war von 1995 bis 1997 Geschäftsführer von AOL Deutschland, von Blottnitz folgte ihm bis 1999. Dann zogen beide mit ihren Familien ins kalifornische Santa Barbara.

In den Verhandlungen mit AOL hatte Middelhoff in Steve Case einen Seelenverwandten gefunden. Parallel zur Gründung des Joint Ventures in Europa wurden kühne Luftschlösser gebaut. Case wollte davon profitieren, dass Microsoft das Internet verschlafen hatte, und träumte davon, AOL zum globalen

Softwarestandard des Internetzugangs zu machen, so wie Bill Gates dies mit dem Betriebsprogramm Windows für den Personal Computer gelungen war. Case und Middelhoff spielten mit dem Gedanken, Bertelsmann mit AOL zu fusionieren und AOL-Bertelsmann zur Königin des Internets zu machen. Den langweiligen Low-Profit-Bereich Druck und Industrie hätte man daraufhin abgestoßen. Doch damit drang Middelhoff im Vorstand nicht durch. Manche wollen wissen, es sei der Ehrenvorsitzende des Aufsichtsrates selbst gewesen, der im Vorstand das Machtwort gesprochen habe. Es kam zu einem Kompromiss und Bertelsmann beteiligte sich 1995 mit 5 Prozent oder 70 Millionen Mark am Aktienkapital der AOL, dazu kam die Hälfte am Joint Venture AOL Europe. Middelhoff nahm Einsitz im AOL-Aufsichtsrat. 1996 übernahm AOL seinen größten Konkurrenten CompuServe, dabei beriet Middelhoff Case in den europäischen Aspekten dieses Deals. Danach ging die Post ab: Der Internetboom brachte bei Bertelsmann den dritten Amerikanisierungsschub, nach dem Bantam/Ariola America-Kauf von 1976 und dem Doubleday Dell/RCA Records-Deal von 1986.

Middelhoff, der Amerikaner, der zufällig einen deutschen Pass hatte, wie er damals sagte, wurde zum Concorde-Vielflieger. Wenn er am Montagmorgen früh mit dem Firmenjet von Gütersloh nach London startete, erreichte er gerade noch den Morgenkurs des Überschallfliegers nach New York und traf dort um neun Uhr im Büro ein – »hi folks!«. Doch auch in Paris, im Silicon Valley, in Davos, wo immer seine Internetkumpel sich versammelten, da war auch Middelhoff nicht weit. Alle glaubten, das Internet hätte ein neues goldenes Zeitalter eingeläutet und die Internet-Start-ups der New Economy würden die alte Industrie in wenigen Jahren hinweggefegt haben. Und tatsächlich explodierten die Mitgliederzahlen von AOL und AOL Europe – ähnlich wie vier Jahrzehnte zuvor beim Lesering. Nach dem Geschäft mit dem Internetzugang stieg Bertelsmann auch in die Distribution im Netz ein und beteiligte sich zu 50 Prozent an Barnes & Noble.com, dem zweitgrößten Internetbuchhändler nach Amazon. In Deutschland wurde der Internetbuchändler bol.de aufgebaut und man beteiligte sich an zahlreichen weiteren Internet-Start-ups. »Es gibt weltweit kein einziges Medienunternehmen, das im Internetbereich so stark und gut aufgestellt ist wie Bertelsmann«, triumphierte Middelhoff 1997 in einem Interview.

Vielleicht. – Doch sicher ist, dass Middelhoff einen Konkurrenten hatte, der ihm den ersten Rang im europäischen Internetbusiness streitig machte: Jean-Marie Messier, den man in Frankreich nur J6M nannte, »Jean-Marie Messier, moi-même maître du monde«. Jean-Marie Messier war seit November 1994 Generaldirektor der Compagnie Générale des Eaux, eines französischen Großkonzerns im Bereich Wasser, Abwasser, Energie und Bau. Das Unternehmen ging auf eine Gründung von Napoleon III. im Jahre 1853 zurück, der die Wasserversorgung der in ganz Frankreich überall aus dem Boden schießenden Mietskasernen privatkapitalistisch organisieren wollte. Zuvor hatte Messier die Elite-Verwaltungshochschule ENA durchlaufen, war dann Funktionär im Wirtschaftsministerium, wo er für einige große Privatisierungen von Staatsbetrieben zuständig war, und Partner bei der Investmentbank Lazard Frères. Von Lazard wechselte er zur Générale des Eaux und begann das Energie- und Infrastrukturunternehmen in atemberaubendem Tempo zu einem Kommunikationsunternehmen umzubauen. Er verkaufte Infrastruktur und kaufte Kommunikation: 49 Prozent des TV-Senders Canal+, 24,5 Prozent der britischen BSkyB, und

18,4 Prozent der Audiofina-Holding, die mit 50 Prozent an der CLT-UFA beteiligt war. Damit wurde Messier 1996 zum Partner von Bertelsmann. Im Internetbereich brachte Messier die Générale des Eaux als Mehrheitspartnerin bei AOL France ein. 1998 verkündete Messier das Ziel, Bertelsmann als größten europäischen Medienkonzern abzulösen. Die Générale des Eaux fusionierte er mit dem französischen Medienkonzern Havas und nannte das Ganze fortan Vivendi. Als gelernter Lazard-Banker hatte J6M gute Verbindungen zu den relevanten Finanzkapitalisten und wusste, wie man Geld pumpt und Firmenanteile kauft und verkauft. Seine wahrhaft gargantueske Einkaufstour ging weiter: Vivendi kaufte sich beim japanischen Internetprovider Softbank und beim US-Videospielhersteller Cedant Software ein, gründete ein Internet-Joint-Venture mit Vodafone, dessen geplantes Portal Vizzavi den Giganten Yahoo herausfordern wollte, und übernahm das traditionsreiche französische Filmunternehmen Pathé.

Doch auch Middelhoff tat sich damals im Schlaraffenland der neuen Medien um: Im Sommer 1997 lag der Börsenwert der zwei Jahre zuvor für 70 Millionen Mark übernommenen AOL-Beteiligung bei über drei Milliarden, dazu kamen noch die Milliarden von AOL Europe. Zudem hoffte man auf weitere Milliarden aus den geplanten Börsengängen der Bertelsmann-Start-ups Pixelpark, mediaWays und Barnes & Noble.com. Der nächste Karriereboost für den Amerikaner mit dem deutschen Pass war fällig. Im Sommer 1997 gab Bertelsmann bekannt, Thomas Middelhoff werde Anfang November 1997 Mark Wössner als Vorstandsvorsitzender ersetzen. Der sechzig gewordene Wössner sollte von Reinhard Mohn den Vorsitz der Stiftung übernehmen. Wössner-Intimus Michael Dornemann, der bewährte TV- und Musikchef des Hauses, den viele als Nachfolger gesehen hatten, guckte in die Röhre, die New-Economy-Blase hatte Middelhoff nach ganz oben getragen.

Kaum war der neue Vorstandsvorsitzende im Amt, gab er im März 1998 den Kauf von Random House bekannt, dem größten US-amerikanischen Buchverlag. Verkäuferin war die Medienunternehmung Advance Publications von Si Newhouse, der Random House 1980 für 80 Millionen Dollar erworben hatte. Wie viel Geld Advance Publications für den Verkauf erhielt, wurde nicht bekannt, Schätzungen von Brancheninsidern gehen von 1,3 bis 1,5 Milliarden Dollar aus. Viele meinten, das sei viel zu viel für ein Unternehmen der Old Economy in Zeiten des Internets. Hingegen machte der Kauf Bertelsmann zum größten englischsprachigen Buchverleger und zum größten Buchverlagskonglomerat der Welt. Zusammen mit Bantam Doubleday Dell belief sich der Jahresumsatz der Dachmarke Random House auf 1,8 Millionen Dollar, fast doppelt so viel wie die Nummer zwei Penguin Putnam. Operativer Chef des fusionierten Großverlags wurde Bantam-Doubleday-Dell-Boss Peter Olson, zum Chef des Aufsichtsrates von Random House nominierte Bertelsmann einen alten Bekannten, nämlich Alberto Vitale.

Random House war nicht nur ein großer Verlag, sondern auch eine Ikone des US-amerikanischen Kulturlebens. Der Verkauf an einen Deutschen erfolgte völlig überraschend und löste in der Branche große Ängste aus. Autoren und Agenten befürchteten, der neue Gigant würde nur noch anspruchslose Bestseller drucken und die Anzahl der Qualitätstitel im Literatur- und Sachbuchbereich verringern, da diese die von den Erbsenzählern aus Gütersloh geforderten 15 Prozent Rendite nie und nimmer erreichten. Auch befürchteten die insgesamt gegen 3000 Angestellten der fusionierenden Verlage eine Entlassungswelle, umso mehr als Random-House-Chef Peter Olson bereits zu Beginn der Neunziger Bantam Doubleday Dell auf unzimperliche Weise redimensioniert hatte. Middelhoff und Olson gaben sich alle Mühe, diese Befürchtungen zu zerstreuen. Olson präsentierte sich als leidenschaftlicher Leser und Buchliebhaber, der das Qualitätsniveau nicht senken, sondern heben wollte, und Middelhoff verwies auf das enorme Potenzial des Buchverkaufes über das Internet, bei dem das Haus Bertelsmann mit 50 Prozent Beteiligung an Barnes & Noble.com ganz vorne mitmische. Die Charmeoffensive der zwei Bertelsmänner war nicht ohne Erfolg, viele Skeptiker ließen sich überzeugen. Dann bekam Middelhoff den Vernon A. Walters Award des amerikanisch-jüdischen Armonk Institute, was mit dreihundertfünfzig Gästen, darunter der damalige deutsche Außenminister Joschka Fischer, standesgemäß gefeiert wurde. Der Preis und das verleihende Institut mochten nur Insidern bekannt sein, doch das Plazet jüdischer Organisationen zum Kauf des größten US-amerikanischen Verlags durch ein deutsches Unternehmen war besonders wichtig. Wichtig, weil unter den prominenten Autoren und Lektoren wie auch beim administrativen Personal von Random House seit je zahlreiche Juden zu finden gewesen waren. In seiner Dankesrede verwies Middelhoff denn auch auf die zahlreichen jüdischen Bertelsmann-Autoren wie etwa Elie Wiesel oder Daniel Goldhagen und versprach, er selbst wolle den Kampf gegen den Antisemitismus anführen. Stolz betonte er zudem, seine Brötchengeberin Bertelsmann sei 1944 von den Nazis als evangelischer Widerstandsverlag geschlossen worden – genau so hatte er es in der Festschrift *150 Jahre Bertelsmann* gelesen.

Das hätte er besser nicht getan. Denn da gab es jemanden in Düsseldorf, der sich mächtig über diese Preisverleihung ärgerte, von der er aus der Zeitung erfahren hatte. Einer, der wusste, dass die Geschichte vom Widerstandsverlag nicht stimmte: Hersch Fischler. Fischler, studierter Soziologe und gescheiterter Geschäftsmann, befasste sich als freischaffender Forscher mit Recherchen über umstrittene und von den Mainstram-Akademikern vernachlässigte Aspekte der Geschichte des Dritten Reiches. Im Zusammenhang mit seiner Untersuchung des Reichstagsbrands war er darauf gestoßen, dass die Schließung des C. Bertelsmann Verlags nicht wegen evangelisch motivierten Widerstands erfolgt war, sondern wegen Papierkorruption im Zusammenhang mit der Schließung nicht kriegswichtiger Verlage. Auch hatte er entdeckt, dass Heinrich Mohn zahlendes Fördermitglied der SS gewesen war. Fischlers Ärger über Middelhoffs dreiste Ignoranz war das Ferment, das den Prozess in Gang setzte, der sechs Monate später im Dezember 1998 zur Einsetzung der internationalen Unabhängigen Historischen Kommission »Bertelsmann im Dritten Reich« unter dem Historiker Saul Friedländer führte. Zunächst versuchte Fischler vergeblich, seinen Befund in deutschen Blättern unterzubringen. Im November 1998 brachte schließlich das Zürcher Wochenblatt *Die Weltwoche* Fischlers Story. Dass eine Schweizer Zeitung sich damit vorwagte, war kein Zufall: Die Schweiz mit ihren Großbanken stand nämlich seit drei Jahren unter Druck des Jüdischen Weltkongresses, sekundiert von Präsident Clintons Vizehandelsminister Stuart Eizenstat und dem New Yorker Senator Alfonse D'Amato. Grund der jüdischen Pressionen war anfänglich die abweisende Haltung der Banken zum Problem der nachrichtenlosen Schweizer Konten jüdischer Bankkunden, die Opfer des Holocaust geworden waren; später erweiterte sich die Kritik auf die Wirtschaftskollaboration der neutralen Schweiz mit dem Dritten Reich. Die offizielle Schweiz und die bürgerliche Nationalgeschichte hatten diese Themen jahrzehntelang unter den Teppich gekehrt. Als Begleitmusik zu den Restitutionsverhandlungen des Jüdischen Weltkongresses mit den Großbanken, die im Sommer 1998 mit der Zahlung eines Buß- und Wiedergutmachungsgeldes von 1,25 Milliarden US-Dollar endeten, überboten sich die Schweizer Medien gegenseitig mit hässlichen und in aller Regel wahren Geschichten über die Wirtschaftskollaboration von Schweizer Unternehmen mit dem Dritten Reich.

Die Strafe für Fischlers Enthüllung in der *Weltwoche* folgte prompt. Rentner Adolf Theobald, einst im Führungspersonal von Gruner + Jahr, mahnte »den kleinen Medienredaktor aus Zürich«, der es gewagt hatte, die Fischler-Recherche ins Blatt zu rücken, in einem Artikel in der Hamburger Wochenzeitung *Die Zeit*, er solle doch besser vor der eigenen Türe kehren: 1933 hatte die Schweizer *Weltwoche* den Wahlsieg der neuen Bewegung des zu allem entschlossenen Führers im nördlichen Nachbarland begrüßt und war erst später zur Stimme der antifaschistischen europäischen Emigration geworden.

Jetzt war die Bombe geplatzt. Bertelsmann-PR-Chef Manfred Harnischfeger, der 1985 persönlich an der gezinkten Jubiläumsschrift mitgewirkt hatte, mobilisierte sein letztes Aufgebot und versuchte, Haushistoriker Dirk Bavendamm ins Spiel zu bringen. Doch als Fischlers Enthüllungen über die braune Vergangenheit Bertelsmanns Anfang Dezember auch noch im TV-Sender 3sat und im US-amerikanischen Wochenmagazin *The Nation*, dem Leibblatt der linksliberalen Juden in New York, thematisiert wurden, gaben Reinhard Mohn und Thomas Middelhoff Mitte Dezember 1998 die Einsetzung einer Unabhängigen Historischen Kommission »Bertelsmann im Dritten Reich« bekannt. Vier Jahre später lieferte die Untersuchungskommission einen umfassenden achthundertseitigen Bericht ab.

Das Jahr 1999 markierte den Höhepunkt der New Economy. Allein der Börsenwert der Bertelsmann-Beteiligung an AOL Europe war auf über sechs Milliarden Dollar gestiegen. Während der Buchbereich unter Frank Wössner und Peter Olson und der Musikbereich unter Michael Dornemann und Strauss Zelnick nicht so recht vom Fleck kamen und von Druck und Industrie kaum mehr die Rede war, pushte Middelhoff unermüdlich das Internet. »Online« war das Zauberwort, dann kam lange nichts, dann das TV-Geschäft als zweiter strategischer Wachstumsbereich. Börsengewinne ersetzten auch bei Bertelsmann den Ertrag aus realer Wirtschaftstätigkeit. Dank steigender Aktienkurse seiner börsenkotierten Beteiligungen konnte Bertelsmann Investitionen finanzieren, etwa den Kauf des renommierten Wissenschaftsverlags Springer. Middelhoff ging aufs Ganze. Angesagt war die konsequente Verzahnung aller Stammgeschäfte mit dem Internet, damit verbunden die Verlegung des Entscheidungszentrums von Gütersloh nach New York. Middelhoff unterzeichnete die Verträge für einen zweiten Wolkenkratzer am Times Square. Dass der Konzern auch Druckereien unterhalte, sei »nicht zwingend«, sagte er vor Volontären der Holtzbrinck-Schule für Wirtschaftsjournalisten. Im Aufsichtsrat soll er aufs Neue vorgeschlagen haben, Bertelsmann mit AOL zu fusionieren. Kurz zuvor hatte er Andreas Schmidt als President und Chief Executive Officer von AOL Europe eingestellt, einen New-Economy-Turbo, von dem der *Spiegel* schrieb: »Jetzt spült diese neue Welle Leute nach oben, die nach den strengen Rekrutierungsparametern der Vergangenheit Dropouts sind. Sogenannte Quereinsteiger, die mitunter nicht einmal Abitur haben, dafür aber ganz genau sagen können, was Plugins und Proxys sind. Die möglichst schnell möglichst viel Geld machen wollen und Mohns Standardwerk *Erfolg durch Partner-*

schaft allenfalls vom Buchtitel kennen. Leute wie Andreas Schmidt eben.«

Als dann AOL im Januar 2000 seine Fusion mit Bertelsmann-Konkurrent Time Warner bekannt gab, da triumphierte Vivendi-Chef Messier. »Kann man heutzutage noch im Ernst einen deutschnationalen Kapitalismus verteidigen, wenn die Unternehmen zur Finanzierung ihrer Entwicklung die angelsächsischen Kapitalmärkte brauchen?«, fragte sich Messier in seinem Buch *j6m.com: Faut-il avoir peur de la nouvelle économie?*. Gedruckt wurde das Buch sinnigerweise bei Elsnerdruck Berlin, also jenem Bertelsmann-Betrieb, mit dessen Sanierung sich Messiers persönlicher Freund und Vivendi-Mitaufsichtsrat Middelhoff einst die ersten Sporen in Reinhard Mohns Führungsreserve abverdient hatte. In seinem Buch freute sich Messier darüber, dass Middelhoff nicht mit AOL habe fusionieren können, weil die Familie Mohn die Kontrolle über Bertelsmann verloren hätte. Daraufhin habe AOL-Boss Steve Case seinen Kollegen Gerald Levin von Time Warner von der Fusion überzeugt. Die Moral der Mohn-Familie beschrieb Messier mit folgenden Worten: »Die Bertelsmann-Aktionäre gefallen sich in der Rolle der Verteidiger des Rheinischen Kapitalismus und schwächen damit bloß ihr Unternehmen, während AOL und Time Warner grünes Licht auf freien Märkten gaben und eines der weltweit mächtigsten Unternehmen gründeten. Doch Thomas Middelhoff hat sein letztes Wort noch nicht gesprochen, mit ihm an der Spitze wird Bertelsmann weiterhin versuchen, seine Chancen zu wahren. Trotzdem muss ich staunen, wie die einen zögernd ihre Chance verspielten, während die anderen zugriffen und den Schritt ins Internetzeitalter wagten.« Und mutig war Gerald Levin tatsächlich. Weil die Börsenkapitalisierung des Internet-Start-ups AOL doppelt so hoch war wie jene des Old-Economy-Konzerns Time Warner, musste sich Time Warner mit seinen 27 Milliarden Umsatz von AOL fressen lassen, dessen Umsatz inklusive aller neu dazugekauften Unternehmen höchstens fünf Milliarden Dollar betrug. Messier war im Frühjahr 2000 außerdem davon überzeugt, Vivendi habe Bertelsmann vom ersten Platz der europäischen Medienkonzerne verdrängt: »Die alte Générale des Eaux ist zum größten europäischen Medienkonzern gewachsen, dem einzigen, der den amerikanischen Giganten die Stirne zu bieten vermag.« Doch da lag er falsch. Die Fusion AOL-Time Warner wurde zum größten Flop der US-amerikanischen Wirtschaftsgeschichte. Gewonnen hat Bertelsmann, die ihre 50 Prozent von AOL Europe im Februar 2000 für 6,5 Milliarden Dollar in bar und einigen hundert Millionen Dollar in Gutschriften für Werbung auf AOL-Kanälen gerade noch rechtzeitig an AOL zurückverkaufte. Dann kam der New-Economy-Crash und ein Jahr später war AOL Europe an der Börse keine Milliarde mehr wert.

Nach dem Verkauf von AOL Europe rückte in Gütersloh die Fusion von CLT-UFA und Pearson TV zur RTL Group in den Vordergrund. Im April 2000 schwärmte Middelhoff: »Damit bekommt Bertelsmann erstmals die Gelegenheit, das enorme Potenzial der Börse zur weiteren Expansion der Unternehmung zu nutzen.« Ohne Kapitalmarkt keine Zukunft, war Middelhoff überzeugt. Genau deshalb hatte er ja kurz zuvor den neuen börsenzentrierten Vorstandsbereich BeCapital und den Venture-Fonds eBertelsmann gegründet. Die anstehenden Börsengänge von bol.com, Lycos Europe und Pixelpark versprachen Geld wie Heu. Ebenfalls im April 2000 machte eine Meldung aus dem Geschäftsbereich Gruner + Jahr die Runde. Die Hamburger Bertelsmann-Tochter hatte in den USA den Zeitschriftenmanager Daniel B. Brewster jr. zu ihrem Geschäftsleiter gemacht und für 540 Millionen Dollar die Business-Magazine *Inc.* und *Fast Company* gekauft. Brewster baute zudem die schon länger zu Gruner + Jahr USA gehörende Frauenzeitschrift *McCall's* mit der populären Fernsehmoderatorin Rosie O'Donnell zu *Rosie* um und verkündete das Ziel, in die Spitzengruppe der US-amerikanischen Zeitschriftenverlage vorzustoßen. Die Finanzierung dieses ambitiösen Unterfangens schien dank Bertelsmanns AOL-Milliardenerlösen gesichert.

»Wir sitzen auf einem Sack voll Geld«, war denn auch in der Presse der meistzitierte Satz aus der Bilanz-Pressekonferenz der Bertelsmann AG für das Geschäftsjahr 1999/2000, die nicht wie gewohnt in Gütersloh, sondern auf der Expo 2000 in Hannover stattfand. Die »Kriegskasse« sei gut gefüllt, 30 Milliarden Mark könne man lockermachen, sagte Middelhoff stolz. Der Umsatz des Konzerns war von 26 Milliarden Mark im Vorjahr auf 32,4 Milliarden Mark (16,5 Milliarden Euro) gestiegen, was ein Plus von 25 Prozent bedeutete. Der Reingewinn erhöhte sich um fast die Hälfte von 910 Millionen Mark auf über 1,3 Milliarden Mark, davon entfiel etwa ein Drittel auf das US-Geschäft. Der Bruttogewinn vor Zinsen, Steuern und Abschreibungen (EBITA) belief sich auf 3,3 Milliarden Mark. Umsatzmäßig stand die Musikholding BMG-Entertainment mit 9,4 Milliarden Mark (Rendite 4,7 Prozent) an erster Stelle, gefolgt von der Buch AG mit 8,5 Milliarden Mark (Rendite 0,7 Prozent), der CLT-UFA mit 6,4 Milliarden Mark (Rendite 15 Prozent), Gruner + Jahr mit 5,7 Milliarden Mark (Rendite 12,7 Prozent), der Industrie- und Dienstleistungsgruppe Arvato mit 4,4 Milliarden Mark (Rendite 8,4 Prozent), der Fachverlagsgruppe BertelsmannSpringer mit 1,3 Milliarden Mark (Rendite 9,4 Prozent) und der Produktlinie Multimedia mit knapp einer Milliarde Mark (Rendite minus 55,3 Prozent).

Middelhoffs Profitfanfaren in Hannover markierten den Höhepunkt des Internetbooms bei Bertelsmann. Fünfundzwanzig Jahre nachdem Reinhard Mohn aufgebrochen war, seine Unternehmenskultur in die USA zu exportieren, hatte Middelhoff den Spieß umgedreht und Bertelsmann zum Stützpunkt der US-amerikanischen New Economy in Deutschland umfunktioniert. »Staat und Politik müssen stärker als bisher geschehen bereit sein, vom Partner jenseits des Atlantiks zu lernen«, verkündete er in einem Referat mit dem Titel *Eine faire Weltwirtschaftsentwicklung – neue Mission der transatlantischen Community* an einer Konferenz über die Zukunft des transatlantischen Verhältnisses am 18. März 2000 in Berlin. Der Bertelsmann-Chef votierte für das finanzkapitalistische Vollprogramm: neoliberale EU mit voll deregulierten Finanz- und Warenmärkten, transnationale Gesellschaften als Schrittmacher der deutsch-amerikanischen Beziehungen und Stärkung der transatlantischen Community. Der oberste Führungsmann der Mohn'schen Führungstechnik und Unternehmenskultur war mit fliegenden Fahnen zur neoliberalen New Economy übergelaufen.

In Sachen deutsche Vergangenheitsbewältigung – das Thema war seit den Enthüllungen von Hersch Fischler auch bei Bertelsmann zur Chefsache geworden – sagte Middelhoff: »Jedes deutsche Unternehmen, das Schuld auf sich geladen hat, muss sich offen dazu bekennen und einen Beitrag zur Wiedergutmachung leisten.« Im Geschichtsbild des fast 175-jährigen Familienunternehmens vollzog Middelhoff ganz nebenbei einen Paradigmenwechsel von deutscher Nationalgeschichte zur Holocaustgeschichte. In seiner Festansprache zur Fünfzig-Jahr-Feier des Zentralrates der Juden in Deutschland sechs Monate später machte er diesen Paradigmenwechsel explizit. Im Zentrum der historischen Überlegungen des Bertelsmann-Unternehmenschefs stand nicht mehr die Gütersloher Familienfirma im dramatischen Auf und Ab der deutschen Geschichte, sondern »der Holocaust als größtes Verbrechen der Menschheitsgeschichte.« Middelhoff sagte: »Ich meine: Aus der furchtbaren Einmaligkeit des Holocaust gibt es kein Zurück in eine harmlose Normalität. Unsere Beziehung muss auf das dauernde Gedenken an den Holocaust gründen. (...) Und für das deutsche Volk, für den deutschen Staat muss die Konsequenz aus dem Holocaust lauten, dass Deutschland im Augenblick existenzieller Bedrohung immer an der Seite Israels steht.«

Nachdem Middelhoff betont hatte, dass »in den USA die Mehrheit meiner Geschäftsfreunde jüdischen Glaubens und meine besten Freunde in den USA Juden (sind)«, bezweifelte er, ob die bisherigen Aktivitäten der Bertelsmann Stiftung im Dialog mit Israel und den Juden ausreichten, Aktivitäten wie etwa »die Ausbildung junger Journalisten an der Koteret-Schule in Israel, ein deutsch-israelisches Young-Leaders-Austauschprogramm, die Kooperation zwischen Hochschullehrern und Studenten oder der Deutsch-Jüdische Dialog. Aber reicht das aus?«

Thomas Middelhoff hat viele Qualitäten, doch eigenständiges historisches Denken ist seine Stärke nicht. Vor Fischler hatte er sich darauf beschränkt, die Unwahrheiten der Firmen-Jubiläumsschrift von 1985 nachzuplappern, nach Fischler übernahm er von seinen jüdischen Freunden in den USA die beiden Dogmen »Der Holocaust ist einzigartig und ist das größte Verbrechen der Menschheit« und »Wegen seiner Schuld am Holocaust muss Deutschland immer an der Seite Israels stehen«.

Statt bloß Dogmen zu übernehmen, hätte Middelhoff besser seinem Chef, mit dem ihn nach eigener Aussage ein Vater-Sohn-Verhältnis verband, einige Fragen gestellt. Zu Beispiel diese: Reinhard, warum hast du den Judenhass geschluckt, den sie dir bei der Hitler-Jugend und im Amersfoorter Ausbildungsregiment eingetrichtert haben? Oder auch diese: Reinhard, warum hast du zu Auschwitz noch nie ein Wort verloren?

16. Fahnenflucht im Führungspersonal

Im Mai 2000 trat Mark Wössner, Aufsichtsratsvorsitzender der Bertelsmann AG und Vorstand der Bertelsmann Stiftung, völlig unerwartet zurück. Wössner hatte zweiunddreißig Jahre für Reinhard Mohn gearbeitet, davon fünfzehn Jahre als Vorstandsvorsitzender. Das war für die Mitarbeiterinnen und Mitarbeiter der Unternehmung ein Schock und für die Öffentlichkeit eine Überraschung. Über die Gründe der dramatischen Trennung haben weder Mohn noch Wössner je etwas verlauten lassen. Wössner kassierte eine millionenschwere Abfindung, räumte sein Büro und ging. Mohn sprach später in einem Interview von einem »sehr schmerzhaften Prozess« mit am Schluss »sehr unterschiedlichen Auffassungen«.

Warum musste Wössner gehen? Er, der in einem Interview von sich gesagt hatte: »Wir Jungen haben damals (in den Siebzigerjahren) zusammen mit Herrn Mohn die heutige Unternehmenskultur entwickelt. Ich denke, dass ich für mich in Anspruch nehmen kann, sie vorgelebt zu haben.« Einige Stimmen meinten, es sei die von Wössner vorangetriebene Gründung einer Filiale der Stiftung in New York gewesen, die zum Bruch geführt habe. Tatsächlich hatte Wössner in der *New York Times* bereits teure Stellenanzeigen für das zukünftige Personal schalten lassen. Wössner musste wissen, dass Mohn keinen Ableger der Stiftung in New York wollte, seine Außenstelle war die spanische Fundación Bertelsmann, die er zusammen mit Ricardo Díez-Hochleitner bereits 1995 in Barcelona gegründet hatte. Doch diese Problematik allein vermag den dramatischen Bruch mit Wössner nicht zu erklären. Andere Stimmen munkelten, Wössner habe sich nicht mit Liz Mohn vertragen, die von ihrem Ehemann 1999 in den Vorstand der Stiftung befördert worden war. Auch wenn die psychologische Interpretation das abrupte Ende von Wössners jahrzehntelanger Erfolgsallianz mit Reinhard Mohn nicht befriedigend erklären kann, so scheint darin doch ein Körnchen Wahrheit zu stecken. Wössner, der mit allen Wassern gewaschene Hochleistungsmanager, und die Frau des Chefs waren sich nicht grün. Der promovierte Ingenieur hatte sich aus eigener Kraft an die Spitze eines globalen Medienkonzerns vorgekämpft und diese Position während Jahren erfolgreich gegen mächtige Konkurrenten vom Kaliber eines Rupert Murdoch, Sumner Redstone, Silvio Berlusconi oder Leo Kirch gehalten. Die kleine Telefonistin dagegen hatte über das Bett des Chefs Karriere gemacht und später einige erfolgreiche Stiftungsprojekte im Non-Profit-Sektor wie einen Musikwettbewerb oder die Deutsche Schlaganfall-Hilfe geleitet. Jetzt musste Meritokrat Wössner die Frau des Chefs in der Stiftung als gleichberechtigte Stimme akzeptieren, weil es der Chef so wollte. Nach Ansicht Mohns sollte der pensionierte Manager das wettberwerbszentrierte Effizienzdenken einbringen, die Ehefrau das gemeinschaftsverhaftete Familiendenken.

In der Führung der Stiftung hätten sich Wössner und Liz Mohn vielleicht noch zusammenraufen können. Zum einen war Liz Mohn dort bereits viel länger tätig als Wössner und hatte dabei auch »viel gelernt«, wie ihr Ehemann einmal schrieb. Und zum anderen ging es in der Stiftungsarbeit nicht darum, Geld zu verdienen, sondern bloß darum, wie man das von der Bertelsmann AG verdiente Geld am besten auf die einzelnen Projektbereiche verteilte. Doch Reinhard Mohn hatte seine Ehefrau nicht nur in den Vorstand der Stiftung kooptiert, sondern per 1. Juli 1999 auch noch mit Sitz und Stimme in die Bertelsmann Verwaltungsgesellschaft mbH. Dieser Verwaltungsgesellschaft hatte er gleichzeitig auch seine rund 90 Prozent der Aktien-Stimmrechte der Bertelsmann AG überschrieben; rund 10 Prozent lagen bei der Zeit-Stiftung, für die ein Rückkaufprogramm lief. An der Verteilung der Kapitalrechte änderte die Verwaltungsgesellschaft nichts, knapp 70 Prozent blieben bei der Stiftung, etwa 20 Prozent bei der Familie Mohn und 10 Prozent bei der Zeit-Stiftung. Damit war Liz Mohn ohne jeglichen Leistungsausweis im Geldverdienen ins oberste Entscheidungsgremium, gewissermaßen die Hauptversammlung der Bertelsmann AG, eingerückt. Als ausgefuchster Manager wusste Wössner, was es geschlagen hatte. Eine Übernahme von Bertelsmann durch das Management nach dem Tod seines Chefs konnte er sich endgültig aus dem Kopf schlagen. Da Reinhard Mohn während Jahrzehnten stets hatte verlauten lassen, seine Familie müsse nicht zwingend in der Unternehmensleitung vertreten sein, konnte das Führungspersonal nach dem Tode Mohns mit einem Management-Take-over nach US-amerikanischem Muster rechnen, etwa so, wie es beim Medienkonzern Disney geschehen war, wo nicht Walt Disneys Neffe Roy, sondern das Management unter Michael Eisner die Führung übernommen hatte. Der Disney-Weg schien in der New-Economy-Blase Ende der Neunzigerjahre manchem auch die wahrscheinlichste Nachfolgeregelung bei Bertelsmann, dies umso mehr, als Reinhard Mohn seinem 1949 geborenen ältesten Sohn Johannes die Fähigkeit zur obersten Leitung eines großen Medienkonzerns nicht zutraute. Mit dem Einzug Liz Mohns in die Verwaltungsgesellschaft im Sommer 1999 war dann eine solche managementbasierte Nachfolgeregelung endgültig vom Tisch.

Gemäß seiner Unternehmenskultur, die Führung, Mitarbeiter und Familie an den strategischen Entscheidungen beteiligt, übertrug Reinhard Mohn sein Stimmrecht an die Bertelsmann

Verwaltungsgesellschaft. Dem Führungspersonal standen vier Sitze zu, besetzt von den Präsidenten des Aufsichtsrats und des Vorstands plus je ein weiteres Mitglied aus Aufsichtsrat und Vorstand, dazu kamen eine Personalvertretung und eine Familienvertretung. Namentlich waren dies in der ersten Besetzung Aufsichtsratsvorsitzender Mark Wössner, Vorstandsvorsitzender Thomas Middelhoff, Vorstandsmitglied Gerd Schulte-Hillen und Aufsichtsratsmitglied Dieter Vogel, dazu der Vorsitzende des Konzernbetriebsrats Erich Ruppik und Liz Mohn. Dazu kamen noch Reinhard Mohn als Geschäftsleiter der Verwaltungsgesellschaft mit lebenslangem Mitgliedsrecht und sein Testamentsvollstrecker Siegfried Luther, Aufsichtsrat und Finanzchef der Bertelsmann AG, der ihm im Todesfall als Geschäftsleiter nachfolgen und dafür sorgen sollte, dass alles so geschah, wie der Patriarch es festgelegt hatte.

Während der Stratege Mohn mit der Gründung der Bertelsmann Verwaltungsgesellschaft die Weichen für die Zukunft seiner Unternehmenskultur stellte, leistete das Nachrichtenmagazin *Der Spiegel,* das zu 25 Prozent Gruner + Jahr gehörte, mit einer Titelgeschichte Schützenhilfe für Bruchpilot Middelhoffs Internetvisionen. Das Blatt zeichnete Reinhard Mohn als einen von der Entwicklung abgehängten alten Mann, der seinen Managern den Weg in die schöne neue Welt der New Economy vermiesen wollte: »Ohne Zweifel misstraut Mohn der Zukunft, vor allem der, die mit diesen seltsamen Internetgeschäften Einzug hält. Bekümmert stellte er fest, dass er in Aufsichtsratssitzungen den Diskussionen über die Möglichkeiten des E-Commerce ›nicht mehr sachverständig‹ folgen kann.«

Middelhoff trieb im ersten Halbjahr 2000 den Umbau Bertelsmanns zu einem New-Economy-Unternehmen voran, und hinter den Kulissen tobte der Kampf zwischen Mohn und

Wössner um die Unternehmenskultur. Von mehr Transparenz hätten alle nur profitieren können: Mohn hätte sich eine Plattform zur Propagierung seiner Unternehmenskultur geschaffen, und Wössner hätte sich vom Abzockmanager zum Mann der Werte geadelt, statt seine Karriere mit einem Aufsichtsratsmandat bei Citibank Deutschland abzuschließen. Mit einer offenen Strategiedebatte zwischen Mohn und Wössner hätten Mitarbeiterschaft und eine breitere Öffentlichkeit vielleicht verstehen gelernt, um was es bei Mohns Unternehmenskultur geht.

Auch wenn die beiden Kontrahenten eisern schwiegen, kann der Bruch Mohns mit dem Spitzenprodukt seiner Führungstechnik nur so interpretiert werden, dass Wössner eine Neuausrichtung Bertelsmanns auf das Unternehmensmodell des angloamerikanischen Finanzkapitalismus neoliberaler Prägung anstrebte, das auf Kapitalmarktfinanzierung und maximale Börsenkurssteigerung ausgerichtet ist – gerade so wie es die *Spiegel*-Story empfohlen hatte. Anders ist Wössners abrupter Abgang rational nicht erklärbar. Wössners Abschiedsworte im Jahresbericht 1999/2000 der Stiftung, in denen er den Begriff Betriebsgemeinschaft aus dem Wörterbuch der Unternehmenskultur und den Begriff New Economy aus dem Wörterbuch des Finanzkapitalismus als reine Worthülsen verwendet und beziehungslos nebeneinanderstellt, legen nahe, dass er als renditegetriebener Manager seinen wertegetriebenen Chef letztlich nicht verstand.

Obwohl Wössners Entlassung beim Führungspersonal und in der Belegschaft von Bertelsmann erhebliche Unruhe auslöste, war die operative Führung unter Middelhoff dadurch nicht beeinträchtigt.

Im verwaisten Stiftungsvorsitz reaktivierte Mohn sich selbst wieder als Präsidenten. Im Aufsichtsratspräsidium rückte Gerd Schulte-Hillen nach.

TV- und Musikchef und Wössner-Intimus Michael Dornemann und dessen rechte Hand Strauss Zelnick sowie Wössners Bruder, Buchchef Frank Wössner, hat Middelhoff im November 2000 ausgemustert. Nachfolger von Dornemann im Musikgeschäft wurde Rudi Gassner, der noch vor Antritt an einem Herzinfarkt verschied und durch Rolf Schmidt-Holtz ersetzt wurde. Nachfolger von Frank Wössner als oberstem Chef des Buchgeschäfts im Vorstand wurde Peter Olson, Leiter von Random House. Als neuen Chef von Bertelsmann USA präsentierte Middelhoff im Januar 2001 Joel Klein, der zuvor sieben Jahre lang die Antitrust-Abteilung im US-Justizministerium geleitet hatte. Klein war ein Beamter ohne unternehmerischen Leistungsausweis, dessen Aufgabe darin bestand, das Unternehmen Bertelsmann in den USA besser bekannt zu machen.

Gleichzeitig mit den Führungspersonalwechseln baute Middelhoff im Herbst 2000 die Organisation Bertelsmanns grundlegend um. In einer Hausmitteilung erläuterte er diesen Umbau so: »Inmitten des Wandels der Medien- und Kommunikationsmärkte vollzieht unser Unternehmen derzeit bedeutende strategische Weichenstellungen, mit denen auch strukturelle, organisatorische und personelle Neugliederungen sowie veränderte Verantwortlichkeiten verbunden sind. Bereichsübergreifend wird ein neuer Vorstandsbereich ›BeCapital‹ gegründet. Die Führung des Bereiches ›BeCapital‹ wird bei Arnold Bahlmann liegen. Er umfasst neben der zentralen Unternehmensentwicklung die Gründung des Venture-Fonds ›eBertelsmann‹ (und) die M&A-Aktivitäten.«

Diese Neuorganisation war ein weiterer Tiefschlag Middelhoffs gegen alles, was er seit 1986 bei Bertelsmann gelernt hatte.

Die Mohn'sche Unternehmenskultur baut auf Dezentralisierung, Eigenverantwortung und schlanke Stäbe, der Amerikaner mit dem deutschen Pass hingegen setzte auf Zentralisierung, starke Stäbe und damit faktisch auf Abbau der Eigenverantwortung im Management. Was Venture-Fonds und M&A-Aktivitäten (deutsch Fusionen und Übernahmen) anbelangte, so war dies ein Schritt Richtung Kapitalmarktfinanzierung, weg von der traditionellen Eigenfinanzierung durch Gewinnbeteiligung.

Ebenfalls im Herbst 2000 überzeugte Middelhoff seinen Chef, die Mehrheit an RTL durch den Aktientausch mit der Groupe Bruxelles Lambert von Albert Frère zu übernehmen. Den Aktientausch mit Frère sah er als Auftakt zum Börsengang der Bertelsmann AG, der, sobald die Börse wieder aufwärtsdrehte, neue Milliarden elektronischen Spielgelds in seine Kassen spülen würde, Spielgeld für die nächste Runde im großen Boom-and-Bust-Cycle des Finanzkapitalismus. In einem Interview sagte Middelhoff: »Wir sollten uns nichts vormachen: Der Kapitalmarkt wird sich wieder erholen. Dann werden unsere Wettbewerber die Möglichkeit haben, sich dort zu bedienen und zu investieren. Bertelsmann steht heute überhaupt nur so gut da und hat nur deswegen den Umsatz verdoppelt in den letzten vier Jahren, weil wir mit Verkäufen von AOL-Aktien und Portfoliomanagement wie dem Verkauf von AOL Europe und mediaWays gearbeitet haben. Ohne die Erlöse aus diesen Aktivitäten, die neun bis zehn Milliarden Dollar ausmachen, wäre Bertelsmann nie in der Lage gewesen, mit dem Wachstum der anderen Großen Schritt zu halten.« Für Middelhoff war sonnenklar, dass Bertelsmann sich ohne Börsennotierung und ohne Bereitschaft der Familie Mohn, mittelfristig auf die qualifizierte Mehrheit an der Gesellschaft zu verzichten, aus der ersten Liga der internationalen Medienunternehmen würde verabschieden müssen. Folglich wollte Middelhoff 2002 auch den Zwangskauf von Zomba Records mit Aktien und nicht mit Bargeld bezahlen. Zomba war der weltgrößte unabhängige Musikproduzent mit Britney Spears als Zugpferdchen, den Bertelsmann für 2,74 Milliarden Dollar kaufen musste, weil Mark Wössner und Michael Dornemann sich in einem Optionsvertrag mit Zomba-Gründer Clive Calder dazu verpflichtet hatten. Calder hatte Wössner und Dornemann seinerseits einen Anteil verkauft, aber nur unter der Bedingung, Zomba zu einem nach oben offenen Preis-Multiplikator aus Gewinn und Umsatz vollständig zu übernehmen, falls Calder dies wünsche. Die beiden Bertelsmann-Führungskräfte hatten Calder diese (aus Sicht von Bertelsmann sehr riskante) Put-Option zugestanden, weil sie der BMG dessen guten Riecher für Nachwuchstalente sichern wollten. Doch die Mathematik des Derivate-Pricing hatten die beiden damals noch nicht begriffen, was zum überhöhten Kaufpreis führte. Davon profitierte der schlaue Südafrikaner, der dank dieser 2002 ausgeübten Put-Option zum reichsten Mann im britischen Musikbusiness wurde, noch vor den Altrockern Paul McCartney und Mick Jagger.

Ganz anders sah dies Reinhard Mohn. »Wir wollen uns nicht über die Kapitalmärkte finanzieren«, sagte er in einem Interview. Er wollte sein qualifiziertes Mehr an Kapital- und Stimmrechten nicht abgeben. Folgerichtig wurde die Zomba-Übernahme nicht mit Bertelsmann-Aktien, sondern mit Bankkrediten finanziert. Auch die Einwilligung zum Aktientausch mit Frère hatte Mohn nur gegeben, weil er fest entschlossen war, sein Vorkaufsrecht wahrzunehmen, das an Frères aufgeschobenes Recht zum Börsengang gekoppelt war. Die Übernahme der RTL Group war die Krönung seines Unternehmerlebens. In diesem Aktientausch konvergierten die zwei strategischen Expansionsfelder, die

Mohn mehr als vier Jahrzehnte zuvor abgesteckt hatte: Television und Europa. Als Konrad Adenauer seinen gescheiterten Versuch lancierte, das starre öffentlich-rechtliche Korsett der elektronischen Medien zu lockern, das die alliierte Militärregierung seinerzeit den Westdeutschen verpasst hatte, sagten ihm seine Musikverkäufer, da müsse er dabei sein, Fernsehen werde für das Musikgeschäft noch wichtiger als das Radio. Und gleichzeitig mit der Idee, sich im Fernsehgeschäft zu etablieren, kam in Gütersloh auch der Gedanke auf, sich außerhalb Deutschlands zu betätigen. Märkte sprengen Grenzen, hatte der Staatssekretär für europäische Angelegenheiten Alfred Müller-Armack gesagt, Mohns alter Lehrer im Fach Soziale Marktwirtschaft.

Anfang August 2002 mussten die bereits vom abrupten Abgang Wössners verstörten Bertelsmannianer auch noch mit dem überraschenden sofortigen Abgang von Thomas Middelhoff vom Posten des Vorstandsvorsitzenden fertig werden. Mohn hatte den Abgang wie immer mit einem goldenen Fallschirm abgefedert, damit die entlassene Führungskraft nicht in Versuchung kam, in den Medien schmutzige Wäsche zu waschen. In Interviews sprach Middelhoff von strategischen Differenzen in Sachen Börsengang. Er habe die Altgesellschafter – damit meinte er Reinhard Mohn – nicht davon überzeugen können, dass die Zukunftsfähigkeit Bertelsmanns nur gesichert werden könne, wenn das Unternehmen in eine Publikumsaktiengesellschaft umgebaut und »eine professionelle Corporate Governance« eingeführt werde.

Genau wie Mark Wössner hat Reinhard Mohn auch Thomas Middelhoff entlassen, weil dieser bei Bertelsmann die Grundsätze der Unternehmenskultur durch Finanzkapitalismus und neoliberalen Shareholder-Value ersetzen wollte: maximale Eigenkapitalrendite für die Aktionäre statt Leistungsbeitrag an die Gesellschaft. Als Middelhoffs vielleicht größte Einzelsünde gegen die Unternehmenskultur scheint sein Verhalten gegenüber Buettner und von Blottnitz, die ihn 1993 ins Internet einführten. Den beiden hatte er, wie es in der Unternehmenskultur geschrieben steht, eine Gewinnbeteiligung an der gemeinsamen Internetgesellschaft versprochen. Unternehmenskultur belohnt Unternehmergeist: »Unsere Firmen werden von Geschäftsführern geleitet, die als Unternehmer handeln. Sie genießen weitreichende Unabhängigkeit und tragen umfassende Verantwortung für die Leistung ihrer Firmen.« Dieses Versprechen hat Druckereimanager Middelhoff später gebrochen. Die beiden Internetpioniere Buettner und von Blottnitz mussten sich das Recht, das Bertelsmann seinen Führungskräften verspricht, vor einem kalifornischen Gericht erstreiten.

Fast gleichzeitig mit Middelhoff verloren auch seine Kumpel Jean-Marie Messier und Steve Case ihre Jobs. Jean-Marie aus Grenoble hatte die zu Vivendi mutierte einstige Générale des Eaux fast ruiniert. Was zum größten europäischen Medienkonzern hätte wachsen sollen, stand Mitte 2002 vor dem Bankrott. Die Bronfmans, die ihre große Spirituosenhandelsfirma Seagram mit Vivendi fusioniert hatten, verloren die Hälfte ihres Vermögens. Später zog Vivendi seinen einstigen Président Directeur Général wegen finanzieller Unregelmäßigkeiten vor Gericht, worauf Messier außergerichtlich einige Dutzend Millionen Dollar zahlte, um einer Verurteilung zu entgehen.

In der Folge entwickelte sich Vivendi – bis 1995 noch ein Traditionsunternehmen im Bereich der Infrastrukturtechnik – vom Medienkonzern mit realwirtschaftlich basierter Strategie zum rein börsenkursgesteuerten Firmenkonglomerat, das laufend Firmenanteile kauft und verkauft. Was Napoleon III. gegründet hatte und hundertfünfzig Jahre lang bestand, war zum

»Heuschreckenfraß« geworden. Im Oktober 2006 machte die US-amerikanische Investitionsgesellschaft KKR für Vivendi ein Kaufangebot, mit 50 Milliarden Dollar war es das bis dato größte Übernahmeangebot in der Geschichte des Finanzkapitalismus.

Auch Steve aus Honolulu erlitt eine Bruchlandung. AOL und Time Warner wurden wieder getrennt, der geniale Deal, der den Börsenwert in den Himmel hätte treiben sollen, ging als Wall Streets größter Flop in die Annalen der Finanzgeschichte ein.

Nach dem Abgang Middelhoffs kam Stiftungspräsident Gunter Thielen an die operative Spitze von Bertelsmann. Der studierte Ingenieur Thielen war 1980 zu Bertelsmann gestoßen und hatte es bis zum Vorstand des Bereiches Arvato gebracht. Nach seiner ersten Pensionierung 2002 wechselte er als Präsident zur Stiftung, allerdings nur für einige Monate, um dann als Vorstandsvorsitzender reaktiviert zu werden. Als Erstes rekonstruierte Thielen die von Middelhoff zum zentralisierten Instrument seiner neuen Politik umgebaute alte Hauptverwaltung. Die für die Konzernstrategie verantwortliche neue Zentraleinheit BeCapital, das gerade eingerichtete Amt des Chief Operating Officers und die zahlreichen neu aufgebauten Stäbe, die CEO Middelhoff um sich herumgruppiert hatte, schaffte Thielen kurzerhand wieder ab. Dutzende Mitarbeiter der Zentrale und auch einige hochgestellte Führungskräfte, die als Middelhoff-Vertraute galten, mussten gehen, etwa Bertelsmann-USA-Chef Joel Klein, den Middelhoff erst kurz zuvor eingestellt hatte.

Die Konzernsparten, so begründete Thielen den organisatorischen Rückbau, sollten wieder die alte Eigenverantwortung tragen. »Wenn man unsere Leute dazu zwingt, an Stäbe zu berichten und sich Vorschriften machen zu lassen, sind sie frustriert.«

Geschäftlich war für Thielen erst einmal Konsolidierung angesagt. Die Zeit der Großfusionen war vorbei. Auf einzelnen Märkten kam es zu Verlagerungen. China, Indien und Osteuropa wurden aufgewertet, während sich Gruner + Jahr nach großen Verlusten und imageschädigenden Prozessen nach fünfundzwanzig Jahren ganz aus dem US-Geschäft verabschiedete.

Reinhard Mohns Vermächtnis

17. Die Familiensprecherin übernimmt

Köhnlechner, Fischer, Wössner, Middelhoff, Schulte-Hillen – ganz oben ist die Mohn'sche Führungstechnik gescheitert. Die Loyalität, die Reinhard Mohn von seinen Spitzenleuten forderte, wurde ihm offensichtlich nie entgegengebracht. Schlimmer noch, ganz oben hat die Unternehmenskultur bislang verbrannte Erde hinterlassen. Gekündigte Führungsleute lösten sich für Reinhard Mohn nach jahrzehntelanger enger Zusammenarbeit über Nacht in Luft auf, ihre Namen ließ er aus der Firmengeschichte tilgen. Köhnlechner und Fischer fehlen in der 150-Jahr-Festschrift von 1985, Wössner und Middelhoff wurden nach dem Abgang zu Unpersonen.

Bei Liz Mohn hingegen hat die »gute Personalarbeit« funktioniert, wie Reinhard Mohn seine Beziehung zur zweiten Ehefrau einmal augenzwinkernd nannte. Es war eine harte Schule, die er der einstigen minderjährigen Geliebten aus dem Sekretariat seit 1958 zugemutet hat. Doch nach dem Motto, was mich nicht umbringt, macht mich stärker, ist sie daran gewachsen und hat sich, jahrzehntelang geformt im Sinn und Geiste Mohn'scher Unternehmenskultur, zur mächtigen Familiensprecherin und Testamentsvollstreckerin des Patriarchen entwickelt. Liz Mohn ist eine der mächtigsten Frauen Deutschlands und Europas, herausgewachsen aus dem engen Käfig einer Familienwelt aus Schein und Lüge, die ihrem zwanzig Jahre älteren Liebhaber während vieler Jahre ein Leben als legaler Bigamist ermöglichte. Die Doppelstruktur von offizieller und inoffizieller Familie, die

1963 entstand, als Liz mit ihrem ersten Kind schwanger war, erwies sich als zukunftsfähiges Konstrukt. Reinhard Mohns unorthodoxer Ausweg aus dem ewigen Dilemma zwischen der ungeliebten Ehefrau und der Geliebten endete weder in einer hässlichen Kampfscheidung noch im hässlichen Verrat an der schwangeren Geliebten. Langfristig ermöglichte die Nebenfamilie von 1963, dass Reinhard Mohn die Fackel, die er 1947 vom Vater übernommen hatte, sechs Jahrzehnte später an seine in diesem geheimen Nest aufgewachsenen Kinder Brigitte und Christoph weitergeben konnte. Doch bevor es so weit war, floss noch viel Wasser die Gütersloher Bäche hinunter. Liz Mohn zog Tochter und zwei Söhne groß, assistiert vom Scheinehemann Joachim Scholz und Onkel Tata. Dann entsorgte Mohn den Scheinehemann, heiratete Liz und anerkannte die drei Kinder.

Als es mit Mark Wössner in der Stiftung nicht klappte und Reinhard Mohn erkennen musste, dass er dem Führungsmann zur Sicherung der Kontinuität seiner Unternehmenskultur nicht vertrauen konnte, stand Liz bereit. Die Manager hatten ihn enttäuscht, sie nicht. Liz Mohn stieg von der sozial tätigen Ehegattin des Chefs innerhalb von kaum drei Jahren zur mächtigen Familiensprecherin auf. Als Erstes installierte Reinhard Mohn sie 1999 mit Sitz und Stimme in der Verwaltungsgesellschaft, dem neuen obersten Entscheidungsgremium des Unternehmens. Wenig später kam sie ins Präsidium der Stiftung. Dann sorgte er dafür, dass die Familiensprecherin über die Firma hinaus besser bekannt wurde. Liz Mohn kannte man damals außerhalb Güterslohs weniger durch ihre langjährige, durchaus erfolgreiche eigene Stiftungsarbeit denn als Gattin Reinhard Mohns. Anfang 2001 erschien zu diesem Zweck im C. Bertelsmann Verlag eine Liz-Mohn-Autobiografie unter dem Titel *Liebe öffnet Herzen*. Der von einer professionellen Autorin verfasste Text bietet einen flott geschriebenen bunten Mix von Themen und Geschichten. Die Spannweite geht von guten Ratschlägen einer besorgten Mutter zu gesunder Lebensführung und Ernährung bis zur freudigen Bejahung der vom Ehemann geschaffenen Unternehmenskultur, alles garniert mit zahlreichen Anekdoten wie zum Beispiel dieser: »(Auf einer Konferenz) fragte ein ägyptischer Teilnehmer meinen Mann, ob er sich denn auch mal für Moslems engagieren würde und nicht nur für die Juden in Israel? Mein Mann sagte: ›Ja – warum denn nicht?‹« Eher enttäuschend für ein Buch mit dem verheißungsvollen Titel *Liebe öffnet Herzen*, verschweigt Liz Mohn die Wahrheit über ihr langjähriges und zweifelsohne schwieriges Leben als Nebenfrau Reinhard Mohns, als Geliebte eines zwanzig Jahre älteren mächtigen Mannes, die mit ihren Kindern beim Scheinehemann geparkt lebt und die Kinder tagtäglich über den wahren Vater belügen muss. Schade, denn mit dieser harten Wahrheit hätte die Familiensprecherin der Mohns aus Gütersloh ihren Leserinnen und Lesern zeigen können, dass ein guter mittelständischer Familienkapitalist, ob kleiner Gastwirt, Händler oder großer Drucker und Verleger, sein Privatleben der Firma strikte unterordnen muss, sowohl das eigene als auch das von Frau und Kindern.

Gleichzeitig mit dem Erscheinen von *Liebe öffnet Herzen* kooptierte Reinhard Mohn seinen Sohn Christoph als dritten Familienvertreter mit Sitz und Stimme in die Verwaltungsgesellschaft und stärkte damit die Position der Familiensprecherin im obersten Gremium von Bertelsmann nach seinem Tod. Der 1965 geborene Christoph Mohn hatte wie Middelhoff an der Universität Münster Betriebswirtschaft studiert und war 1993 bei der Bertelsmann Music Group BMG in New York als Praktikant eingetreten. Dort wurde er, ebenfalls wie Middelhoff, zum

Internetfreak, lernte die Mathematikerin Shobhna Goyal aus New Delhi kennen, die 1996 in die Dienste von Bertelsmann trat und die er 1998 heiratete. Die beiden haben heute zwei Töchter und leben am Stadtrand von Gütersloh. Bereits ein Jahr zuvor, 1997, war Christoph Mohn Geschäftsführer von Lycos Europe geworden, einem in Gütersloh angesiedelten und zwanzig Mitarbeiter zählenden Joint Venture von Bertelsmann mit dem US-amerikanischen Internetportal Lycos. 1999 überschrieb ihm sein Vater die Hälfte der Bertelsmann-Beteiligung an Lycos Europe. Anfang 2000, gerade noch rechtzeitig vor dem Crash, verkaufte dann Lycos-Gründer Bob Davis sein Unternehmen in einem von Middelhoff vermittelten Deal für fünf Milliarden Dollar an die spanische Telefónica, und Lycos Europe wurde als eigenständige Gesellschaft an die Börse gebracht. Kurz darauf crashte die Börse und die Lycos-Europe-Papiere verloren 90 Prozent ihres Wertes. Lycos überlebte trotzdem und hat sich seither unter Christoph Mohn zur größten europäischen Internetportalfamilie entwickelt. 2006 wurde Chistoph Mohn zudem in den Aufsichtsrat der Bertelsmann AG berufen.

Während Sohn Christoph die Position der Familiensprecherin in der Verwaltungsgesellschaft stärkte, tat Tochter Brigitte das Gleiche in der Bertelsmann Stiftung. Im Dezember 2001 kam die damals neununddreißigjährige promovierte Politologin ins Präsidium. Brigitte Mohn war karrieremäßig eine Spätzünderin. Sie hatte von ihrem Großvater Heinrich das Asthma geerbt und lange unter dieser Krankheit gelitten. In einem Alter, in dem die Töchter anderer Medienmogule, wie etwa Marina Berlusconi oder Shari Redstone, bereits kräftig in Vaters Firma mitmischten, begann sie nach dem Studium 1993, gleichzeitig mit ihrem jüngeren Bruder, ein Praktikum bei Bantam Doubleday Dell in New York. Danach wechselte sie, ebenfalls auf den

Spuren ihres Bruders, zu McKinsey, um dann den Höhepunkt der New-Economy-Blase bei der Bertelsmann-Tochter Pixelpark zu erleben. Anfang 2001 holte ihre Mutter sie zurück nach Gütersloh als stellvertretende Vorsitzende der Deutschen Schlaganfall-Hilfe, die der Bertelsmann Stiftung angegliedert ist. Zwei Jahre später nahm sie im Präsidium der Bertelsmann Stiftung Einsitz. Brigitte Mohn hat heute zwei Kinder und lebt mit ihrem Partner Thomas Kowallik in Gütersloh.

Die große Feier zu seinem achtzigsten Geburtstag in der Stadthalle Gütersloh im Juni 2001 hat Reinhard Mohn, dem solche Feiern noch nie viel bedeutet hatten, dazu benutzt, Liz auch in der Öffentlichkeit als Familiensprecherin zu präsentieren und zu legitimieren. Sie hat es ihm in ihrem Beitrag »Mein Partner und Lehrmeister« in der zu diesem Anlass erschienenen großen Festschrift mit den Worten gedankt: »Ich sehe es als eine meiner vordringlichsten Aufgaben an, die Kontinuität von Unternehmenskultur und Unternehmensführung zu sichern und mich hierfür mit ganzem Herzen und ganzer Kraft einzusetzen.«

Beim Abgang Middelhoffs ein Jahr später zeigte die Kampagne zur Bekanntmachung Liz Mohns erstmals ihre Wirkung. Nachdem die Familiensprecherin im Zusammenhang mit dem Abgang Mark Wössners in den Massenmedien nirgends erwähnt worden war, wollte die deutsche Presse im Sommer 2002 unisono wissen, sie sei die treibende Kraft gegen Thomas Middelhoff gewesen, ja sie hätte ihren Mann geradezu zu dessen Entlassung gedrängt. So schrieb beispielsweise die Wochenzeitung *Die Zeit:* »Am Ende reifte in Liz Mohn die Entscheidung, es müsse etwas geschehen. Den Wunsch, Middelhoff gegen Gunter Thielen auszutauschen, hat sie mit Ehemann Reinhard besprochen. Der Patriarch hat zwar die Mehrheit an die Bertelsmann Stiftung übertragen. Aber sein Wort zählt. Und er ließ sich überzeugen. Trotz seiner rund 20 Milliarden Euro Umsatz ist Bertelsmann noch immer ein Familienreich.« Einmal abgesehen davon, dass die zwei *Zeit*-Journalisten eigentlich hätten wissen müssen, dass in der Stiftung zwar 70 Prozent der Kapitalrechte liegen, die Stimmrechte hingegen bei der Verwaltungsgesellschaft, kann man nur darüber staunen, wie *Die Zeit* und alle anderen großen deutschen Tages- und Wochenzeitungen die Entlassung Middelhoffs als eine Art Intrigenspiel von Liz Mohn und Middelhoff-Nachfolger Gunter Thielen karikierten und den wahren Grund von Middelhoffs Entlassung völlig verkannten: dass nämlich Reinhard Mohn längst zur Ansicht gekommen war, der Amerikaner mit zufällig deutschem Pass habe den Boden der Unternehmenskultur verlassen. »Unsere Unternehmenskultur wird in den kommenden Jahren stetig weiterentwickelt und umgesetzt. Sie greift weiter als das Prinzip des Shareholder-Value«, hatte Middelhoff in der Festschrift zu Mohns Achtzigstem geschrieben. Doch das war nicht etwa als Bekenntnis zur Unternehmenskultur gemeint, ganz im Gegenteil: Mit »weiterentwickeln« meinte Middelhoff »abschaffen«. Während er am Sonntag den achtzigsten Geburtstag seines Chefs feierte, betrieb er wochentags den Umbau Bertelsmanns zum Spekulationsvehikel des Finanzkapitalismus. Ebenso wie die zwei Neugesellschafter Frère und dessen Partner Paul Desmarais strebte er die Umwandlung von Bertelsmann in eine börsengängige Publikumsgesellschaft an. Seine Vision war, Bertelsmann zu einem globalen Schwergewicht im DAX zu machen, auf Augenhöhe mit der News Corporation von Rupert Murdoch, mit Viacom von Sumner Redstone oder Mediaset von Silvio Berlusconi. Eine Börsen-Bertelsmann nach diesem Gusto wäre auf Maximalprofit und Börsenkurspflege fokussiert gewesen und hätte sich gänzlich über die internationalen Kapitalmärkte finanziert. Die Kontrolle über diese Publikumsaktiengesellschaft hätte sich die Mohn-Familie bei begrenztem Kapitaleinsatz mit Stimmrechts- oder Vorzugsaktien sichern können, so wie es die Murdoch-, Berlusconi- und Redstone-Familien tun.

Im Herbst 2002 stärkte Reinhard Mohn die Position der Familie mit ihm selbst, seiner Frau Liz, Tochter Brigitte und Sohn Christoph im Unternehmen mit einer Satzungsänderung der Verwaltungsgesellschaft. Demnach durfte die Bertelsmann AG höchstens einen familienfremden Gesellschafter mit maximal 25 Prozent aufnehmen, womit die vom Ex-Vorstandsvorsitzenden Middelhoff angestrebte Variante des Börsengangs explizit ausgeschlossen war, bei gleichzeitiger Garantie des Rechtes der Groupe Bruxelles Lambert von Albert Frère und Paul Desmarais, ihre 25-Prozent-Bertelsmann-Quote aus dem RTL-Aktientausch an die Börse zu bringen. Im Dezember 2002 nahm auch Brigitte Mohn als vierte Familienvertreterin Einsitz in der Verwaltungsgesellschaft; nun war die Hälfte der acht Sitze im obersten Bertelsmann-Gremium von Mitgliedern der Familie Mohn besetzt. Gleichzeitig bekam Liz Mohn erstmals einen Sitz im Aufsichtsrat der Bertelsmann AG und war damit nach Verwaltungsgesellschaft und Stiftung in allen relevanten Führungsgremien des Unternehmens vertreten.

Anfang 2003 hatte der Patriarch seinen kaum drei Jahre zuvor gefassten Plan der Stärkung der Rolle seiner Familie in den Satzungen der Familienfirma umgesetzt. Er selbst zog sich aus der Öffentlichkeit zurück und wirkte seither im Hintergrund, gegen außen agierte die Familiensprecherin, flankiert von ihren zwei Kindern Christoph und Brigitte, der sechsten Generation im Hause Bertelsmann/Mohn.

Der jüngste Sohn von Liz und Reinhard Mohn hingegen, Andreas, der nach seinem Wirtschaftsstudium ebenfalls eine

Karriere im väterlichen Unternehmen begonnen hatte, war nach einer Krankheit wieder ausgetreten und wurde Maler und Schriftsteller. Dem Reporter Matthew Karnitschnig vom *Wall Street Journal* erzählte er im Herbst 2003 erstmals die Geschichte der seelischen Grausamkeit, welche ihm seine leiblichen Eltern in Kindheit und Jugend zugemutet hatten. So konnte am 1. Dezember 2003 auch eine deutsche Leserschaft dieses zuvor außerhalb Güterslohs nicht bekannte Kapitel aus dem Leben des größten Medienunternehmens kennenlernen. Von den drei Kindern Reinhard Mohns aus erster Ehe ist einzig der 1949 geborene Älteste Johannes Mohn im Unternehmen tätig. Er begann seine Bertelsmann-Karriere nach einem Wirtschaftsstudium Ende der Siebzigerjahre und leitet heute, nach vielen Stationen im In- und Ausland, den Bereich Media Technology im Corporate Center in Gütersloh. In den Führungsgremien ist er nicht vertreten. Seine beiden Schwestern wollten nicht in die väterliche Firma einsteigen und wurden vor Jahren ausbezahlt.

Einer, dem der Machtgewinn der Familie im Hause Bertelsmann gegen den Strich ging, war Gerd Schulte-Hillen, der letzte Mohikaner aus der alten Führungsriege, die das Unternehmen seit Anfang der Siebzigerjahre groß gemacht hatte. Schulte-Hillen, langjähriger Gruner + Jahr-Chef, war Ende 2000 nach fast zwei Jahrzehnten Glanz und Glitter in Hamburg ins nüchterne Gütersloh zurückgekehrt. Er konnte die Positionen von Mark Wössner in Aufsichtsratspräsidentschaft und Stiftungspräsidium erben, doch nicht für lange – ähnlich wie seinerzeit Manfred Fischer, sein Vorgänger bei Gruner + Jahr. Beim Abgang von Wössner und Middelhoff hatte Schulte-Hillen mit den Mohns noch mitgespielt, manche behaupteten gar, er habe zusammen mit Liz Mohn gegen Middelhoff intrigiert. In Tat und Warheit konnte er die Mohn'sche Weiterentwicklung der

Unternehmenskultur nach der Parole »Mehr Macht für die Familie« nicht mittragen. Offen entzündete sich der Konflikt am Buch *Die gesellschaftliche Verantwortung des Unternehmers,* das Reinhard Mohn nach dem Abgang von Thomas Middelhoff publizierte. Darin geißelte er – ohne Namen zu nennen – Eitelkeit und andere Schwächen des Managements. Vielleicht war die Kritik ein bisschen schärfer formuliert als in seinen früheren Büchern, aber grundsätzlich sagte er nichts Neues, Mohn hatte dieses Thema bereits mehrfach schriftlich abgehandelt. Trotzdem kam es bei der Präsentation des Buches im März 2003 zum Eklat. Einige ätzende Worte des Moderators der Veranstaltung, Managementprofessor Fredmund Malik von der Wirtschaftsuniversität St. Gallen, gegen die Abzockmentalität in Managerkreisen stießen Schulte-Hillen besonders sauer auf. Er hätte, so berichtete später ein Gewährsmann einer Zeitung, den Raum am liebsten verlassen, verzichtete jedoch darauf aus Rücksicht auf die Firma. Hingegen wies er Mohns Management-Schelte in einem *Spiegel*-Interview zurück und stellte sich auf die Seite seiner kritisierten Kollegen, zu denen man wohl auch Wössner und Middelhoff zählen muss: »Dass engagierte Führungskräfte brüskiert sind, kann ich nachvollziehen.« Die Solidarisierung seiner obersten Führungskraft mit seinen Kollegen hätte Reinhard Mohn vielleicht noch toleriert, doch mit seiner Kritik an der Satzungsänderung der Verwaltungsgesellschaft hatte Schulte-Hillen das Band zwischen sich und seinem Chef endgültig zerrissen. Er sagte dem *Spiegel:* »Im Vorstand der Verwaltungsgesellschaft sitzen acht Leute. Tatsächlich können dort alle wichtigen Entscheidungen nur mit Dreiviertelmehrheit gefällt werden. Ohne die Familie geht dort also nichts. Ich bat kürzlich darum, die neue Satzung zu bekommen, habe sie aber noch nicht.« Zuerst wies Vorstandsvorsitzender Gunter Thielen die

Mohn Kritik Schulte-Hillens öffentlich zurück: »Eine Pauschalkritik am Management hat er nicht geübt. Im Gegenteil: Mohn ist davon überzeugt, dass er das beste Management hat.« Kurz darauf trat Schulte-Hillen aus Verwaltungsgesellschaft und Aufsichtsratspräsidium zurück und wurde in beiden Ämtern durch Dieter Vogel ersetzt. Ex-Thyssen-Chef Vogel hatte 1968 zusammen mit Schulte-Hillen und Wössner bei Bertelsmann angefangen, doch dann Gütersloh nach einigen Jahren wieder verlassen, was ihm Reinhard Mohn offenbar nicht übel nahm.

Mit Gunter Thielen, der 2002 die Nachfolge Middelhoffs als Vorstandsvorsitzender antrat, hatte Liz Mohn bereits seit einem Jahr in der Stiftung zusammengearbeitet. Thielen, ein studierter Ingenieur, war 1980 als Druckereimanager bei Bertelsmann eingetreten, hatte die aktive Karriere im Sommer 2001 als Vorstand des Industriebereiches Arvato beendet und daraufhin Reinhard Mohn im Präsidium der Stiftung abgelöst, das dieser nach dem Abgang Wössners kurz zuvor übergangsweise nochmals übernommen hatte. Im Sommer 2002 reaktivierte Mohn seinen Stiftungspräsidenten Thielen als Vorstandsvorsitzenden, um sein von Börsensturz und New-Economy-Crash getroffenes Unternehmen zu stabilisieren. Thielen baute denn auch als Erstes die von Middelhoff eingeleitete Zentralisierung des Unternehmens zurück.

Im Herbst 2002 war auf den globalen Medienmärkten auch für den neuen Bertelsmann-Vorstandschef Thielen erst einmal Konsolidierung angesagt. Nachdem die Internet- und New-Economy-Blase geplatzt war, wurde der Wissenschaftsverlag BertelsmannSpringer verkauft. Die Werbeerträge im TV-Geschäft schrumpften, ebenso Belegschaft, Umsatz und Gewinn. Im Unterschied zu den Medienkonzernen, deren Unternehmenskultur auf die Steigerung des Aktienkurses fokussiert ist, war die Zerlegung Bertelsmanns in börsengängige Einzelteile nie aktuell. Vivendi, Viacom und AOL Time Warner wurden zerlegt und die Teile entweder verkauft wie bei Vivendi oder separat an der Börse kotiert wie bei Viacom und AOL Time Warner. Bertelsmann hingegen fusionierte seinen schlecht laufenden Musikbereich BMG mit Sony Music zum Joint Venture Sony BMG Music Entertainment mit dem Aufsichtsratsvorsitzenden Rolf Schmidt-Holtz von Bertelsmann und dem Vorstandsvorsitzenden Andrew Lack von Sony. Als die zwei Unternehmenskulturen von BMG und Sony Music bei der Fusionierung aufeinanderprallten, häuften sich wie erwartet die Konflikte zwischen den Musikmanagern Schmidt-Holtz und Lack. Der Bertelsmann-Manager wollte junge, unbekannte Talente mit langfristigen Verträgen an sich binden, um damit die Chance zu erhöhen, sie auch bei einem Großerfolg zu unternehmensfreundlichen Bedingungen unter Vertrag zu haben. Nach diesem Muster ist beispielsweise das RTL-TV-Format »American Idol« gestrickt, das, weltweit adaptiert, sehr erfolgreich ist. Die vertragliche Kooperation zwischen den Kreativen und dem Verleger ist ein altes Bertelsmann-Rezept, das im Dritten Reich bereits Heinrich Mohn praktiziert hatte mit seinem fest angestellten Kriegsbestsellerautor P. C. Ettighoffer, sowie auch Reinhard Mohn in den Fünfziger- und Sechzigerjahren mit dem fest angestellten Lesering-Erfolgschreiber Roland Gööck. Andrew Lack hingegen steht für den Hollywood-Starkult. Er war weniger an vielversprechenden Lokalmatadoren von Lima bis Shanghai interessiert, sondern am Instant-Profit mit großen Namen. Als er schließlich Bruce Springsteen über 100 Millionen Dollar für fünf neue Alben anbot, kam es zum Eklat. Thielen und Sony-Chef Howard Stringer kamen überein, die Rollen der Musikchefs im Joint Venture zu tauschen. Schmidt-Holtz wechselte in den Vorstandsvorsitz und übernahm die operative Führung, der Amerikaner Lack übernahm den Job des Aufsichtsratsvorsitzenden, den zuvor der Deutsche innegehabt hatte. Weltweit junge Talente zu suchen, sie im Wettbewerb groß zu machen und daran zu verdienen, wie es Schmidt-Holtz will, oder große Namen unter Vertrag zu nehmen und im Hollywood-Starsystem weltweit zu vermarkten, flankierend zu Starbucks, Coca-Cola und McDonald's – das ist weiterhin die Frage im Joint Venture Sony BMG.

Neben dem Sony-Joint-Venture im Musikgeschäft kam es unter dem neuen Bertelsmann-Chef Thielen auch im Zeitschriftenbereich zu einigen strategischen Weichenstellungen. Im Zeitungsgeschäft in Osteuropa, in das Gruner + Jahr nach dem Fall der Mauer eingestiegen war, kam es zum geordneten Rückzug. Zeitungen und Zeitschriften sind eben zwei paar Schuhe. Der Schweizer Ringier Verlag übernahm die Gruner + Jahr-Zeitungstitel in Polen, Tschechien, Ungarn und Rumänien. In Deutschland wurde die *Berliner Zeitung* verkauft; die 2000 zusammen mit dem britischen Medienunternehmen Pearson gegründete *Financial Times Deutschland* hingegen behielt Gruner + Jahr. Aus den USA zog sich die Bertelsmann-Zeitschriftentochter völlig zurück, parallel dazu verstärkte Gruner + Jahr dafür sein Zeitschriftengeschäft in Osteuropa, Indien, China und im Nahen Osten. Im Krisenjahr 2003 waren der Bertelsmann-Umsatz auf 16,8 Milliarden Euro und der Personalbestand auf 73 000 Personen gesunken.

Schrumpfung und Konsolidierung der Medienmärkte nach dem New-Economy-Crash führten auch bei Bertelsmann zum Abbau von Arbeitsplätzen und einer Verschlechterung der Arbeitsbedingungen. Die Hauptrolle im Schrumpfungsprozess spielte dabei die berühmt-berüchtigte Figur des »Controllers aus Gütersloh« – jener gefürchteten Figur des Rückkoppelungsagenten, der in Reinhard Mohns Unternehmenskultur das Verbindungsglied zwischen dem dezentral und eigenverantwortlich operierenden einzelnen Profitcenter und der Zentralkasse in Gütersloh darstellt. Der Controller überprüft, ob die Finanzvorgaben der Zentrale erfüllt sind. Wenn die Kasse stimmt, darfst du machen, wie du willst, wenn nicht, musst du machen, wie ich will – das war und ist die Botschaft des Bertelsmann-Controllers. Zur eigentlichen Hassfigur wurde der Controller im Buchgeschäft, wo Random-House-Chef Peter Olson seine vielen Dutzend dezentral agierenden Einzelverlage in aller Welt mit dieser Peitsche auf Renditekurs brachte und bringt.

Im Deutschlandgeschäft von Bertelsmann kam vor allem Anke Schäferkordt, die Chefin von RTL Deutschland, als rabiate Lohnräuberin und Arbeitsplatzkillerin unter Beschuss. In der Wochenzeitung *Die Zeit* hieß es gar, mit ihrem rigorosen Sparkurs bei RTL habe sie die Bertelsmann-Unternehmenskultur missachtet, die ja der Berücksichtigung der Interessen der Mitarbeiterinnen und Mitarbeiter einen festen Stellenwert gebe. In einem Interview stärkte daraufhin Thielen seiner Fernseh-Führungsfrau den Rücken und bedauerte, die Unternehmenskultur gelte noch längst nicht für das gesamte Personal, Gewinnbeteiligung genössen beispielsweise nur etwa die Hälfte der Beschäftigten.

Das Jahr 2005 brachte Bertelsmann schließlich den Turnaround. »Wir sind in sehr guter Verfassung«, vermeldete Thielen bei der Präsentation des Jahresergebnisses im März 2006 stolz.

Das oberste Führungspersonal war seit Wössners Abgang erneuert worden. Als Finanzvorstand Siegfried Luther Ende 2005 mit einundsechzig Jahren altershalber demissionierte, trat der neben Thielen letzte Vertreter des Vorstands der Ära Wössner ab. Neuer Bertelsmann-Finanzchef wurde RTL-Group-Finanzchef Thomas Rabe. Der Luxemburger mit Jahrgang 1965 war seit 2000 bei der RTL Group tätig. Er hatte zuvor ein Wirtschaftsstudium in Köln absolviert, bei der Europäischen Kommission in Brüssel gearbeitet sowie bei der Treuhandanstalt in Berlin und bei Clearstream – der internationalen Abwicklungs- und Verrechnungsstelle der Deutschen Börse in Luxemburg. Während sich Finanzchefs von Großunternehmen in aller Regel mit Referenzen vom Zuschnitt Goldman Sachs, Merrill Lynch und UBS empfehlen, verfügte Rabe über keine praktische Erfahrung bei einer Investmentbank oder Finanzgesellschaft. Die brauchte er auch nicht in einem Unternehmen, dessen Patriarch das ganze neoliberale Shareholder-Unternehmensfinanz-Lehrgebäude von Milton Friedman, Franco Modigliani und Merton Miller Lügen straft.

Die erste Aufgabe des neuen Finanzchefs Rabe war die technische Bereitstellung und Finanzierung des Rückkaufs des 25-Prozent-Anteils der Groupe Bruxelles Lambert von Albert Frère und Paul Desmarais im Mai 2006. Nachdem die beiden Financiers erkannt hatten, dass die Familie Mohn nicht bereit war, einen Teil ihrer von Verwaltungsgesellschaft und Stiftung kontrollierten 74,9 Prozent von Bertelsmann an Publikumsaktionäre zu verkaufen, verzichteten sie darauf, ihre 25,1 Prozent an die Börse zu bringen. Als ausgefuchste Börsenveteranen wussten die beiden, dass ihre Quote allein zu gering war, um die nötige Liquidität zu schaffen, damit der Titel ein attraktives Spekulationspapier an der Frankfurter Börse hätte werden können. So verkauften Frère und Desmarais ihre Bertelsmann-Aktien lieber gegen 4,5 Milliarden Euro in bar an die Familie Mohn zurück. »Das ist der beste Deal, den ich je gesehen habe«, schwärmte der New Yorker Finanzmann Henry Kravis, Mitbegründer der Private-Equity-Gsellschaft Kohlberg, Kravis, Roberts KKR. Er selbst hätte es nicht besser machen können.

Zufrieden war auch Bertelsmann-Chef Gunter Thielen. Der *Frankfurter Allgemeinen Zeitung* sagte er, der Aktienrückkauf sei trotz des hohen Kaufpreises für Bertelsmann vorteilhaft, und betonte, dass insbesondere Liz Mohn sehr dafür eingetreten sei. »Wenn wir an die Börse gegangen wären«, meinte Thielen, »hätten wir Jahr für Jahr zwischen 300 und 500 Millionen Euro ausschütten müssen«, die Stiftung und die Familie Mohn hingegen seien mit einer Dividende von 100 bis 150 Millionen Euro pro Jahr zufrieden. Finanziert wurde der Rückkauf mit dem Erlös aus dem Verkauf der BMG Music Publishing von 1,6 Milliarden Euro, zwei Euro-Anleihen von total 1,5 Milliarden sowie Bankkrediten von 1,4 Milliarden Euro.

Der Aktienrückkauf sicherte auch die Finanzierung der Bertelsmann Stiftung, d. h. der Finanzsymbiose von Familienkapital und Stiftungskapital, mit der Reinhard Mohn die deutsche Steuergesetzgebung überlistete. Mit der Übertragung von drei Vierteln der Kapitalrechte der Bertelsmann AG an eine steuerbefreite gemeinnützige Stiftung spart die Familie Mohn beim Ableben des Stifters geschätzte zwei Milliarden Euro Erbschafts- oder Schenkungssteuern, zudem ist die Dividende für die Stiftung, seit 1993 jährlich etwa 50 bis 60 Millionen Euro, steuerfrei. Ein Börsengang hätte diese Steuersparsymbiose von Unternehmen und Stiftung stark verwässert, wenn nicht ganz aufgelöst. Publikumsaktionäre wollen Mehrwert für sich selbst, sie wollen nicht unter Zwang das Mohn'sche Steckenpferd Bertelsmann Stiftung füttern. Die umfangreichen Aktivitäten der Stiftung wären grundlegend in Frage gestellt gewesen.

Der Aktienrückkauf vom Mai 2006 markiert das Ende des turbulenten Zeitabschnitts, den die Bertelsmann Stiftung nach dem abrupten Abgang des Stiftungspräsidenten Mark Wössner im Mai 2000 durchlief. Damals war Reinhard Mohn interimistisch nochmals an die Spitze der Stiftung zurückgekehrt, die er zwei Jahre zuvor an Wössner abgegeben hatte. Im Oktober 2001 rückte Gunter Thielen ins Präsidium nach. Seinen ersten großen Auftritt im neuen Amt hatte Thielen im März 2002, an der 25-Jahr-Feier der Stiftung in der Stadthalle Gütersloh. Doch bereits drei Monate später trat er wieder zurück und ersetzte den gefeuerten Vorstandsvorsitzenden Thomas Middelhoff. Neuer Stiftungspräsident wurde Heribert Meffert, emeritierter Professor der Universität Münster.

2004 trat die neue Organisation der Stiftung in Kraft, die Reinhard Mohn entwickelt hatte. Die präsidentenzentrierte, bis 1998 auf ihn selbst maßgeschneiderte Struktur teilte er in die drei Funktionen Vorstand, Geschäftsleitung und Kuratorium. Der Vorstand mit einem Präsidenten als Primus inter Pares führt strategisch, ein Geschäftsleiter führt operativ und das Kuratorium ist Beratungs- und Kontrollgremium. Damit ließ Reinhard Mohn ausgerechnet in der Struktur der eigenen Stiftung vermissen, was er allen anderen verordnete. Die mit tausend Fäden untereinander verbundenen drei Gremien Vorstand, Kuratorium und Geschäftsleitung bilden ein selbstreferenzielles Geflecht. Ohne unabhängige interne und externe Kontrollinstanzen kann die Stiftung dem Mohn'schen Wettbewerbsgrundsatz der »unternehmerischen, leistungsgerechten Gestaltung in allen Lebensbereichen« keine Rechnung tragen.

Kaum war die neue Organisation in Kraft getreten, musste Stiftungspräsident Meffert krankheitshalber zurücktreten. Sein Amt blieb vakant und soll Anfang 2008 wieder an Gunter Thielen gehen, nach Ablauf seines Vertrages als Bertelsmann-Vorstandsvorsitzender. Bis dahin führt der vierköpfige Vorstand aus Liz und Brigitte Mohn, dem Stiftungsveteranen Werner Weidenfeld und dem neuen Geschäftsleiter Johannes Meier die Stiftung. Meier, der zuvor als Berater bei McKinsey und Sanierer bei General Electric gearbeitet hatte, steht dem Prinzip Wettbewerb näher als dem Prinzip Gemeinschaft.

Nicht beeinträchtigt durch die Reorganisation und den personellen Wechsel an der Spitze war die konkrete Projektarbeit der fast dreihundert von der Bertelsmann Stiftung beschäftigten Wissenschaftlerinnen und Wissenschaftler. Als operative Stiftung organisiert sie nach wie vor ausschließlich eigene Projekte und einige Gemeinschaftsprojekte mit anderen Stiftungen und Organisationen. Projekte Dritter werden weiterhin nicht gefördert. Die im Laufe der Neunzigerjahre abgesteckten fünf Arbeitsfelder Bildung, Arbeit, Demokratie, Gesundheit, internationale Politik blieben bestehen. Ebenfalls nicht geändert hat sich die traditionell nationale Ausrichtung der Projektarbeit: Die Bertelsmann Stiftung will »Reformmotor Deutschlands« sein. Die unzähligen Berichte und Expertisen, welche sie mit ihren Annexanstalten wie dem Centrum für angewandte Politikforschung und dem Centrum für Hochschulentwicklung laufend produziert, sind in erster Linie für Regierung, Verwaltung und Medien in Deutschland gedacht. Die viel kleinere spanische Fundación Bertelsmann arbeitet seit 1995 mit den gleichen Methoden wie die deutsche Stiftung, nur spanienzentriert. In die USA hat Reinhard Mohn sein Stiftungskonzept wohlweislich nicht exportiert, da dort der Kapitalbesitz einer Stiftung am Unternehmen des Stifters nur bis zu einem Anteil von 20 Prozent erlaubt ist; bei Bertelsmann sind es 75 Prozent.

Die Fokussierung der Stiftung auf Projekte in Deutschland

führt deren Experten in fast alle relevanten Politikfelder in Kommunen, Ländern und Bund, den drei Ebenen des deutschen Föderalstaates. Die »fokussierte Partnerschaft« mit Ministerien und Parlamenten, wie Geschäftsleiter Meier die Methode in einem Interview nannte, verschafft der Bertelsmann Stiftung großen Einfluss auf die politische Elite und deren Agenda in Deutschland. Von der Sozialpolitik der Kommunen über die Bildungspolitik der Länder bis zur Außenpolitik des Bundes gibt es kaum einen Bereich ohne Bertelsmann-Stiftungsprojekte. Welche Partei gerade regiert, ist egal, die überparteilichen Netzwerker aus Gütersloh haben guten Zugang zu den höchsten Beamten und Politikern fast aller Parteien – ausgenommen der Linkspartei.

Motor dieser Lobbyarbeit in den Korridoren und Vorzimmern der deutschen Staatsmacht ist Stiftungsvorstand Werner Weidenfeld. Der umtriebige Netzwerker, für dessen Anlässe und Gastmahle nur die teuersten Adressen gut genug sind, arbeitet seit nunmehr fast zwei Jahrzehnten für die Stiftung. Nach Gütersloh umziehen wollte er jedoch nie, weshalb ihm Reinhard Mohn ein eigenes Institut an der Universität München finanzierte: das Centrum für angewandte Politikforschung, das mit fast hundert Wissenschaftlerinnen und Wissenschaftlern eine Art Annex der Stiftung im Bereich Außenpolitik und internationale Verständigung bildet. Einen anderen Stiftungsannex, das Centrum für Hochschulentwicklung, leitet der Ökonom und frühere Dortmunder Universitätspräsident Detlef Müller-Böling. In über zehnjähriger Lobbyarbeit hat es Müller-Böling mit dem Geld der Stiftung geschafft, seiner neoliberalen Vision einer blühenden Wettbewerbslandschaft von sich konkurrierenden Elite-Universitäten zum Durchbruch zu verhelfen: Universitäten, die sich nicht mehr primär durch den Staat, sondern mit privaten Forschungsgeldern und hohen Studiengebühren finanzieren. In Politik, Verwaltung und Medien vermochte Müller-Böling den Widerstand gegen die früher in Deutschland als unsozial geltenden Studiengebühren weitgehend zu brechen. In der Studentenschaft hingegen werden seine wirtschaftsfreundlichen Elite-Unis nach amerikanischem Vorbild weiterhin bekämpft. In diesem Zusammenhang haben kritische Studenten und Wissenschaftler auch begonnen, neben dem Bereich Bildung, der etwa 60 Prozent der Stiftungsarbeit ausmacht, die gesamte Projektarbeit der Bertelsmann Stiftung kritisch unter die Lupe zu nehmen, nachzulesen beispielsweise auf der Webseite www.anti-bertelsmann.de. Weil die Bertelsmann Stiftung bislang noch wenig Gehör für die Grundsatzkritik der Jungakademiker aufbrachte und mehr destruktiv als konstruktiv reagierte, drohen die bildungspolitischen Auseinandersetzungen zum verbissenen Grabenkampf zu werden.

Unter der operativen Führung von Geschäftsleiter Meier ist der Einfluss der Bertelsmann Stiftung heute so groß wie nie zuvor und findet, von den kritischen Jungakademikern einmal abgesehen, bislang keine wirksame Schranke.

Seine Medienmacht hat Bertelsmann mit dem 1972 verkündeten Binnenpluralismus beschränkt. Inhaltlich ist das Produktespektrum breit. Die von Random House verlegten Titel reichen von *An End to Evil. How to Win the War on Terror* der zwei neokonservativen Irakkrieg-Brandstifter Richard Perle und David Frum bis zu den *Geständnissen eines Economic Hit Man* des Kriegsgegners und Antiimperialisten John Perkins. Bertelsmanns Gruner + Jahr-Massenblätter und RTL-TV-Stationen betreiben keine direkte Machtpolitik, wie dies die Medienmogule Rupert Murdoch oder Silvio Berlusconi auf ihren Kanälen tagtäglich tun. Bei der *Financial Times Deutschland* darf der prominente

Kolumnist Wolfang Münchau frontal gegen die Mohn'sche Unternehmenskultur schreiben.

Bei der Stiftung hingegen fehlt ein Binnenpluralismus der Werte und Ideen. Da wird die Anwendung und Weiterentwicklung von Reinhard Mohns Unternehmenskultur praktiziert. Ob ein solcher Stiftungszweck tatsächlich gemeinnützig ist oder nicht vielmehr eine steuerliche Begünstigung darstellt, dürfte die deutsche Öffentlichkeit noch beschäftigen.

Im Sommer 2007 hat Reinhard Mohn sein Haus bestellt. Allein – was tut ein umtriebiger sechsundachtzigjähriger Firmenpatriarch, der seit sechzig Jahren täglich in sein Büro geht? In ihrer Autobiografie *Liebe öffnet Herzen* schrieb Liz Mohn: »Ich höre es gern, wenn mein Mann sagt: ›Ich möchte meine Frau begleiten, bis sie achtzig ist.‹ Er wäre dann hundert. Wir tun beide viel dafür, dass es uns gelingt.« So weit wäre es im Jahre 2021!

18. Unternehmenskultur als Betriebsmodell

Reinhard Mohn ist ein Gewinner. Seine Kindheit zur Zeit der krisengeschüttelten Weimarer Republik verbrachte er als wohlbehüteter Sprössling einer angesehenen Familie des oberen Mittelstands. Seine Nazierzieher in der Hitler-Jugend und der Göring-Division, die ihn zum vorbildlichen Offizier und deutschen Volksgenossen formten, erlebte er als Befreier von religiösen und schulischen Zwängen. Im Furor des Krieges stand das Glück an seiner Seite. Später hat er zum Thema Schuld und Mitverantwortung stets geschwiegen und stattdessen eine geschönte Firmenchronik sowie die gefälschten Hitler-Tagebücher verlegt. 1946, als der geschäftlich unerfahrene Kriegsheimkehrer aus Pflichtgefühl und mangels Alternativen in die Familienfirma eintrat, hatte er das Glück, dort eine fähige Führungstruppe vorzufinden, die ihn akzeptierte und in die Geheimnisse des Druck- und Buchverlagsgewerbes einweihte. Überdies half diese Führungstruppe entscheidend mit, das gescheiterte nationalsozialistisch-planwirtschaftliche Geschäftsmodell seines Vaters mit dem Buch-Direktmarketing-Modell des Leserings zu ersetzen, das perfekt zum neuen westdeutschen Wirtschaftsregime der Sozialen Marktwirtschaft passte. Das war 1950. Seither hat sich Reinhard Mohn zum erfolgreichsten europäischen Medienunternehmer hochgearbeitet, der heute weltweit zur ersten Liga der Medienmogule gehört.

Ein jeder, der gutbetucht ins Leben startet, Gesundheit, Glück und Intelligenz mitbekommt und dann in einem langen Leben mehr richtig macht als falsch, kann etwas hinterlassen. Aus materieller Sicht gibt er die Firma, die er von seinem Vater einst als mittelständisches deutsches Druck- und Verlagshaus mit etwa 300 Beschäftigten übernahm, als globalen Medienkonzern mit fast 100 000 Beschäftigten an die Erben weiter. Die dynastische Kontinuität der Mohns hat der überzeugte Familienkapitalist dabei bewahrt. Die zwanzig Jahre jüngere Ehefrau und zwei seiner Kinder sind in allen relevanten Führungsgremien der Familienfirma fest etabliert: Liz in Verwaltungsgesellschaft, Aufsichtsrat und Stiftungsvorstand, Brigitte in Verwaltungsgesellschaft und Stiftungsvorstand und Christoph im Aufsichtsrat. Doch damit noch nicht genug: Über die angehäuften Milliarden und die gesicherte Familienkontinuität hinaus entwickelte Reinhard Mohn auch eine eigenständige Unternehmenskultur, was ihn zu einem herausragenden Familienkapitalisten der Medienbranche macht. Ihr geerbtes Familienunternehmen in einen globalen Medienkonzern zu verwandeln ist auch Rupert Murdoch und Sumner Redstone gelungen, und die Idee, die Ehefrau als generalbevollmächtigte Nachfolgerin einzusetzen, kupferte Mohn bei Axel Springer ab. Doch der Familienfirma eine eigenständige Unternehmenskultur zu hinterlassen, das schaffte im Mediengeschäft keiner, außer Reinhard Mohn.

Der innerste Kern der Bertelsmann-Unternehmenskultur ist die Relativierung des Faktors Kapital im wirtschaftlichen Unternehmen. Nicht die maximale Eigenkapitalrendite, sondern ein ganzes Bündel von Werten und Zielen soll das Unternehmen Bertelsmann steuern. Buchhalter haben dafür eine Kennzahl entwickelt, den Bertelsmann Value Added (BVA). Der BVA begrenzt die Eigenkapitalrendite auf jährlich 8 Prozent (nach Steuern); was vom versteuerten Nettogewinn nach Abzug dieser 8 Prozent noch übrig bleibt, misst den Unternehmenserfolg im Sinne Reinhard Mohns.

Die Grundwerte und Ziele der Unternehmenskultur sind

heute in den sogenannten Bertelsmann Essentials verbrieft, einem kurz gefassten Dokument, das nach eigenem Bekunden »Transparenz und Orientierung für alle schafft – und damit eine Basis für die Identifikation mit dem Unternehmen sowie mit den gemeinsamen Zielen«. Die in zehn Sprachversionen vorliegenden Essentials definieren Bertelsmann mit knappen Worten als ein nach Wachstum und Kontinuität strebendes internationales Medienunternehmen mit den vier Grundwerten Partnerschaft, Unternehmergeist, Kreativität und gesellschaftlicher Verantwortung. Die Arbeitskräfte sollen gerechte Arbeitsbedingungen, Aufstiegschancen und Gewinnbeteiligung bekommen, die Führungskräfte dezentralisierte Entscheidungskompetenz und individuelle Erfolgsbeteiligung und die Gesellschafter eine risikogerechte Verzinsung ihres Kapitals. Auf Basis dieser Grundsätze verfolgt das Unternehmen ein Bündel von vier vernetzten Zielen, die für alle verbindlich sind, nämlich Unternehmenskontinuität, gerechte und motivierende Arbeitswelt, wachstumssichernde Kapitalverzinsung und kreative Kundenorientierung.

Die Essentials beziehen ihre Legitimation nicht aus den Überzeugungen Reinhard Mohns oder aus den früheren Fassungen ab 1960, sondern primär aus dem Erfolg des Unternehmens auf den globalen Märkten. Seit 1945 ist Bertelsmann von der Überlebensgemeinschaft zum Erfolgsteam geworden. Richten tut der Markt. Das Prinzip Wettbewerb ist der Treiber, das Prinzip Gemeinschaft der Träger, das Prinzip Sozialvertrag der Vermittler.

Die Mohn'sche Unternehmenskultur ist eine Mischung aus Vertragskultur und Wettbewerbskultur. Die eine Zutat ist der rational ausgehandelte Sozialvertrag, der die unterschiedlichen Interessen von Arbeitskräften, Führungskräften und Kapitalgesellschaftern ausgleicht und im Gesamtinteresse zu einer identitätsstiftenden Betriebsgemeinschaft inkorporiert. Das ist das neokorporative Erbe Reinhard Mohns, entwickelt aus den gescheiterten Gemeinschaftsdogmen seiner vier Vorgängergenerationen an der Spitze der Familienfirma: dem anarcho-protestantischen Sektengeist Carl Bertelsmanns, dem staatskirchlich-evangelisch-preußischen Untertanenengeist Heinrich Bertelsmanns und Johannes Mohns und der nationalsozialistischen Betriebsgemeinschaft Heinrich Mohns. Und entsprungen aus der Erfahrung des Wiederaufbaus des zerbombten Betriebs, die Reinhard Mohn einst mit folgenden Worten zusammenfasste: »Die Tatsache, dass der Aufbau des Verlages gelang, ist vor allem dem Einsatz und Wissen der zurückgekehrten Mitarbeiter zu verdanken.«

Die zweite Zutat in Mohns Mischrezept ist die liberale Wettbewerbskultur. Sie hat ihre Wurzeln in Alfred Müller-Armacks Verarbeitung der gescheiterten Gewaltkultur des Dritten Reiches. Aus dem Bankrott des »Deutschen Sozialismus des Rechts auf Arbeit und Brot«, einer Planwirtschaft auf Basis nationalsozialistischer Betriebsgemeinschaften von Führung und Gefolgschaft, die Müller-Armack 1934 postulierte, entstand 1946 das Konzept der Sozialen Marktwirtschaft. Planwirtschaft funktioniert nicht, erkannte er, weil verordneter Gemeinnutz als Dogma – ob sozialistisch, national, rassistisch, altruistisch oder religiös – den Eigennutz vertreibt, der das Leistungsethos des Einzelnen schafft, ohne das eine Gemeinschaft nicht überlebt. Gewaltsam durchgesetzte Gemeinschaftsideologien verhindern die produktive Synthese von individuellem Gewinnstreben und verordnetem Gemeininteresse. Das hatten die liberalen Klassiker der Marktwirtschaft seit je gewusst. Nicht das Kommando von oben soll die Wirtschaft steuern, sondern der Wettbewerb.

Die wettbewerbsgesteuerte Marktwirtschaft hat der einstige Planwirtschaftler Müller-Armack übernommen, jedoch in einer gebundenen Form: nicht als freier Markt für freie Bürger, sondern als gebundener Markt mit Wettbewerb im Rahmen staatlich kontrollierter Sozialverträglichkeit, wofür er die griffige Formel Soziale Marktwirtschaft erfand. Damit wollte Müller-Armack die Tendenz der Wettbewerbswirtschaft korrigieren, denjenigen, die bereits viel haben, noch mehr zu geben. Das Prinzip Wettbewerb meint es gut mit dem Gewinner und ist grausam mit dem Verlierer. Gewinner wollen Freiheit, Verlierer brauchen Gemeinschaft. Die Soziale Marktwirtschaft versucht, beides zu vereinen.

Von Müller-Armacks Grundprinzip der sozialen Einbindung des liberalen Wettbewerbsgedankens ließen sich im Wiederaufbau des Bertelsmann-Verlages auch der frischgebackene Juniorchef und sein Führungspersonal leiten. Zum Motor der neuen Betriebsgemeinschaft in der neuen Sozialen Marktwirtschaft wurde die leistungsmotivierende Kraft des vertraglich ausgehandelten Gemeininteresses von Arbeitskräften, Führungskräften und Kapitalgesellschaftern. Interessenharmonisierung im Betrieb, Partnerschaft gewinnt, sagte Reinhard Mohn. Oder wie Jahrzehnte später der oberste Bertelsmann-Manager und designierte Stiftungspräsident Gunter Thielen die Essenz der Unternehmenskultur seines Chefs zusammenfasste: »Das ist für mich eine optimale Harmonisierung der Interessen des Unternehmens mit denen des Mitarbeiters. Genial. Reinhard Mohn hat dieses Prinzip nicht eingeführt, weil er sozialromantisch ist, sondern weil es allen nützt.«

Basis der Bertelsmann-Unternehmenskultur ist nicht der ideologisch fundierte, sondern der rational ausgehandelte Gemeinnutz der Betriebsgemeinschaft. Die motivierende Kraft der

Föderation der Interessen von Arbeitskräften, Führungskräften und Kapitalgesellschaftern wird noch verstärkt durch die konsequente Dezentralisierung der Führung. »Das über Jahrtausende praktizierte Konzept der zentralistisch-hierarchischen Führung hat ausgedient«, sagt Reinhard Mohn. Das Prinzip »Führer befiehl, wir folgen« seiner Jugend musste dem Prinzip »Der Leistungswettbewerb entscheidet« weichen. Entstanden ist die wettbewerbsfähige Betriebsgemeinschaft der wirtschaftsrationalen Funktionstüchtigkeit, »die nicht mehr vorrangig auf dem Eigentum an Kapital begründet ist, sondern vielmehr von der Zustimmung aller am Unternehmen Beteiligten getragen wird«.

Das Wort Unternehmenskultur, neudeutsch Corporate Social Responsibility, klingt immer gut; die Idee, dass Unternehmen gesellschaftliche Verantwortung für ihr privatwirtschaftliches Gewinnstreben tragen, leuchtet unmittelbar ein. Nur – wohlklingende Unternehmensleitbilder gibt es viele, verlogene Reklametexter und heuchlerische Manager auch. Die ganze Wahrheit der sonntäglichen Unternehmenskulturpredigt entfaltet sich erst in des Montags Arbeitshölle, das gilt auch bei Bertelsmann. Etwa bei RTL, wo sich die Chefin Anke Schäferkordt als brutale Sparerin auf Kosten der Mitarbeiter profilierte, wie die Medien zu berichten wussten. »Kommen die Würstchen an die Macht, wird der Senf rationiert«, schrieb vor dreißig Jahren ein inspirierter *Stern*-Redakteur, als der damalige Gruner + Jahr-Boss der Nachtschicht den traditionellen Gratiskaffee aus Kostengründen strich. Doch Spaß beiseite: Die Gewinnbeteiligung als zentrales Versprechen der Bertelsmann Essentials wird in Tat und Wahrheit nicht eingelöst. Ende 2006 hatten nach Aussage von Gunter Thielen nur etwa die Hälfte aller Beschäftigten Gewinnbeteiligung; in Deutschland alle, im Rest der Welt etwa ein Drittel. Darüber geht der *Bertelsmann Corporate Responsibility Report 2005* hinweg, der die Unternehmenskultur in den fünf Sprachen Deutsch, Englisch, Französisch und Spanisch präsentiert.

Theorie und Praxis sind auch bei der Bertelsmann-Unternehmenskultur zwei ganz verschiedene Dinge. Ob sich die Praxis der Theorie anpasst und Bertelsmann anders bleibt, oder die Theorie der Praxis und die Mohn'sche Unternehmenskultur zur bloßen Variante des Neoliberalismus wird, ist die große Frage in Gütersloh, wenn der Patriarch einmal das Zeitliche gesegnet hat.

19. Unternehmenskultur als Gesellschaftsmodell

»Das Ordnungssystem der Unternehmenskultur kann in allen Bereichen der Gesellschaft zur Anwendung gebracht werden«, schrieb Reinhard Mohn in seinem 2000 erschienenen Buch *Menschlichkeit gewinnt. Eine Strategie für Fortschritt und Führungsfähigkeit.* 2003 erschien dann mit *Die gesellschaftliche Verantwortung des Unternehmers* nochmals ein Buch, das sich mit der gleichen Thematik befasst, einmal abgesehen von der ausführlichen Schelte für abtrünnige Manager, was ohne Namensnennung auf Thomas Middelhoffs Börsenpläne gemünzt war.

Die zwei schwer lesbaren Werke, die von den Feuilletonisten von *FAZ* bis *NZZ* verhöhnt und von der Wissenschaft erst recht nicht ernst genommen wurden, weiteten die Unternehmenskultur von der Betriebswirtschaft auf Volkswirtschaft, Politik und Gesellschaft aus. Die wichtigste Triebkraft zur Einführung seines neuen Ordnungssystems ortet Reinhard Mohn dabei weder im Politiker noch im Verwaltungsbeamten, sondern in der Figur des Unternehmers, der er fast magische Kräfte zuschreibt: »Der Unternehmer hat aufgrund seiner Gestaltungskraft und seines Freiraums die besten Voraussetzungen, um ein unserer Zeit entsprechendes Ordnungssystem zu entwickeln und zu erproben. Seine Ziele müssen auf den Bedarf der Gesellschaft ausgerichtet sein und sich unter den Bedingungen des Wettbewerbes bewähren. Den Anforderungen der globalen Konkurrenz an die Leistungsfähigkeit seines Unternehmens kann er durch die Einführung einer menschengerechten Ordnung – der Unternehmenskultur – am besten entsprechen.« Den geistigen Werkzeugkasten, mit dem die vereinigten Unternehmer dieser Welt den Wirkungsbereich der Unternehmenskultur ausweiten können, beschrieb Mohn mit folgenden Worten: »Unsere Demokratie braucht Reformer, welche die Anliegen der Französischen Revolution ergänzen können durch die Ziele, die über den Erfolg im globalen Wettbewerb entscheiden. Es sind dies vor allem: die Anerkennung von Werten, die Fähigkeit zur leistungsorientierten Führung, die Gewährleistung von Innovationen durch die Einführung von Wettbewerb, die Herstellung von Transparenz in allen Lebensbereichen.« Den Rückgriff auf die säkularen Werte der Französischen Revolution – Freiheit, Gleichheit, Brüderlichkeit – verbindet der Atheist Mohn dabei mit der Toleranz der Religionen. Gemäß Reinhard Mohn ist die Religion für die Schwachen: »Für den größeren Teil der Menschheit halte ich aber ein Bildungsziel ohne die Hilfe des religiösen Glaubens für eine Überforderung.« Religion ist Opium für das Volk, sagte einst Karl Marx und verordnete dem Proletariat vergeblich den revolutionären Entzug der Droge. Reinhard Mohn hingegen bietet dem Volk einen tiefen Zug aus der Opiumpfeife.

Den universalen Anspruch seiner Gedanken unterstrich Mohn durch die Bezeichnung seiner zwei Bücher als »Bericht an den Club of Rome«. Den Kontakt zu diesem Club hatte ihm dessen Präsident Ricardo Díez-Hochleitner vermittelt, sein alter Freund im Spaniengeschäft. Bereits 1998 gründete Mohn in Luxemburg die Fondation du Club of Rome, zusammen mit dem Japaner Daisaku Ikeda und dem Spanier José Ángel Sánchez Asiaín. Ikeda spendete 300 000 Dollar, Sánchez Asiaín und Mohn je 100 000. Das ist eine wundersame Mischung: der deutsche Atheist und Milliardär mit seiner Unternehmenskultur, der Präsident von Soka Gakkai, einer japanischen Schule des Buddhismus, und der prominente Opus-Dei-Mann, pensionierte Präsidenten der spanischen Großbank BBV und Berater der

Vatikanbank IOR. Doch so unterschiedlich die Weltanschauungen der drei Freunde des Club of Rome auch sein mögen – Opus-Dei-Leute schulden den Leitern und Priestern ihres Werkes unbedingten Gehorsam, während Mohn die zentralistisch-hierarchische Führung strikte ablehnt –, eins haben sie trotzdem gemeinsam: Alle drei predigen sie dem gewöhnlichen Volk die leistungswillige Identifikation mit gemeinschaftlichen Zielen als sinnstiftendes Arbeitsethos der höheren Art. Soka-Gakkai-Buddhismus, Opus-Dei-Katholizismus und Bertelsmann-Unternehmenskultur orten den Sinn des Lebens nicht in den Freuden der Freizeit, sondern in freudiger Arbeit.

Man kann Mohns System als neokorporativen Wettbewerbskapitalismus bezeichnen, entstanden aus der Fortschreibung der Sozialen Marktwirtschaft nach Alfred Müller-Armack. Kapitalismus, weil die Verfügungsrechte beim privaten Kapitaleigner liegen; Wettbewerb, weil der Leistungswettbewerb als vorrangiges Verteilkriterium gilt, und neokorporativ, weil das Gewinnstreben des Kapitaleigners eingeschränkt ist durch die Interessen von Arbeitskräften, Führungskräften und Gesellschaft. Mohn denkt, dieses meritokratische Wirtschaftskonzept könne den weltweiten, friedlichen Leistungswettbewerb von Individuen, Unternehmen und Staaten sichern und der Welt mehr Frieden, Freiheit und Gerechtigkeit bringen. »Die Prognose ist gerechtfertigt, dass wir in den nächsten Jahrzehnten die Ablösung des strikten Kapitalismus durch die effizientere Wirtschaftsform der Unternehmenskultur erleben werden«, schreibt er, »zum Kampf der Kulturen braucht es nicht zu kommen.«

Reinhard Mohn möchte den friedlichen Leistungswettbewerb, Dialog statt Gewalt. Imperiale Kriege und religiöse Kreuzzüge lehnt er ab. Sein neokorporativer Wettbewerbskapitalismus sei besser als der angloamerikanische Finanzkapitalismus, sagt er und positioniert sich so mit seinen sechsundachtzig Jahren mitten in der aktuellen Debatte über »guten und schlechten Kapitalismus«. Seit die Globalisierung nach der Niederlage im Irakkrieg ins Stocken gerät, re-regionalisiert sich die Weltwirtschaft. Auf der Basis von Privateigentum, Markt und Wettbewerb entwickeln sich heute unterschiedliche Systeme, vom chinesischen und russischen Staatskapitalismus über den entstehenden islamischen Kapitalismus bis zum europäischen Sozialvertragskapitalismus, eine Variante dessen der Mohn'sche neokorporative Wettbewerbskapitalismus ist.

Das Bestreben, seine Unternehmenskultur auf Europa und die ganze Welt anzuwenden, ist das Altersprojekt von Reinhard Mohn. Er möchte die Menschheit davon überzeugen, dass die Grundsätze, mit denen er den geerbten Betrieb groß machte, auch die Basis des besten aller Gesellschaftssysteme sind.

Schlusswort

Bertelsmann ist ein erfolgreiches transnationales Unternehmen mit einem historisch gewachsenen, eigenständigen Unternehmensmodell. Steuerungsprinzip ist nicht das Streben nach maximaler Eigenkapitalrendite, sondern ein wertebasiertes Bündel von Zielen, die von Kapitalgesellschaftern, Führungs- und Arbeitskräften laufend weiterentwickelt werden.

Drei Jahrzehnte Globalisierung haben die Besonderheiten der Bertelsmann-Unternehmenskultur nicht verschwinden lassen. Bei Bertelsmann diktiert nicht das für globalisierte Großkonzerne gängige neoliberale Unternehmensmodell des maximalen Finanzertrages zugunsten der Kapitalgesellschafter, neudeutsch Shareholder-Value, auch wenn sich der Schwerpunktdes Zielebündels im Laufe der Zeit in Richtung monetäre Werte verlagert hat.

Bertelsmann, das ist die real existierende Idee vom sozialkontraktbasierten, wettbewerbsgetriebenen Unternehmen als Grundeinheit der Marktwirtschaft. Dies im Unterschied zu anderen globalisierten Weltkonzernen, die mehrheitlich allein dem Prinzip des maximalen Finanzertrags verpflichtet sind, auch wenn sie inzwischen fast alle von sozialer und ökologischer Verantwortung reden.

Möglicherweise ist der organisierte Interessenausgleich von Arbeit, Führung und Kapital ein geeignetes Modell, wenn nicht der Zweck des Geldverdienens die Mittel heiligen soll.

Quellen

Literatur

Abelshauser, Werner: Deutsche Wirtschaftsgeschichte seit 1945, München 2004

Abelshauser, Werner: Kulturkampf. Der deutsche Weg in die neue Wirtschaft und die amerikanische Herausforderung, Berlin 2003

Barnet, Richard J. / Cavanagh, John: Global Dreams. Imperial Corporations and the New World Order, New York 1994

Bissinger, Manfred: Hitlers Sternstunde. Kujau, Heidemann und die Millionen, Hamburg 1984

Böckelmann, Frank / Fischler, Hersch: Bertelsmann. Hinter der Fassade des Medienimperiums, Frankfurt am Main 2004

Bundesmann-Jansen, Jörg / Pekruhl, Ulrich: Der Medienkonzern Bertelsmann, Köln 1992

Capodagli, Bill / Jackson, Lynn: The Disney Way, New York 1999

Chenoweth, Neil: Virtual Murdoch. Reality Wars on the Information Highway, London 2001

Clark, Thomas: Der Filmpate. Der Fall des Leo Kirch, Hamburg 2002

Dahrendorf, Ralf: Liberal und unabhängig. Gerd Bucerius und seine Zeit, München 2000

Fortin, Daniel: Comment Jean-Marie Messier est devenu le patron le plus puissant de France, Paris 1999

Friedländer, Saul / Frei, Norbert / Rendtorff, Trutz / Wittmann, Reinhard: Bertelsmann im Dritten Reich, München 2002

Frei, Norbert: Karrieren im Zwielicht. Hitlers Eliten nach 1945, Frankfurt am Main 2001

Gehrig, Bruno / Zimmermann, Heinz: Fit for Finance. Theorie und Praxis der Kapitalanlage, Zürich 1996

Girschik, Katja / Ritschl, Albrecht / Welskopp, Thomas (Hg.): Der Migros-Kosmos, Baden 2003

Gööck, Roland: Bücher für Millionen. Fritz Wixforth und die Geschichte des Hauses Bertelsmann, Gütersloh 1968

Göttert, Jean-Marc: Die Bertelsmann Methode, Frankfurt/Wien 2001

Grunenberg, Nina: Die Wundertäter. Netzwerke der deutschen Wirtschaft 1942 bis 1966, München 2006
Hadding, Günther (Hg.): 150 Jahre Bertelsmann 1835–1985. Die Geschichte des Verlagsunternehmens, München 1985
Harris, Robert: Selling Hitler. The Story of the Hitler Diaries, London 1986
Jacobs, Hans-Jürgen / Müller, Uwe: Augstein, Springer & Co., Zürich 1990
Jöhr, Walter A.: Die Renaissance der Konkurrenzidee, in: Revue de la Faculté des sciences économiques de l'Université d'Istambul, oct. 1943
Jürgs, Michael: Der Verleger. Der Fall Axel Springer, München 2001
Köpf, Peter: Schreiben nach jeder Richtung. Goebbels-Propagandisten in der westdeutschen Nachkriegspresse, Berlin 1995
Köpf, Peter: Die Burdas, Hamburg 2002
Knabe, Hubertus: Der diskrete Charme der DDR. Stasi und die Westmedien, Berlin 2001
Kuby, Erich: Der Fall »Stern« und die Folgen, Hamburg 1983
Lehning, Thomas: Das Medienhaus. Geschichte und Gegenwart des Bertelsmann-Konzerns, München 2003
Messier, Jean-Marie: j6m.com. Faut-il avoir peur de la nouvelle économie?, Paris 2000
Middelhoff, Thomas / Schulte-Hillen, Gerd / Thielen, Gunter (Hg.): Reinhard Mohn, Unternehmer – Stifter – Bürger. Festschrift zum 80. Geburtstag, Gütersloh 2001
Mohn, Liz (mit Hillebrecht, Madlen): Liebe öffnet Herzen, München 2001
Mohn, Liz / Mohn, Brigitte / Weidenfeld, Werner / Meier, Johannes (Hg.): Werte. Was die Gesellschaft zusammenhält. Für Reinhard Mohn zum 85. Geburtstag, Gütersloh 2006
Mohn, Reinhard: Erfolg durch Partnerschaft. Eine Unternehmensstrategie für den Menschen, Berlin 1986
Mohn, Reinhard: Menschlichkeit gewinnt. Eine Strategie für Fortschritt und Führungsfähigkeit, Gütersloh 2000
Mohn, Reinhard: Die gesellschaftliche Verantwortung des Unternehmers, München 2003
Müller, Hans Dieter: Der Springer-Konzern, München 1968
Müller-Armack, Alfred: Diagnose unserer Gegenwart, Gütersloh 1949
Müller-Armack, Alfred: Staatsidee und Wirtschaftsordnung im neuen Reich, Berlin 1933
Radtke, Michael: Außer Kontrolle. Die Medienmacht des Leo Kirch, Zürich 1996
Redstone, Sumner (mit Knobler, Peter): A Passion to Win, New York 2001

Schneider, Wolf: Die Gruner + Jahr Story. Ein Stück deutsche Pressegeschichte, München 2000

Schuler, Thomas: Die Mohns. Vom Provinzbuchhändler zum Weltkonzern. Die Familie hinter Bertelsmann, Frankfurt am Main 2004

Smith, Bradley F. / Agarossi, Elena: Operation Sunrise. The Secret Surrender, New York 1979

Trepp, Gian: Bankgeschäfte mit dem Feind, Zürich 1993

Watrin, Christian / Willgerodt, Hans (Hg.): Widersprüche der Kapitalismuskritik: Festgabe für Alfred Müller-Armack, in: Wirtschaftspolitische Chronik, Köln 1976

Wolf, Michael J.: The Entertainment Economy. How Media Forces Are Transforming Our Lives, New York 1999

Zuckmayer, Carl: Geheimreport, Göttingen 2002

Broschüren

Bertelsmann Stiftung: Corporate Responsibility Report 2005, Gütersloh 2006

Bertelsmann Stiftung: Ziele und Verantwortung der Kulturpolitik, Gütersloh 1995

Mohn, Reinhard: Kooperation in Wirtschaft und Gesellschaft, Gütersloh 1998

Mohn, Reinhard: Deutschland im Wettbewerb der Ordnungssysteme, Gütersloh 1997

Mohn, Reinhard: Unternehmerische Führung im Großbetrieb, Gütersloh 1997

Mohn, Reinhard: Unternehmenskultur als Bedingung für unternehmerischen Erfolg, Gütersloh 1996

Mohn, Reinhard: Freiheit für den kreativen Menschen, Gütersloh 1995

Jahresberichte

Bertelsmann AG: diverse

Bertelsmann Stiftung: diverse

Internet

www.polunbi.de, Internet-Datenbank Dr. Olaf Simons

www.bertelsmann.de

www.bertelsmann-stiftung.de

www.anti-bertelsmann.de

www.wiki.bildung-schadet-nicht.de

Unternehmensarchiv Bertelsmann: Sammlung UHK

Eigene Notizen und Abschriften, Besuch Archiv im November 2002
Zeitzeugeninterview Reinhard Mohn vom 12.3.1999 und vom 12.12.2000
Diverse Akten, Signatur I.2/1013; Signatur IV./213

Zeitungen

Frankfurter Allgemeine Zeitung, Frankfurt am Main
Die Welt, Berlin
Die Zeit, Hamburg
Süddeutsche Zeitung, München
Financial Times Deutschland, Hamburg
manager magazin, Hamburg
Der Spiegel, Hamburg
Neue Zürcher Zeitung, Zürich
The Financial Times, London
The Wall Street Journal, New York

Zeitschriften

Bertelsmann Briefe, Heft 23, August 1967: Aufgaben der Filmindustrie, von Dr. Manfred Köhnlechner

Bertelsmann Briefe, Heft 60, Dezember 1968: Massenkultur, Literatur und Gesellschaft. Eine Auseinandersetzung mit Thesen von Jürgen Habermas, von Dr. Peter Glotz

Bertelsmann Briefe, Heft 67, April 1970: Die Autorenversorgung des Hauses Bertelsmann, von Reinhard Mohn

Bertelsmann Briefe, Heft 71, April 1971: Kraut und Rüben, von Dr. Wolfgang Strauß

Bertelsmann Briefe, Heft 72, Juni 1971: Bertelsmann Gewinnbeteiligung und Vermögensbildung

Bertelsmann Briefe, Heft 78, März 1973: Gespräch mit dem Verleger Dr. Gerd Bucerius

Bertelsmann Briefe, Heft 84, Oktober 1984: Bücher für viele. Der Beitrag der Buchgemeinschaften zur Arbeitnehmerbildung, von Peter Glotz

Bertelsmann Briefe, Heft 85, Januar 1976: Der missachtete Schmöker, von Peter Kaupp

Bertelsmann Briefe, Heft 92, Oktober 1977: Organisierter Pluralismus, von Ulrich Wechsler

Bertelsmann Briefe, Heft 100, Oktober 1979: Jubiläum der Bertelsmann Briefe, Interview mit Wolfgang Strauß
Bertelsmann Briefe, Heft 110, August 1982: Markt und Medien, von Dr. Manfred Fischer
Bertelsmann Briefe, Heft 114, Januar 1984: Geist und Kommerz, von Wolf Jobst Siedler
Bertelsmann Briefe, Heft 114, Januar 1984: Alternative Finanzierungsmöglichkeiten einer Unternehmensexpansion und Innovation, von Reinhard Mohn
Bertelsmann Briefe, Heft 116, November 1984: 150 Jahre Bertelsmann: Die Gründer und ihre Zeit. Eine Geschichtsbetrachtung, von Dirk Bavendamm mit einem Vorwort von Reinhard Mohn
Bertelsmann Briefe, Heft 117, Juni 1985: Die Sicherung der Unternehmenskontinuität, von Reinhard Mohn
bertelsmann report 20, Mai 1971: Selbstverständnis und Aufgaben der Gewerkschaften in der Gesellschaft

Referate und Ansprachen

Thomas Middelhoff: Eine faire Weltwirtschaftsordnung – neue Mission der transatlantischen Community? »New Traditions – Biennial Conference«, Berlin, 18. März 2000
Thomas Middelhoff: Verfolgung erinnern, Freiheit verteidigen. Festansprache anlässlich der Festveranstaltung 50 Jahre Zentralrat der Juden in Deutschland, Berlin, 21. September 2000
Reinhard Mohn: Ansprache bei der Präsentation des Buches »Die gesellschaftliche Verantwortung des Unternehmers«, 12. Februar 2003
Reinhard Mohn: »Internationalisierung als verlegerische Aufgabe«. Vortrag vor der Deutsch-Amerikanischen Handelskammer New York, April 1978

Gespräche

Gespräche mit mehr oder weniger gut informierten, dem Analyseobjekt mehr oder weniger freundlich gesinnten, oftmals anonym bleiben wollenden Gewährsleuten sind für jedes Sachbuch eine wichtige Quelle – die im Minenfeld zwischen Dichtung und Wahrheit sprudelt. Vier von vielen solcher Gespräche für dieses Buch seien hier dokumentiert:

- Tischgespräch mit Klaus Eierhoff, Mitglied des Vorstandes Bertelsmann Aktiengesellschaft, am Vorabend der Wirtschaftspressekonferenz Bertelsmann AG, Berlin, 26. September 2001. Thema »Unternehmenskultur und

Zynismus bei Führungskräften«. Eierhoff, ein Middelhoff-Intimus, der Bertelsmann ein Jahr später verließ, blieb ambivalent.

- Gespräch mit Thomas A. Curran, Chief Technology Officer und Executive Vice President Bertelsmann Inc., New York, an der Wirtschaftspressekonferenz Bertelsmann AG, in Berlin, 27. September 2001. Thema »Kann sich ein US-Amerikaner mit einer deutsch geprägten Unternehmenskultur betrieblicher Gemeinschaft mit gesellschaftlicher Verantwortung identifizieren?«. Curran meinte: Ja.
- Telefongespräch mit Andreas Fritzenkötter, dem Sprössling aus der stadtbekannten Gütersloher Konditorei Fritzenkötter, dessen Bruder das väterliche Geschäft übernahm, am 26. Juni 2001 über das Dreiecksverhältnis Reinhard Mohn, Liz Mohn und Joachim Scholz. Ihm zufolge war es in Gütersloh ein offenes Geheimnis, dass Mohn die drei Kinder von Liz nicht nur adoptiert hatte, sondern auch deren leiblicher Vater war. Jenes Familiengeheimnis, das Matthew Karnitschnig am 1. Dezember 2003 im *Wall Street Journal* an die große Glocke hängte, war demnach streng genommen gar kein Geheimnis.
- Gespräch mit Peter Glotz am 7. Oktober 2001 in St. Gallen zum Thema »Geld stinkt nicht«, bei dem Peter Glotz glaubhaft machte, dass es ihm bei seiner Arbeit für die Bertelsmann-Buchmarktforschung in den späten Sechzigerjahren nicht ums Geld, sondern um eine bessere Zukunft in einer besseren Welt gegangen war.

Bertelsmann im Januar 2007

(Quelle: Jahresrechnung 2006)

Das Unternehmen

Die Bertelsmann AG mit Hauptsitz in Gütersloh ist ein internationaler Medienkonzern mit einem Umsatz von 19,3 Milliarden Euro und einem Konzerngewinn von 2,4 Milliarden Euro. Vom Umsatz kommen geografisch betrachtet 31 Prozent aus Deutschland, 44 Prozent aus dem übrigen Europa, 20 Prozent aus den USA und 5 Prozent vom Rest der Welt. Das Unternehmen beschäftigt 97 000 Mitarbeiterinnen und Mitarbeiter, davon 34 000 in Deutschland und 63 000 weltweit.

Bertelsmann hat sechs Unternehmensbereiche:
RTL Group (Luxembourg), die größte europäische TV- und Rundfunkveranstalterin. Die in London und Luxemburg börsenkotierte RTL Group betreibt 38 Fernseh- und 29 Radiostationen in zehn Ländern, darunter die Senderfamilie um RTL Television in Deutschland, M6 in Frankreich und die RTL-Sender im Benelux-Raum. Darüber hinaus ist die RTL Group über Fremantle Media einer der weltweit größten studiounabhängigen Hersteller von TV-Inhalten. 2006 beschäftigte die RTL Group 11 307 Mitarbeiter, der Umsatz betrug 5640 Mio. Euro oder 28 Prozent des Gesamtumsatzes von Bertelsmann. Der RTL-Gewinn (EBIT) betrug 835 Mio. Euro.
Random House, Inc. (New York), die größte Buchverlagsgruppe der Welt, besteht aus mehr als 120 publizistisch unabhängigen Einzelverlagen, darunter Knopf und Doubleday in den USA, Ebury in Großbritannien oder Siedler und Goldmann in Deutschland. Random House veröffentlicht Romane, Sach- und Jugendbücher als Hardcover- und Taschenbuchausgaben in 17 Ländern in den Sprachen Englisch, Deutsch, Spanisch, Japanisch und Koreanisch. 2006 beschäftigte Random House 5804 Mitarbeiter, der Umsatz betrug 1947 Mio. Euro oder 10 Prozent des Gesamtumsatzes von Bertelsmann. Der Random-House-Gewinn (EBIT) betrug 182 Mio. Euro.
Gruner + Jahr (Hamburg) ist mit rund 300 Zeitschriften und Zeitungen in mehr als 20 Ländern Europas größter Zeitschriftenverlag. Die bedeutendste Auslandsbeteiligung ist Prisma Presse, der zweitgrößte französische Zeitschriftenverlag. Daneben ist Gruner + Jahr verlegerisch in China, Italien, den

Niederlanden, Österreich, Polen, Russland und Spanien tätig. Seine Tiefdruckaktivitäten bündelt Gruner + Jahr zusammen mit Arvato (je 37,45 Prozent) und der Axel Springer AG (25,1 Prozent) im Gemeinschaftsunternehmen Prinovis. 2006 beschäftigte Gruner + Jahr 14 529 Mitarbeiter, der Umsatz betrug 2861 Mio. Euro oder 14,5 Prozent des Gesamtumsatzes von Bertelsmann. Der Gruner + Jahr-Gewinn (EBIT) betrug 277 Mio. Euro.

BMG (New York), die Dachgesellschaft von Sony BMG Music Entertainment, umfasst den 50-prozentigen Anteil von Bertelsmann am Joint Venture Sony BMG Music Entertainment und den Geschäftsbereich BMG Music Publishing. Im September 2006 wurde eine Vereinbarung mit der Universal Music Group (UMG) zum Verkauf des Musikverlags getroffen. Sony BMG ist ein auf Musik ausgerichtetes Unterhaltungsunternehmen, das nationale und internationale Künstler aufbaut und begleitet. Um diese Künstler herum wird eine Bandbreite von Produkten und Vertriebswegen zur Wertschöpfung genutzt. Das in 44 Ländern vertretene Joint Venture vereint bedeutende Labels wie Arista, Columbia, Epic und Jive. Sony BMG hat seinen Sitz in New York und wird zu gleichen Teilen von der Bertelsmann AG und von der Sony Corporation of America gehalten. 2006 beschäftigte BMG 3009 Mitarbeiter, der Umsatz betrug 2017 Mio. Euro oder 10 Prozent des Gesamtumsatzes von Bertelsmann. Der Gewinn (EBIT) betrug dank Sondereinflüssen 1291 Mio. Euro.

Arvato (Gütersloh): Der internationale Mediendienstleister Arvato ist mit den Geschäftseinheiten Arvato Direct Services, Arvato Logistics Services, Arvato Print, Arvato Storage Media und Arvato Systems weltweit in 37 Ländern tätig. In Europa gehört Arvato zu den bedeutendsten Medien- und Kommunikationsdienstleistern. Der Geschäftsbetrieb von Arvato umfasst Tief- und Offsetdruckereien, Call- und Servicecenter, Kundenbindungsprogramme, Logistikdienstleistungen, Supply Chain Management, Herstellung optischer Speichermedien, IT Services, Adress- und Datenbankmanagement, Mobilfunkdienstleistungen sowie Wissensmanagement. 2006 beschäftigte Arvato 46 584 Mitarbeiter, der Umsatz betrug 4782 Mio. Euro oder 24 Prozent des Gesamtumsatzes von Bertelsmann. Der Gewinn (EBIT) betrug 367 Mio. Euro.

Direct Group (Gütersloh), der weltweit führende Betreiber von Buch- und Musikclubs, ist mit seinen Buch-, Musik-, DVD-Clubs und Buchhandlungen in 24 Ländern präsent und vereint einen Großteil von Bertelsmanns weltweiten Endkundengeschäften. So ist die Direct Group in den USA vor allem durch Bookspan, in Frankreich durch France Loisirs und in Deutschland durch den Club Bertelsmann vertreten. Der Geschäftsbereich BMG Columbia

House betreibt Musik- und DVD-Clubs in den USA und Kanada. 2006 beschäftigte Direct Group 14996 Mitarbeiter, der Umsatz betrug 2665 Mio. Euro oder 13,5 Prozent des Gesamtumsatzes von Bertelsmann. Der Gewinn (EBIT) betrug 110 Mio. Euro.

Die Führung

Die Bertelsmann AG ist eine nicht börsenkotierte Aktiengesellschaft deutschen Rechts. Sie hat zwei Aktionäre, die Bertelsmann Stiftung mit 76,9 Prozent und die Familie Mohn mit 23,1 Prozent. Stimmrechte und Vermögensrechte des Bertelsmann-Aktienkapitals sind vertraglich getrennt. Die Vermögensrechte liegen zu 76,9 Prozent bei der Bertelsmann Stiftung und zu 23,1 Prozent bei der Familie Mohn. Die Stimmrechte liegen zu 100 Prozent bei der Bertelsmann Verwaltungsgesellschaft mbH (BVG), welche die Hauptversammlung kontrolliert und den Aufsichtsrat wählt. Die Entscheidungen der BVG sind der Sicherung, Durchsetzung und Fortschreibung der von Reinhard Mohn entwickelten Unternehmenskultur sowie den Vermögensrechten der Bertelsmann Stiftung und der Familie Mohn verpflichtet. Gesellschafter der im Januar 2007 von acht auf sechs Mitglieder verkleinerten BVG sind:

Reinhard Mohn (mit Vetorecht)

Liz Mohn

Dr. Brigitte Mohn

Gunter Thielen, bis 30.12.2007 Vorstandsvorsitzender der Bertelsmann AG, ab 1.1.2008 Aufsichtsratsvorsitzender der Bertelsmann AG und Vorsitzender der Bertelsmann Stiftung

Prof. Dr. Dieter Vogel, bis 30.12.2007 Aufsichtsratsvorsitzender der Bertelsmann AG

Prof. Dr. Jürgen Strube, Stellvertretender Vorsitzender der Bertelsmann AG, Vorsitzender des Aufsichtsrats der BASF AG, Ludwigshafen

Ausgeschieden sind Christoph Mohn und Konzernbetriebsrat Erich Ruppik.

Mitglieder des von der BVG bestimmten Aufsichtsrates der Bertelsmann AG sind:

Reinhard Mohn, Ehrenvorsitzender

Prof. Dr. Dieter Vogel, Vorsitzender (bis 30.12.2007); Gesellschafter der Bertelsmann Verwaltungsgesellschaft mbH und Geschäftsführender Gesellschafter der LGB & Vogel GmbH, Düsseldorf

Prof. Dr. Jürgen Strube, Stellvertretender Vorsitzender; Gesellschafter der

Bertelsmann Verwaltungsgesellschaft mbH und Vorsitzender des Aufsichtsrats der BASF AG, Ludwigshafen

Dr. Wulf H. Bernotat, Vorsitzender des Vorstands der E.ON AG, Düsseldorf

John R. Joyce, Managing Director, Silver Lake Partners, New York

Dr. Karl-Ludwig Kley, Vorsitzender der Geschäftsleitung der Merck KGaA, Darmstadt

Dr. Hans-Joachim Körber, Vorsitzender des Vorstands der Metro AG, Düsseldorf

Oswald Lexer, Stellvertretender Vorsitzender des Konzernbetriebsrats der Bertelsmann AG, Gütersloh

Prof. Dr.-Ing. Joachim Milberg, Vorsitzender des Aufsichtsrats der BMW AG, München

Christoph Mohn, Chief Executive Officer Lycos Europe N.V.

Liz Mohn, Stellvertretende Vorsitzende des Vorstands und des Kuratoriums der Bertelsmann Stiftung, Vorsitzende der Gesellschafterversammlung und Geschäftsführerin der Bertelsmann Verwaltungsgesellschaft mbH, Gütersloh

Willi Pfannkuche, Mitglied des Konzernbetriebsrats der Bertelsmann AG, Gütersloh

Erich Ruppik, Vorsitzender des Konzernbetriebsrats der Bertelsmann AG

Richard Sarnoff, Vorsitzender der Führungskräftevertretung der Bertelsmann AG und President Bertelsmann Digital Media Investments, New York

Lars Rebien Sørensen, President und Chief Executive Officer der Novo Nordisk A/S, Bagsvaerd

Die operative Führung der Bertelsmann AG liegt in der unternehmerischen Verantwortung des Vorstandes auf Grundlage der Satzung sowie den Beschlüssen von Aufsichtsrat und Hauptversammlung. Mitglieder des Vorstandes sind:

Gunter Thielen, Vorsitzender des Vorstandes (bis 31.12.2007, designierter Aufsichtsratsvorsitzender und Stiftungspräsident)

Bernd Kundrun, Gruner + Jahr

Peter Olson, Random House

Hartmut Ostrowski, Arvato (ab 1.1.2008 Vorsitzender des Vorstandes)

Thomas Rabe, Chief Financial Officer, BMG

Ewald Walgenbach, Direct Group

Gerhard Zeiler, RTL Group

Bertelsmann im Januar 2007

Unternehmensbereiche		*Mitarbeiter*	*Umsatz*	*Gewinn*
RTL Group (Luxembourg)	größte europäische Fernseh- und Rundfunkveranstalterin mit 38 Fernseh- und 29 Radiostationen in 10 Ländern	11 307	5640 Mio. Euro (28 Prozent des Gesamtumsatzes)	835 Mio. Euro
Random House (New York)	größte Buchverlagsgruppe weltweit mit über 120 publizistisch unabhängigen Einzelverlagen in 17 Ländern	5804	1947 Mio. Euro (10 Prozent des Gesamtumsatzes)	182 Mio. Euro
Gruner + Jahr (Hamburg)	Europas größter Zeitschriftenverlag mit rund 300 Zeitschriften und Zeitungen in mehr als 20 Ländern	14 529	2861 Mio Euro (14,5 Prozent des Gesamtumsatzes)	277 Mio. Euro
BMG (New York)	auf Musik ausgerichtetes Unterhaltungsunternehmen, in 44 Ländern vertreten mit dem Joint Venture Sony BMG und Labels wie Arista, Columbia, Epic, Jive und RCA	3009	2017 Mio. Euro (10 Prozent des Gesamtumsatzes)	1291 Mio. Euro (Sondereinflüsse)
Arvato (Gütersloh)	Medien- und Kommunikationsdienstleister mit den Geschäftseinheiten Arvato Direct Services, Arvato Logistics Services, Arvato Print, Arvato Storage Media und Arvato Systems; in 37 Ländern tätig	46 584	4782 Mio. Euro (24 Prozent des Gesamtumsatzes)	367 Mio. Euro
Direct Group (Gütersloh)	weltweit führender Betreiber von Buch- und Musikclubs; in 24 Ländern präsent	14 996	2665 Mio. Euro (13,5 Prozent des Gesamtumsatzes)	110 Mio. Euro

Die Stiftung

(Quelle: Bertelsmann Stiftung)

Die Bertelsmann Stiftung engagiert sich mit ihren Projekten im Sinne einer Weiterentwicklung der Unternehmenskultur ihres Stifters Reinhard Mohn. Sie versteht sich als Förderin des gesellschaftlichen Wandels und will frühzeitig gesellschaftliche Probleme identifizieren und exemplarische Lösungsmodelle entwickeln und verwirklichen. Die Stiftung ist als gemeinnützige Institution anerkannt.

Der Jahresgesamtaufwand der Stiftung von 61 Millionen Euro, der aus dem Ertrag der Vermögensrechte am Bertelsmann-Aktienkapital finanziert wird, verteilt sich auf folgende Projektsparten:

Bildung	11 475 Mio. €
Internationale Verständigung	7 155 Mio. €
Gesundheit	7 337 Mio. €
Wirtschaft und Soziales	6 344 Mio. €
Kompetenzzentrum Kommunen und Regionen	2 237 Mio. €
Kultur	1 376 Mio. €
Stiftungsentwicklung	1 893 Mio. €
Unternehmenskultur und Führungsphilosophie	3 055 Mio. €
Themenfeldübergreifende Aktivitäten	6 473 Mio. €
Projektaufwand insgesamt	*47 345 Mio. €*
Kommunikation	4 148 Mio. €
Administration und projektnahe Dienstleistungen	9 382 Mio. €
Gesamtaufwand	*60 875 Mio. €*

Die Bertelsmann Stiftung wird geführt vom Vorstand bestehend aus:
Liz Mohn, Stellvertretende Vorsitzende
Dr. Brigitte Mohn
Dr. Johannes Meier, Geschäftsleitender Vorstand
Prof. Dr. Dr. h. c. Werner Weidenfeld
Designierter Vorsitzender der Stiftung per 1.1.2008 ist Gunter Thielen.

Das Kuratorium ist Beratungs- und Kontrollorgan der Stiftung, das aus maximal 14 Mitgliedern besteht. Es setzt sich zusammen aus dem Aufsichtsratsvorsitzenden der Bertelsmann AG, dem Vorstandsvorsitzenden der Bertelsmann AG, Liz Mohn und dem Stifter Reinhard Mohn sowie bis zu zehn weiteren Persönlichkeiten, die durch ihre Tätigkeit ein besonderes Interesse und praktischen Bezug zu den Aufgaben der Stiftung nachgewiesen haben und über Führungserfahrung und Verständnis für die Fortschreibung von Ordnungssystemen verfügen.

Mitglieder des Kuratoriums sind:

Prof. Ernst Buschor, Vizepräsident des Rates der ETH Zürich (Vorsitzender des Kuratoriums seit dem 1. Januar 2005)

Prof. Dr. Werner J. Bauer, Generaldirektor der Nestlé AG

Dr. Wulf H. Bernotat, Vorsitzender des Vorstandes der E.ON AG sowie von Allianz SE, Metro AG und Ruhrkohle AG

Dr. Hubertus Erlen, Stellvertretender Vorsitzender des Aufsichtsrats von Bayer Schering Pharma AG

Caio K. Koch-Weser, Vice Chairman, Deutsche Bank Group, Staatssekretär a. D.

Prof. Dr. h. c. Klaus-Dieter Lehmann, Präsident der Stiftung Preußischer Kulturbesitz

Liz Mohn, Stellvertretende Vorsitzende des Vorstandes der Bertelsmann Stiftung, Vorsitzende und Geschäftsführerin der Bertelsmann Verwaltungsgesellschaft

Reinhard Mohn, Stifter

Dr. Elisabeth Pott, Direktorin der Bundeszentrale für gesundheitliche Aufklärung

Rolf Schmidt-Holtz, Chief Executive Officer von Sony BMG Music Entertainment

Klaus-Peter Siegloch, Stellvertretender ZDF-Chefredakteur, Leiter der ZDF-Hauptredaktion Aktuelles, Moderator des »heute-journals«

Dr. Wolfgang Schüssel, Ehemaliger Bundeskanzler Österreichs

Dr. Gunter Thielen, Vorstandsvorsitzender der Bertelsmann AG

Prof. Dr. Dieter Vogel, Aufsichtsratsvorsitzender der Bertelsmann AG

Das System Bertelsmann oder die Mohn'sche Monade

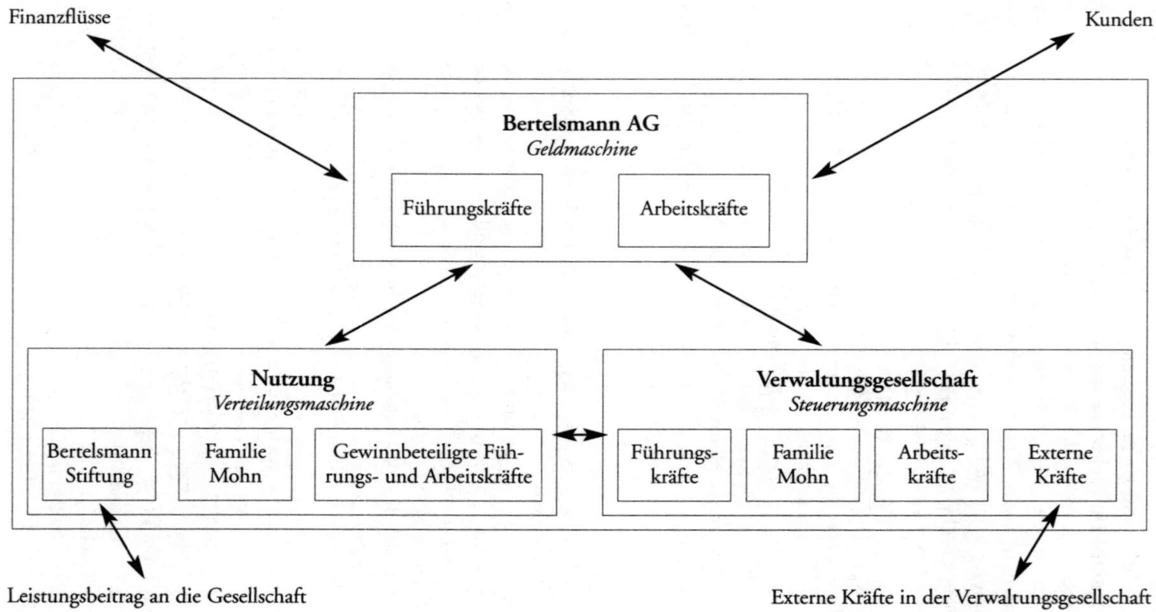

Register

Vom gleichen Autor im Unionsverlag

Gian Trepp
Swiss Connection

»Ein präzis recherchiertes Who is Who einer Branche, die Diskretion über alles stellt.« *Cash*

Im Frühling 1992 griffen die legendären Mani-Pulite-Staatsanwälte erstmals nach Lugano. Danach dokumentierte ein ununterbrochener Strom von gegen 900 Rechtshilfegesuchen, in welchem Ausmaß die Schweizer Finanzwirtschaft zur Drehscheibe des weltweiten Schwarzgeld-Kreislaufs geworden war. In jahrelanger Arbeit haben Gian Trepp und der italienische Journalist Paolo Fusi in Italien, Luxemburg, England, Deutschland und der Schweiz recherchiert. Aus Ermittlungen der Justiz, Insider-Informationen und internationalen Archiven haben sie die geheimen Kanäle rekonstruiert, durch welche die Milliarden aus Korruption, Drogenhandel, Steuerhinterziehung und illegalem Geschäft durch die Schweiz abfließen.

»Der Ökonom Gian Trepp hat sich bei der Abfassung dieses brisanten Handbuches nicht von kriminalistischem Eifer und oberflächlichen Enthüllungsstrategien leiten lassen, sondern von Präzision und empirisch wissenschaftlichen Kriterien. Das Buch ist nicht bloß ein Kompendium zum Finanzplatz Schweiz, es ist auch ein gutes Lehrbuch der aktuellen Strategien der Schattenfinanz.« *Conradin Wolf, Süddeutsche Zeitung München*